本书得到国家自然科学基金（71071126）资助

面向生产与服务的信息系统与信息技术外包低成功率问题研究

西安交通大学管理学院过程控制与效率工程教育部重点实验室 吴 锋 著

机 械 工 业 出 版 社

生产与服务系统信息化是现代制造企业竞争不可或缺的要素之一。由于信息系统与信息技术（IS/IT）专业性强，技术更新速度快，外包这部分业务是生产服务类企业经常采用的策略。然而，由于种种原因，导致IS/IT外包失败，进而影响企业的信息化进程。本书则是从如何提高IS/IT外包成功率的角度，系统分析其关键影响因素，并提供相应的解决方案。本书适合大专院校师生以及企业相关工作人员使用。

图书在版编目（CIP）数据

面向生产与服务的信息系统与信息技术外包低成功率问题研究／吴锋著．—北京：机械工业出版社，2015.5

ISBN 978-7-111-50077-3

Ⅰ.①面…　Ⅱ.①吴…　Ⅲ.①IT产业-对外承包-风险管理-研究　Ⅳ.①F49

中国版本图书馆CIP数据核字（2015）第085900号

机械工业出版社（北京市百万庄大街22号　邮政编码100037）
策划编辑：裴　泱　责任编辑：裴　泱
责任校对：肖　琳　封面设计：张　静
责任印制：李　洋
三河市国英印务有限公司印刷
2016年2月第1版　第1次印刷
169mm×239mm·15.75印张·301千字
0001-1000册
标准书号：ISBN 978-7-111-50077-3
定价：49.80元

凡购本书，如有缺页、倒页、脱页，由本社发行部调换

电话服务	网络服务
服务咨询热线：010-88361066	机 工 官 网：www.cmpbook.com
读者购书热线：010-68326294	机 工 官 博：weibo.com/cmp1952
010-88379203	金 书 网：www.golden-book.com
封面无防伪标均为盗版	教育服务网：www.cmpedu.com

前　言

由于信息技术与信息系统发展太快并且过于专业，因此大多数制造企业都选择外包的方式来开展相关的业务。然而，由于信息技术与信息系统外包是一项复杂的系统工程，因此成功地利用外部资源实施该项业务并非易事。尽管信息技术的应用提升了企业的竞争力，然而，低的信息技术与信息系统外包成功率已经成为阻碍企业发展的瓶颈。本专著研究的动因就是在这一背景下产生的。2003 年，本人关注到信息技术与信息系统外包成功实施比较困难的问题，继而在中兴通讯（上海）公司做了案例研究，并指导了 MBA 学生展开这方面的研究。在研究过程中，发现除了技术问题之外，信息系统（如 ERP）本身具有高度的不确定性，而且传统的项目评估方法不能对其成本与收益做出正确的评估，由此导致决策产生偏差。针对这些问题，本人进行了深入研究。经过几年的研究积累，2010 年，相关研究获得了国家自然科学基金的支持，其项目名称与本书同名，编号为 71071126。本书是该资金资助的研究成果的具体呈现。

本书由五章构成。第一章“绪论”，主要由项目申请书构成。尽管后面研究过程与申请书有一些偏差，为了尽量原汁原味地保留当时的想法，本章基本保留了当初申请书的内容。第二章主要研究“面向生产的 ERP 系统实施成功率测度差异分析”，研究的出发点是基于目前信息系统的外包成功率低，主要是由于买卖双方对“成功”的理解不同所致。第三章“客户与供应商之间知识的流动对信息技术与信息系统外包的影响”，主要从导致信息系统与客户需求有距离的视角，从知识交流的角度研究如何提升双方的共识问题。第四章“基于实物期权的 ERP 项目投资随机规划决策模型和应用”，主要利用实物期权方法从决策的角度确保 ERP 投资决策的正确性。第五章“基于清洗的 ERP 中生产管理模块的数据质量改进”，从数据质量方面解决导致信息技术与信息系统失败的难点问题。

上述内容是本人根据近几年指导的学生的研究工作整理而成，他们是研究生马超（第二章）、高坤（第四章）、李培培（第五章），在此表示深深的感谢。另外研究生马丽晨、宗威对本书做了细致的编辑工作，在此一并表示感谢。此外，本书内容也包括本人独立完成的一些研究工作（第一章、第三章）。

由于作者水平有限，不妥之处在所难免，欢迎读者不吝赐教。

西安交通大学管理学院

吴　锋

2015 年 12 月

目 录

第一章 绪 论

第一节 研究背景与研究现状

一、项目研究背景

据 IDC（Internet Data Center）资料显示，2009 年全球服务外包总值达到 1.5 万亿美元，并在未来若干年内继续保持 20% ~ 30% 的增速[1]。中国软件市场增长平稳，将保持 15.7% 的年均复合增长率，到 2011 年软件市场规模将超过 1300 亿元。而且，外包已经从那些非关键性领域扩展到许多关键性领域，如研发、企业咨询、信息技术与信息系统、物流与仓储以及会计部门与人力资源管理等。其中，外包市场份额中，IT 占 40%，管理、人力资源客户服务、财务、营销、运输占 30%，不动产占 15%，物流占 15%。因而，现在的外包管理比以往任何时候都显得更加重要。

国际上，自从 1989 年柯达公司外包其信息系统而产生“柯达效应”以来，信息技术或信息系统（Information Technology / Information System，IT/IS）外包已经成为企业信息管理的一种潮流。据报道，英国有 80% 的公司正在考虑 IT 外包，其中超过 60% 的公司已经有了不同程度的 IT 外包。几乎每一个财富世界 500 强的企业都被认为在主动考虑外包其部分或全部的 IT 业务。曾接受过毕马威咨询公司服务的 89% 的企业计划维持或增加它们的 IT 外包水平[2]。“IT 外包（IT Outsourcing）”是指一个组织以契约的方式将组织的IT资产、人员和/或业务外包（委托外包）或出售给第三方供应商，该供应商相应地提供和管理资产与服务，并在预定的时间内获取资金回报。在管理领域里盛行的“经典范例（Best Practice）”方法要求对IT外包与将IT部门放在企业内部的绩效进行深入的比较。[3,4]

在中国，IT/IS外包存在巨大的潜在需求。信息技术的导入与应用是现代管理中提升企业竞争力的首选策略之一。根据75个不同类型制造企业调查报告统计结果显示，以导入新兴管理手段提升企业竞争力为目的，请外部管理咨询公司提供建议，位居前三位的策略包含信息化或与之相关的策略占87%。而其他新兴的生产运作管理方法的实施，很多也是以信息系统为内核来支撑的，例如，供应商管理库存（Vender Managed Inventory，VMI）、联合库存管理（Jointly Managed Inventory，JMI）、协同规划、预测与补给管理（Collaborative Planning Forrecasting and Replenishment，CPFR）、供应链管理（Supply Chain Management，SCM）、并行工程（Concurrent Engineering，CE）、第三方物流等。因此，信息技术与信息系统的有效实施是当前各类企业无法回避的问题。值得注意的是：上述信息化在如何实施的问题上，85%的专家建议采取外包手段实施信息化。

由于信息技术与信息系统属于企业的一个职能部门，加之外包过程中，供应商必须完全、彻底地深入到企业的每一个层面，从产品设计、制造工艺流程、设备设施规划，到管理规范、组织结构、人力资源管理与财务管理，没有任何一项业务外包会涉及如此深入的企业流程的方方面面。因此，IT/IS外包问题所带来的挑战性无论从深度还是从广度方面都超越了其他类型的业务外包。

就在人们对IT服务倾注着巨大热情的时候，研究结果表明，IT外包的成功率并不高。Lacity（1998）[5]调查了实施IT外包两年以上的公司，其中60%的公司对外包结果不满意，而40%的公司试图主动地终止外包合同。有的公司因此耗费了巨大的成本。Lacity的研究进一步表明，整个IT业务的外包有70%是不成功的，尽管有选择的外包成功率还是相当高的。在英国，据PA咨询集团（PA Consultant Group）报导，26%的已经实施IT外包的组织试图将IT业务重新纳入到公司内部来。而只有5%的公司真正实现了IT外包所带来的巨大好处。Reyes（2006）[6]分析了116个外包决策，结果表明，只有38%的整体外包是成功的。而与之对照，77%的有选择的外包和内部解决外包决策的结果是成功的。尽管如此，整体外包（80%或更多的IT预算外包）的阵营仍然在增加，这包括世界级的大公司，如施乐、西尔斯和英国航空公司。这主要是由于IT外包在企业经营层面、技术层面以及经济层面诸多好处的吸引，如使公司集中精力在IT的战略应用上，更快、更容易以及更广泛地获得IT技术的应用，更低的软、硬件投资等。但是，这些IT外包的瓶颈必须得到解决。

导致外包失败主要的风险来自多方面，主要包括：① 将外包作为一种无差异的商品处理。② 不完善的合约。③ 在合同和关系方面缺乏主动的供应商管理。④ 没有建立和维持必要的内部能力和技能。⑤ 在开发方面与IT供应商权利不对称。⑥ 面对迅速变化的业务技术上的不断进步，不能做相应的重组和适应性的变化。⑦ 缺乏管理整个外包的成熟经验。⑧ 将IT外包作为短期的财务问题，而没有从经营战略优势、放大IT资产的角度考虑问题。⑨ 对外包多目标的不现实期望。⑩ 劣质的开发和新技术的发展。[7,8]

上述原因可以归纳为三种问题。第一，外包决策问题，包括外包模式、供应商选择等。第二，IT/IS外包运作问题。外包公司与IT服务供应商之间的知识共享问题，设计与维护和持续修改以及知识的转移问题（从供应商处获取能力）。此外，需求动态性以及系统数据准确性等运作中存在的问题也会导致外包失败。第三，外包公司与IT供应商关系管理问题。

本研究将从上述三个方面深入研究支持协同生产运作的IT/IS外包成功率低的问题中包含的典型性科学问题。

二、国内外研究现状

（一）IT/IS外包研究进展

IT/IS外包研究内容丰富，涉及外包的不同侧面，主要包括：外包业务范围、外包原因、外包风险、外包决策与外包运作管理问题等。

IT外包业务范围。黄伟[9]对IT外包业务进行了分类，即IT外包按层次高低可分为：整体IT职能（部门）外包；应用软件开发（软件为满足客户企业的需求而量身定做）；网络（即可以进行文件交换的、可以访问某些程序以及在合作层面共享应用软件等）；数据中心；硬件系统。

IT外包的原因，即要回答为什么进行IT外包，IT外包的动机与推动力问题：Boachalb[10]将IT外包的主要动机分为三个类型，即经济动机、绩效动机和控制动机。经济动机是指企业通过IT外包可以获得专业化IT供应商的经济规模。经济规模有助于通过扩大分摊在单位固定资产投入上输出和输入的折扣来降低平均成本。无论人还是技术资源都可能涉及经济规模的问题。绩效动机是指通过IT外包，企业可以获得处于IT领域前沿供应商的专业知识。专业化供应商由于将整个资源都集中于IT业务上，因而，可以比其他供应商有更好的表现和更先进的技术。专业化IT公司还可以吸引最好的人才，他们愿意用自我核心能力为IT的公司工作。控制动机是指通过IT外包，企业可以更好地控制IT，从而最终导致降低成本。

IT外包的风险。Zhu[11]研究了IT外包中软件开发失败的历史；Monica[12]给出了风险回报的理论分析模型；Alan[13]调查了在单一供应商案例中缓解风险的战术问题；依据40家实施IT外包组织的外包实践，提出了降低IT外包风险的指南。Wendy[14]总结了IT外包中的风险，主要包括：供应商以各种借口要求外包IT企业支付比预期费用更高的费用；企业财务状况发生了变化；需求水平与预期相比发生了很大变化；供应商技术水平和管理技能比预想的差很多；供应商无法满足企业的业务需求；供应商不能很好地适应企业文化和企业内部政策；对专业人员持续的需求以监控和指导供应商管理被证明是比管理内部职能部门负担重得多。

IT外包决策。基本的决策是“外包还是不外包”的决策。IT外包决策涉及诸多方面的因素，Wang[15]列举了管理、战略、经济、技术和质量5个方面的因素，并建立层次分析法（Analytic Hierarchy Process，AHP）的IS外包决策模型。

Tim[16]将IT外包问题的研究分为两个部分，其中一个就是IT外包决策问题，另一个是IT外包的运作管理问题。决策问题则包括四个方面：对IT外包的态度问题，实际上就是要不要外包IT业务的问题；外包的IT业务类型，即IT外包程度问题，即整体外包还是有选择地部分外包；外包供应商的选择问题，包括是选择单一供应商还是选择多个供应商；IT外包的决策者问题，即由什么人（CIO还是CEO）进行类似于全面外包还是局部外包等决策，包括IT工作人员的管理，如企业从事IT工作的人员保留还是转移到供应商中或者解雇；准 IT 外包，准外包是指设立一个子公司，然后将 IT 外包给这个子公司；Aubert[17]外包控制相关问题包括在合作中扮演中心角色、成本和绩效的控制等。

（二）IT/IS 外包低成功率因素分析

外包成功率低，往往打击了企业利用新兴技术提升企业竞争力的积极性，同时会使企业丧失长期竞争力。对于那些已经做出了 IT/IS 外包决策并且付诸实施其结果是失败的企业而言，浪费的不仅是财务方面的损失（往往是沉重的负担，噩梦般的无底洞），还包括时间上的损失，更重要的是正常的生产秩序被破坏，并且通常很难恢复，尤其是对应用信息技术的信心的打击会产生深远的负面影响。因此，无论大型企业，还是中、小型企业，无论生产领域还是服务领域，无论是彻底信息化还是局部分阶段的信息化，对企业而言，最重要的是成功的实施，让企业体会到成功导入信息化所带来的好处，并且稳步前进、逐步升级，从而赶上信息化的步伐。IT/IS 外包失败带来的风险损失是无法估量的，因此，做好 IT/IS 外包决策以及运作管理工作，确保 IT/IS 外包成功具有重要的现实意义。

IT 外包结果的成功与失败因素分析。无论是 IT 外包的反对者还是支持者，对 IT 外包结果的分析是 IT 外包研究者最朴素的想法。外包失败的案例比例过高，尤其是那些信奉 IT 外包，想彻底专注于自己的业务而完全外包 IT 业务的公司，正是 IT 外包反对者和支持者感兴趣之处。前者，找到了拒绝 IT 外包的口实；后者，则希望从失败的案例中，找出失败的原因，探索成功的途径，毕竟 IT 外包是一种市场需求，有其存在的必要。

IT 外包结果成功与失败的影响因素错综复杂。但可以归纳为以下四个方面：

1. IT/IS 产品及供应商的问题

外包产品与服务本身的特征，即它是个性化产品，若按照无差异、通用性产品处理会导致失败。这类问题可归结为供应商的问题。IT/IS 企业解决方案是一项高度个性化的产品与服务，不同行业其业务流程性质大相径庭，如制造业的工作流程与金融业工作流程几乎完全不同。即使同一个行业，不同企业其处理问题的流程也不尽相同，而企业所要求的 IT/IS 解决方案是完全定制的、个性化的。供应商如果要按上述要求提供给客户 IT/IS 产品与服务，则必须对企业的业务流程有充分认识。然而，这一要求可能涉及到企业中每一项业务和每一个人。合理地抽象现有企业业务流程的特征，并用 IT 技术实现，进而为企业员工所接受并成功的应用，这一过程是一个需集双方员工智慧和耐心于一体的漫长的过程。而供应商通常从耗费（成本和时间）的角度出发，同时，也为适应外包企业的要求，即在尽可能短的时间内，在尽可能少的投入下实现 IT 外包任务。为此，通常供应商会考虑一个较为通用的、适应面较广的方案提供给客户。结果则可想而知。供应商的问题还涉及供应商的能力问题以及缺乏相同行业的经验问题。

2. IT 外包企业（客户）的缺陷

完全依赖供应商，而没有建立和保留必要的内部 IT 能力和技能。从而在合作中处于完全被动的地位。成功的 IT/IS 解决方案很大程度上取决于外包企业本身的参与，涉及每一个员工的素质与态度，无论是在组建阶段，还是在应用与维护阶段。毕竟外包企业是最终用户，用好 IT/IS 才是评价成功与失败的终极目的。

3. 双方的关系

IT/IS 外包无论是全盘外包，还是有选择的部分外包都离不开 IT/IS 供应商和外包企业的合作。处理好 IT/IS 外包合作关系是成功外包的前提，可以说和谐的合作关系是成功的 IT/IS 外包的重要的影响因素。

4. 环境动态性的影响

环境的动态性导致企业的运作模式不断变化，从而使 IT/IS 的内容必须不断地跟进以适应这种变化。这是 IT/IS 产品与服务外部环境所提出的要求，临时性合作和按照项目合作进行管理的 IT/IS 面临着先天性的缺陷。

（三）生产中 IT/IS 外包低成功率急待解决的问题

本研究关注生产运作管理领域中 IT/IS 外包成功率的问题。这些领域包括：① 适应精益制造的零库存思想的供应商管理库存，VMI 其特点是涉及制造商与供应商在信息系统上的无缝融合，因此其外包具有不同的特点，如香港物流领跑者利丰集团运作模式。② 第三方物流（Third Party Logistics，TPL），如联邦捷运公司利用 GIS/GPS 可以全程监控客户所送货物的状态同样离不开信息技术。其特点是包含 IT/IS 的整个流程外包，例如西安杨森制药销售渠道是其核心能力之一，日本、法国大型药厂与其建立战略联盟的重要原因之一就是看中了它的渠道资源，而这一资源的重要一环即产品配送就是利用以 EDI 技术为手段的第三方物流完成的。③ 单一企业内部门间进行协同管理的制造资源计划（Manufaturing Resource Planning，MRP Ⅱ）或企业资源计划（Enterprise Resource Plan，ERP）项目的实施。

根据上述 IT/IS 外包述评结果，以下将从外包决策、外包运作管理和外包公司与 IT/IS 供应商的关系管理三个方面分析 IT/IS 外包成功率因素中需要解决的关键性问题。

1. 外包决策

（1）局部外包与整体外包比较研究

实施信息化建设，要不要外包仍是外包研究的主要问题，如果需要外包，如何外包则是下一个层面的问题。对该问题的现有研究进行分析可以发现以下现象：从静态的观点看，整体外包成功率（38%）低于局部外包成功率（77%），后者成功率几乎是前者的一倍；从动态的观点看，近 10 年来，整体外包成功率也在稳步提高，从 1993 年的 5% 到 2000 的 38%，其成长比例也相当可观，并有增长的趋势。因此，通过整体外包与局部外包的比较研究，探索外包成功的机理，进一步给出正确进行外包决策的原则供企业参考，具有重要的研究价值。尽管局部外包成功率较之于整体外包高，似乎 IT/IS 应该部分外包。然而，如果回到外包的初始动因，即 IT 行业创新速度快，专业性强，企业通常希望将 IT 整体外包而专注于自己的核心工作，这种思想合乎核心竞争能力理论。在人力资源管理方面，一般企业没有能力拥有可以与专业 IT 公司比肩的 IT 专业人员。往往是引进一批，很快就落后了，这些人要么留在企业从事一般性工作，要么转去专业 IT 公司从事专业 IT 工作。因此，如果可以整体外包，对企业而言，是有其客观需求的。因此，单独研究整体外包的成功案例也是有价值的命题。以往的研究中，往往对失败的案例特别有兴趣，如前所述，无论 IT 外包的支持者还是反对者均是如此。事实上，研究 IT 成功的案例可能蕴藏着更大的机会。仔细观察那些外包成功的企业，管理规范的大型企业整体成功的机会更多，另外生产类型如是连续型生产还是离散型生产都是影响成功率的因素。因此，总结影响整体性外包成功的影响因素，辨识其中的机理也是一个研究方向。

（2）基于风险管理的外包投资决策研究

企业在投资和实施 IT/IS 外包系统的过程中会遇到很多的风险，这些风险主要包括企业外部风险和企业内部风险。由于国内很多企业没有采取有效的风险管理方法来降低风险，所以最终导致了 IT/IS 外包项目投资的失败。[18] 同时 IT/IS 外包项目投资也具有很大的不确定性。这些不确定性主要来源于系统投入成本的不确定性，收益的不确定性，企业未来战略的不确定性。现在很多企业仍然采用传统的信息技术投资的决策方法，如传统的净现值法（NPV 方法）等对 IT/IS 外包项目进行投资评估，但是这些传统的投资决策方法在评价投资不确定性时存在很大的不足。而实物期权方法（Real Options）克服了传统投资决策方法的弊端，为具有决策柔性的企业准确地进行 IT/IS 外包项目投资决策分析提供了一种全新的解决方案。

其优势主要表现在：

1）IT/IS 外包项目投资不确定性很大，需要考虑投资的灵活性。只有实物期权方法能正确估价灵活性的投资。

2）IT/IS 外包项目短期投资效益不显著，项目价值是由未来增长期权的可能性而不是由当前的现金流决定的。IT/IS 外包项目投资组合存在相互影响，投资中存在复合期权。

3）IT/IS 外包项目投资中存在项目的修正和中间战略的调整

决策者可以利用项目投资过程中的决策柔性和期权，运用多段随机规划决策模型正确地选择 IT/IS 外包系统投资策略、投资时机、投资规模；企业可以利用项目中存在的实物期权，有效地规避 IT/IS 外包项目投资实施过程中的风险；决策模型量化了 IT/IS 外包给企业带来的无形收益，并且考虑到了投资成本的不确定性，通过优化 IT/IS 外包项目投资决策，提高了 IT/IS 外包项目投资决策的科学性和合理性，相对于传统决策评价方法更加适合于 IT/IS 外包投资决策。

因此运用实物期权理论对企业 IT/IS 外包投资项目进行合理的分析并且建立了随机规划投资决策模型，以期能够优化 IT/IS 外包项目投资决策，有效提高 IT/IS 外包项目投资决策的科学性和合理性，从而充分发挥信息技术的潜力，并为企业带来更大的投资回报，具有重要的实践意义。

（3）IT/IS 产品与供应商的评价与选择

对协同生产而言，不同的领域所用的 IT 产品不同，如销售部门需要客户关系管理模块，财务部门需要财务管理模块，生产部门则需要规划与调度模块，分销部门需要配送模块，也许整个企业需要完整的 ERP 系统，VMI 模式中甚至要求不同企业信息系统兼容，因此 IT/IS 产品因所服务的功能不同而异，同时由于各个企业所属行业不同，运作流程有各自的特点，因此，IT/IS 产品又多为定制产品。选择合适的产品对外包的成功性有很大影响。

关于供应商选择问题也是一个棘手的问题。通常企业在选择供应商之前，有一个环节需要注意，即所依托的咨询公司是否合适。在 IT/IS 提供商（Application Service Provider，ASP）中，既有国外大型软件公司如 SAP，ORACLE，也有国内的专业公司如用友、金碟等大型公司，另外还有无数中小型 IT 公司从事着企业信息化的工作，有的甚至是个人临时组织力量从事此类工作。大公司实力雄厚，技术成熟，服务好，但产品与服务价格高，对某些中小企业而言也许不适用；相反小型的 IT 公司机制灵活、价格低廉，往往更容易为企业所接受。尽管有很多方法可以处理供应商选择问题，如层次分析法（AHP），[19]模糊评价，[20]古林法等，然而，这些方法决策不了企业的需求，即中小企业如何在预算比较小的约束下，成功地进行信息化工作。这样的样板工程并不少见，如苏中药业的 ERP 项目即属此类。总结这类企业实施信息化成功的要件，寻找其中蕴涵的更一般性的规律，对提高 IT/IS 外包的成功率有更为直接的影响。

2. IT/IS 外包运作管理（需求分析、系统设计、实施与维护）

（1）外包企业与 IT/IS 服务供应商之间的知识共享

影响外包成功率的诸多因素中，第一类是 IT 外包合作双方知识流动与共享水平以及相应的相互之间合作关系的协调。例如，IT 供应商无视企业 IT/IS 的独特性特征，仅仅考虑到自己技术上的困难和成本上要求，利用通用的应用软件处理个性化的 IT/IS 职能，实质上是没有很好地吸收外包企业职能部门的业务流程等相关知识。属于因外包企业的原因，外包企业流向供应商的知识流流动不畅。换句话说，如果是内部实现 IT/IS 的功能，由于人员来自于企业内部，对工作流程以及部门之间错综复杂的关系有深刻的了解，因而，其产品当然更接近于实际工作的要求，尽管在IT技术领先性上，将IT/IS外包给专业的IT公司，如ASP㊀公司有差距。ASP公司客户领域是广泛的，容易导致上述问题。

第二类源自客户的原因也与知识流动与共享有关。IT/IS属于创新速度快、技术复杂的领域，客观上造成外包企业员工对该类技术或基本技能的理解极为有限，尤其是系统知识。加之供应商为了保护技术，将核心技术封装得很严，导致IT/IS知识从供应商向客户的流动不畅，这对充分有效地利用IT/IS系统运作系统构成一大障碍。如果外包企业员工积极跟进，进一步参与IT/IS项目的设计与运作，尽可能多地了解由外部提供的IT/IS系统，一方面，可以进一步了解IT/IS的设计理念，适应IT/IS提出的要求；另一方面，能够提出外部提供的IT/IS系统的不合理之处，并提出切实可行的改进方案。这一过程的往复循环与持续改善，将会使合作知识进一步融合，使IT/IS外包成功率提高。

（2）环境动态性与需求变动对IT/IS外包的影响

设计与维护和持续修改。环境变化特性对IT/IS外包结果的影响。企业经营所处的环境的动态性对IT/IS外包提出持续改善的要求。在相对稳定的经营环境中，业务流程变化相对较小，IT/IS维持正常运行的可能性大，外包成功的机会大；相反，处于动态性大的经营环境中的企业，业务流程和相应的知识更新程度变化大，要求供应商持续提供改进服务，客观上，工作难度增加，如果协调不好，则很容易导致失败。很多IT/IS外包案例甚至出现，外包项目尚未结束，客户需求已经发生变化了。尽管供应商完全按照合同努力工作，然而，结果仍可能会令客户不满意。对供应商而言，开发技术面临挑战。如何适应动态环境的这种变化，在技术上需要不断地改进。面向对象的系统建模方法（UML）也许是个方向。然而，动态的环境毕竟为成功的IT/IS外包带来了变数。

（3）数据准确性

IT/IS外包中，数据不准确是导致成功率低的重要因素之一。由于数据不准确这一原因，许多企业系统运行一年多还需要两本账，即手工账与系统账并

㊀ 所谓ASP是指提供以合同为基础的、租赁或按需求支付的集中式管理的应用软件的服务企业，多用户可以通过互联网或其他网络共享数据中心获得这些应用软件的应用。

行，使得信息系统效能大打折扣。以下以ERP实施中的数据不准确问题加以说明。

数据信息作为一种重要资源，能否充分发挥效能，除了应用水平，更重要的在于数据信息的准确性。准确的数据库的建立是整个ERP系统实施成败与否的关键因素。如果ERP系统实施数据准确率很低，系统中存在大量不准确的数据，那么系统只能“垃圾进、垃圾出”，高速运转产生错误的结果，将给企业造成直接的经济损失。[21,22]

Ken Maxwell通过调查120个北美和欧洲高级经理人研究了纸行业中的ERP应用状况，得出ERP系统可以带来一系列效益，如提高运作效率、改进客户服务水平、降低企业成本、改善供应链、标准化业务流程、扩展功能、标准化系统、集成与促进办公自动化、减少人力、提高市场效率、降低IT成本等。但是，只有保证ERP系统的数据准确，才能够真正享受这些效益，才能够感受如下事例。例如，当原材料到达公司仓库并被扫描进入系统时，任何人都能获得此项信息并加以利用。当产品生产完成，被自动或手工输入系统时，就立即成为可销售的产品，员工不用等到第二天才获得这条信息。实时整合和精确数据改变了人们的工作。一个传统的订单操作员可以成为全能的客户服务代表。例如，有了进入整合ERP主系统的网上通路，客户服务代表可以马上检索客户的历史记录及其他重要识别内容，还能够查阅在所有仓库（而不仅是当地仓库）的实时库存以及未来生产计划，根据客户需求在生产计划中冻结部分产品向该客户供应。

然而，对ERP项目实施而言，保证ERP系统中的数据准确，提高系统数据的准确率，并不是一件容易的事情，它涉及信息系统供应商系统设计问题，同时也受用户使用系统的水平的影响

一项关于ERP实施情况的最新调查表明，许多家公司在刚刚实施系统后不久就经历了某种程度上的“业绩下降”。以A-Dec公司为例，它是位于美国俄勒冈州的一家牙科设备制造商。该公司无法处理订单，不能制造产品，也无法为客户运送货物，其中原因就有ERP系统数据不准确的问题。

富达公司在ERP实施中常常发现录入系统中的数据有错输、漏输的现象，也有不按照规定的业务流程操作的现象。比如有时候把日期输错，有时候把小数位数输错，有时候产品已经入库了可还没有输入领料单，有时会出现补单的现象，产品已经入库了，但是采购单有可能还没有下，并没有严格按软件的业

务流程来做，出现业务和软件脱钩的现象等，导致系统不能正常运行。

日常运用中也会有很多种情况导致 ERP 数据被破坏、ERP 数据准确率降低，从而导致企业经营决策延误甚至错误。因此解决数据不准确问题对提高 IT/IS 外包的成功性有直接影响。

3. 外包公司与 IT 供应商的关系管理

(1) 外包公司与 IT/IS 供应商合作模式研究

双边关系有多种：项目承包式的买卖关系，长期的合作伙伴关系，子公司关系（准外包）。和谐的关系是 IT/IS 外包的基础。理想的关系是外包供应商与客户在长期利益与短期利益方面取得平衡。信任、理解、承诺执行和冲突的解决是衡量是否关系和谐的标准。

(2) 和谐关系理论

和谐关系是 IT/IS 外包成功的保证。和谐的关系意味着供应商和客户之间的利益更加趋于一致（双赢），冲突减少、风险分摊、互相信任和注重对方的承诺。和谐的关系是知识顺畅流动的组织保证，它对 IT/IS 外包成功的影响是间接的。涉及组织间关系的基本理论主要有社会交换理论和社会契约理论。社会交换理论是指两个或更多个体之间为各自的利益自愿的资源交易。这其中不含有“互惠”的概念。社会契约理论是指将互惠的交换通过法律的形式严格地限制起来。注重“长期关系”是它的出发点。它通过将时间概念、行为和规范问题与经典的契约理论的法律条文相结合来实现所谓的“关系契约”。

(3) 外包公司与供应商合作博弈分析

基于产权理论，应用两阶段博弈模型分析信息技术外包过程，研究信息技术资产属性、投资效用、人力资本属性对信息技术项目产权结构的影响。公司根据资源重要性选择信息技术外包的组织形式和产权结构，控制被忽略的资产及其属性的负面作用，特别是在外包过程中应当充分考虑外包商人力资源管理和人力资源的稳定性，任何一方都应将投资用于自己擅长的专业上，任何信息技术项目产权结构都导致专用性投资不足，产权结构选择是各种产权结构的平衡。关键问题是如何改进双边治理的低投资边际效益。

第二节　研究目标、研究内容以及拟解决的关键问题

一、研究目标

（1）从决策角度解决提高外包成功率问题。

（2）解决运作层面影响外包成功率的瓶颈问题。

（3）建立一套基于和谐理论的外包企业与供应商之间合作关系模型。

二、研究内容

研究内容如图 1－2－1 所示。

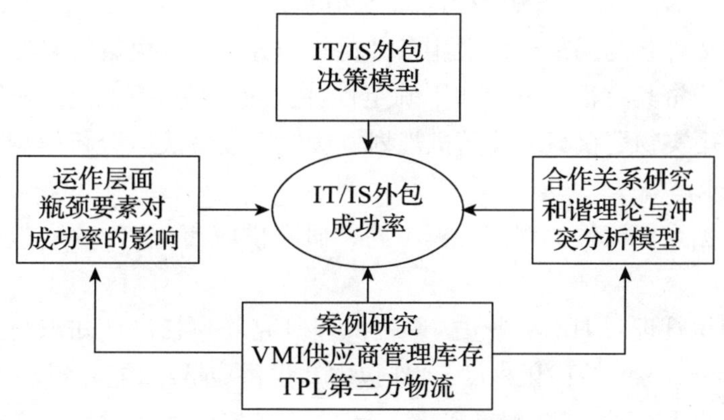

图 1－2－1　IT/IS 外包成功率研究内容体系

1．外包决策

（1）影响 IT/IS 外包成功率因素分析。

（2）外包程度选择，即 IT/IS 外包范围与深度决策。

（3）基于风险管理的外包投资决策。

（4）外包产品与供应商的选择。

2．运作层面（瓶颈要素对成功率的影响）

（1）知识流动模式对 IS 系统分析与系统设计、系统使用与维护的影响。

（2）需求变动与环境动态性对 IT/IS 外包的要求。

（3）外包中，企业与供应商行为对系统数据准确性的影响。

3．合作关系研究

（1）IT/IS 外包合作模式研究。

（2）产权关系研究。

（3）和谐与冲突研究。

4．案例研究

（1）VMI 管理模式中，IT/IS 外包成功率相关问题研究。

（2）第三方物流运作模式中，IT/IS 外包成功率问题研究。

三、拟解决的关键问题

（1）IT/IS 外包成功率影响因素定量分析。

（2）整体外包与局部外包适用条件比较研究，外包决策的聚类分析。

（3）对投资具有很大风险和不确定性并且投资收益评测也相当困难的 IT/IS 项目，利用实物期权与多段随机规划方法建立投资决策分析模型，并且设计合理的模型求解算法。

（4）根据企业流程类型与规模不同，研究供应商与 IT/IS 外包策略的匹配算法。

（5）知识管理对 IT/IS 外包的影响机理研究（包括隐性知识与显性知识流畅性以及流程知识的结构化程度），外包中知识供应链结构与运行分析。

（6）研究 ERP 实施数据准确率一致性、完整性、及时性、安全性、逻辑性指标，并分别给出指标的计算方法；分析 ERP 实施数据准确率的影响因素，如管理规范完善程度、ERP 培训效果优劣程度、供应商选择适当程度、系统可靠性程度、系统并用时间长度，建立各类影响因素与 ERP 实施数据准确率指标的定性与定量关系；数据准确性与相关成本权衡研究。

（7）IT/IS 外包模式研究，包括产权关系研究、战略伙伴关系研究（互信、承诺、互惠）、和谐与冲突关系管理研究。

第二章

面向生产的 ERP 系统实施成功率测度差异分析

在信息化及经济全球化的今天，企业之间的竞争已经不仅仅停留在产品和服务的层面上，他们之间更多的是信息的竞争。谁能够快速获取信息、传递信息、分析信息并做出决策，谁就能够在市场上占得先机。为了提高企业自身的竞争力，越来越多的企业寄希望于 ERP 系统能够通过降低经营成本，提高管理水平来全面提升企业的核心竞争力。[23,24]

但是与 ERP 系统巨大投入相悖的是 ERP 业界依旧低下的实施成功率，为了提高 ERP 系统的成功率，许多学者从关键影响因素、ERP 成功理论等方面做出了尝试，也获得了业界的认可。但是却很少有人直视测度主体和测度方法这一最直接影响成功率的因素。在实际中，我们经常可以发现 ERP 供求双方对于 ERP 成功与否截然不同的观点。这种差异，小则会严重阻挠 ERP 项目的实施过程，引发实施过程中双方的冲突。大则会阻碍企业信息化的进程，导致企业被竞争所淘汰。

本章从实际出发，试图通过一定的技术和策略来缩小 ERP 供求双方对于 ERP 实施成功率测度的差异。本章从时间和认知两个维度的角度，分别阐述了差异产生的原因。在 D&M 模型的基础上构建了 ERP 主要用户满意度影响因素的模型，并对 70 家企业发放了问卷，通过对问卷结果的统计，对模型进行了验证和改进，并创新性的运用双因素理论对模型进行了分析，找出了产生差异的因素，并依据不同因素对 ERP 主要用户满意度的影响分为了基本因素、激励因素以及绩效因素，针对不同的因素给 ERP 供应商提出了不同的建议。同时也对 ERP 企业用户提出了要求。通过这两个方面的共同努力，有效地缩小双方认知方面的差异。

第一节　ERP 系统实施成功率现状

作为一种成熟的管理工具，ERP 系统成为今天中国企业信息化建设内容的重要组成部分。但从实际情况看，ERP 整体实施的成功率很低。而其关键，无非是资金、管理能力、态度，还是人员的素质、业务流程、基础数据、企业文化等方面，而这都体现出了大多数企业的基础管理水平与 ERP 系统的契合较差。

2010 年在 PANORAMA 公司发布的 ERP 调查报告中显示，国外 35% 以上 ERP 系统实施周期超过了预期，更是有 51.4% 的 ERP 实施成本超出了企业预算。2010 年 ERP 项目实施数据统计如表 2-1-1 所示。[25]

表 2-1-1　2010 年 ERP 项目实施数据统计

指标	均值
超过预期时间	35.5%
实施时间/月	18.4
总成本/百万美元	6.2
总成本占比	6.9%
总实施成本超过预算	51.4%

同时实施的结果调查显示，没有实现利润增加 50% 的企业达到了 67.5%，有 40% 的企业认为 ERP 的实施扰乱了日常的生产，更有近三分之一的企业对实施的结果感到不满意。2010 年 ERP 系统实施结果图如图 2-1-1 所示。

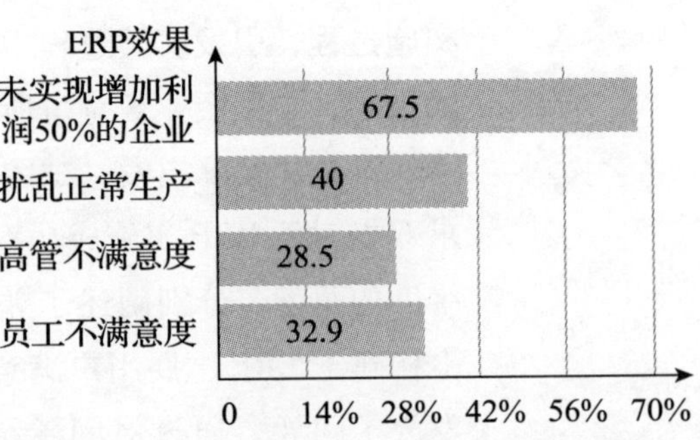

图 2-1-1　2010 年 ERP 系统实施结果图

梅亚公司（美国最大的药品分

销商之一）在其 ERP 系统建设中投入了两年半的时间和 1 亿美元的资金，取得的效果非常不理想，最终导致公司破产；Dell 公司在经过两年疲惫不堪的努力和超过 2 亿美元的投入后，最终公开宣布 ERP 系统实施失败，投入巨大却最终打了水漂。

在我国，ERP 系统实施的成功率就更低的可怜，在初期业界甚至戏称“ERP 实施成功率为零”。能够成功实施的企业数量不超过 3 成，多数企业付出了巨大的代价却收效甚微，失败阴影始终在 ERP 身边如影随形。2002 四川长虹 ERP 项目失败的阴影给正在憧憬 ERP 美好明天的企业当头一击。哈药斥资千万打造的 ERP 系统最终也不得不以失败告终，创维集团则因为 ERP 系统的巨大投入失败之后而陷入资金危机。据统计，国内企业至今已在 ERP 系统上投资逾 80 亿元，但成功率先只有 10% ~20%。[26]

第二节　国内外研究与理论综述

一、ERP 系统实施研究

（一）学术界中的实施过程研究

ERP 系统实施过程的研究是研究实施结果的基础，只有明确了过程包括的范围，才能准确地找到结果。对于 ERP 实施的过程研究可以通过对实施过程中不同阶段的划分，对 ERP 系统实施过程中存在的问题有所预见，从而对将要面对的问题有所准备。

对于 ERP 实施过程，整个学术界也有很多研究和模型。其中具有代表性的是 Parr 和 Shanks[27] 的 3 阶段 ERP 系统实施模型、Markus 和 Tanis[28] 的 4 阶段模型和 Pastor 的 6 阶段 ERP 系统实施过程模型。虽然各个理论的侧重点不同，但总的来看，从创意，到内外部分析、系统设计、安装和系统运行的全过程都基本有所涉及。

1. Parr 和 Shanks 的 ERP 系统实施 3 阶段模型

1999 年，在 Kwon 和 Zmud 信息系统 6 阶段实施模型的基础上，Parr 和 Shanks 依据 ERP 系统实施的特点将 ERP 系统的实施划分为 3 个阶段，即计划阶段、项目阶段和提高阶段，如图 2－2－1 所示。

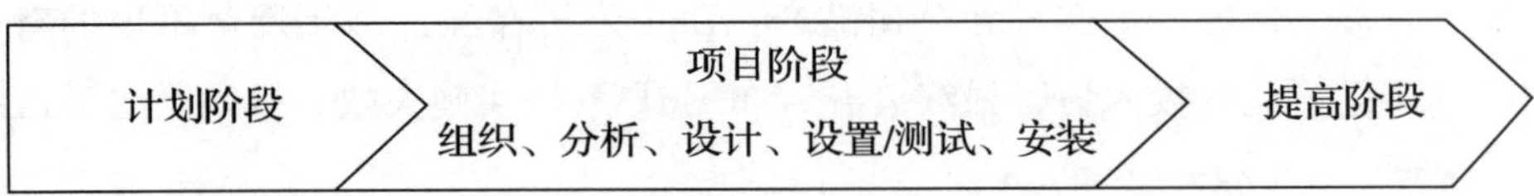

图 2－2－1　Par 和 Shanks 的 3 阶段 ERP 系统实施模型

计划阶段主要包括 ERP 实施中的一些准备工作，具体包括 ERP 选型、成立指导小组、组织结构上的调整，在企业战略层次上明确项目范围、挑选合适的项目经理以及核查并保证 ERP 系统实施过程中所需要的资源。

项目阶段又可以划分为组织、分析、设计、设置/测试、安装 5 个子阶段，包括了系统从设计开发到安装验收的全过程。其中组织阶段作为整个项目的起点，主要任务是确定项目小组人员、咨询专家、实施顾问以及建立相应的项目管理机制和计划；分析阶段是对于企业现有状况的把脉，通过对企业现有流程和业务的解析，明确企业的需求和业务的范围，调整企业的组织和业务以适应 ERP 系统使用要求；设计阶段是通过对系统功能的设计来匹配企业提出的系统目标，通过和企业用户多次深入的沟通和交谈，将企业用户的需求全面清晰地表达出来；设置/测试阶段通过对 ERP 不同功能模块的设置和测试分析各个功能模块是否达到既定的要求，之后通过实际的数据，测试整体的 ERP 系统功能；安装阶段则是对于用户的培训以保证知识的顺利转移。

提高阶段是在系统安装成功之后，主要包括系统维护，针对企业需求和规模的变化对原先 ERP 系统功能进行扩展，以及通过企业的 ERP 系统，深入、灵活地进行企业的业务流程重组，促使企业多元化，获得战略竞争优势。

2. Markus 和 Tanis 的 4 阶段 ERP 系统实施过程模型

2000 年 Markus 和 Tanis 提出，可以将 ERP 系统的实施看做是一系列不同的阶段，具体的每一阶段都有不同的典型的活动、主要人物、实施结果和评价指标。因此，他们提出了以下一个 ERP 系统实施的 4 阶段模型，如图 2－2－2 所示。

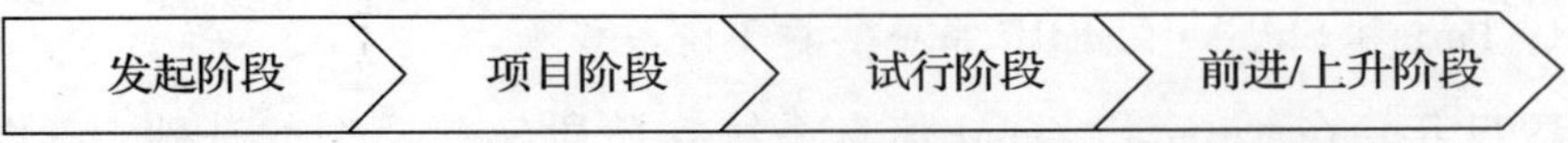

图 2－2－2　Markus 和 Tanis 的 4 阶段 ERP 系统实施过程模型

(1) 发起阶段

项目的发起阶段是整个企业实施 ERP 系统的起点，它从企业高层领导确定选用 ERP 系统提高企业绩效的时候开始。这一阶段的主要任务是成立项目小组、明确 ERP 实施的目的、对系统进行选型、制定初步实施计划等。

(2) 项目阶段

项目阶段是从 ERP 项目开始进行分析设计，到之后系统通过验收，顺利移交上线为止。这一阶段的主要任务就是 ERP 系统的设计和实现。在充分了解企业意图和目标的情况下进行系统设计，并通过技术手段对功能进行实现。主要工作包括需求分析、系统设计实现、系统之后的安装配置、系统测试以及企业用户的培训等。

(3) 试行阶段

试行阶段是指在新系统上线之初，新的 ERP 系统同企业现有的组织生产业务流程相磨合的阶段，它以系统上线开始，通过系统的磨合使企业逐渐适应系统，到恢复正常的生产管理结束。Markus 认为，在系统使用之初，企业的人员和业务对于新系统的不适应的“阵痛”所形成的短暂的内部混乱和绩效降低是正常的状况。企业只要能够将这种绩效波动控制在一定的范围之内，保证大体上的稳定，在企业适应系统之后，通过 ERP 功能的发挥，绩效自然会逐步回升。试行阶段的内容包括：系统运行的监控和问题的收集，对出现问题的解决和缺陷的重新设计，调整部分的系统功能并针对新功能重新组织企业用户的培训。

(4) 前进/上升阶段

这个阶段从企业适应新的系统、生产管理逐步恢复正常开始，到现有的 ERP 系统无法满足企业日益增长的需求被更为先进的系统所取代的过程。这个阶段中，ERP 系统开始发挥自身价值和功能，帮助企业关键绩效的提升，让企业从中获益。活动主要有系统的维护和更新、业务流程的持续改进等。

同时，模型将 ERP 系统的实施划分为 4 个典型阶段，但每个企业的具体情况不同，ERP 的实施过程也会有差异，这取决于很多因素。

3. Esteves 和 Pastor 的 ERP 生命周期模型

1999 年 Esteves 和 Pastor 提出组织变革会始终贯穿于 ERP 系统实施过程中，

这种组织变革包括企业的组织结构、文化、业务流程等方面，其中尤其是对“人”的影响。将变革的思想融入IS的生命周期中，他们提出了如图2-2-3所示的这样一个基于ERP生命周期模型。

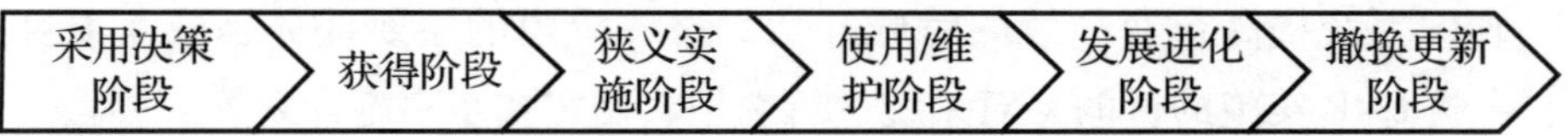

图2-2-3　Esteves和Pastor的ERP生命周期模型

（1）采用决策阶段

在现阶段企业家需要依据企业的发展规划战略来决定是否通过ERP系统的实施提高其市场份额，以便更有效地应对贸易挑战。这一阶段的活动还包括明确企业的需求和目标，以及新的ERP系统所带来的预期收益和对现有业务和组织结构所造成的冲突。

（2）获得阶段

这一阶段的焦点主要是ERP系统的选型，一个好的选型直接关系到ERP系统实施的成败，在综合考虑成本和业务契合程度的基础上，还要选择有丰富相关领域实施经验的供应商。这个阶段可以借助于外部咨询公司，帮助企业进行业务的分析和梳理，以便选择合适的ERP产品，为今后的进行阶段打下良好的基础。

（3）狭义实施阶段

考虑到组织这一个阶段的需要，企业通常需要遵从专家提出的方法、技术，通过进行培训来完成ERP系统的安装、配置以及改造。

（4）使用/维护阶段

主要是企业逐渐充分利用现有的ERP系统以实现企业收益最大。其中的重点是ERP系统的功能与组织和业务流程的配合程度。在系统上线之后，系统的功能改进、问题排除、局部优化也需要持续的关注和支持。

（5）发展进化阶段

企业为提高产量和利润所进行的ERP系统功能拓展和二次开发成为该阶段的主要任务。许多企业在原先的ERP系统中集成新的模块，例如高级计划和时序安排功能、客户关系管理、工作流管理等以实现生产组织的优化。同时可以将ERP的使用范围扩展到企业的上下游，形成有效的ERP接口，以提高整个供应链的效率。

(6) 撤换更新阶段

原有的 ERP 系统因为技术的进步和发展，新的替代产品的出现，已经不再是企业的最佳选择。因此，企业会考虑撤换原有的 ERP 系统，更换更为先进的系统继续支持企业的生产管理需求。

(二) 实务界中的实施过程研究

针对 ERP 的实施过程，不同的 ERP 供应商也会结合自身的产品提出不同的实施过程模型，典型的有 SAP 的 ASP 模型、Oracle 的 AIM 模型、金蝶的金手指六步法以及用友的 7 阶段方法。

1. SAP 公司的 ASAP 方法论

作为全球最大的 ERP 软件供应商，在 ERP 系统的实施方面，SAP 公司有着自己独到经验。在 SAP 的实施方法中，需要在项目的实施过程中进行全程的监控以保证项目实施顾问能够起到应有的作用，通过有效的管理减少项目的不可控因素，降低 ERP 实施失败的风险。ASAP (Accelerated SAP) 方法作为 R/3 实施中最经典的方法论，由 SAP 在海量的 ERP 实施过程中总结得出。ASAP 共有五步，路线图如图 2－2－4 所示。

图 2－2－4　SAP 的 ASAP 实施方法路线图

(1) 项目准备

项目准备阶段的目标是确定项目的目标，明确项目的范围和策略，涉及项目组的成立和人员的安排，制定项目的计划。项目团队成立后，他们将根据 ASAP 的方法进行培训，安排项目计划，并核实资源的保障情况。ASAP 提供了这一阶段的所有活动的检查清单和模板帮助工作的开展，同时启动大会也是这一阶段的重要组成部分。

（2）业务蓝图

此阶段需要通过客户的需求分析分解系统的既定目标。首先咨询相关的专家，在专家的帮助下，系统供应商与客户一起分析公司现状，得出统一的蓝图，并与现有的企业结构和企业流程业务相融合，构成业务蓝图。在获得企业的认可之后，业务蓝图就被确定为项目的核心文档，通过业务蓝图中的目标指导后续的实施活动。与此同时，项目小组将会接受初步和进一步的系统培训。

（3）实现

这一阶段则是逐步地实现业务蓝图，并在现有数据的基础上进行完整的系统测试并依据测试结果进行调整。然后，实施顾问通过对系统业务流程的演示，向企业中的主要用户表明系统的功能，主要用户依据演示内容，判断企业的需求是否得到满足，企业目标是否被正确理解和遵循。由于之前的没有对系统进行详细配置，因此，此时的系统只是系统的基础版本，随后会通过功能的调整对系统进行改进。

（4）最后准备

最后准备阶段是为了在系统移交给最终用户之前将各种准备活动做好。首选需要经过测试验证系统的质量，对出现的问题进行集中的解决，改进系统的整体质量，与此同时，也需要加强对企业用户的培训，以保证知识的转移，使之在新系统上线之后能够快速上手，在确定所有的问题得到解决之后进行系统转换。保证企业的正常生产。

（5）上线及支持

系统在上线之初，就应该观察系统能否适应企业现有的业务环境。这里包括两部分，一部分从系统的参数可以了解到系统的运行状况；另一方面需要了解企业的主要用户对系统是否满意。最后，从总体上对系统对企业绩效的影响进行衡量，计算整个项目的投资回报率，以及之后的流程增值改进。

2. Oracle 的 AIM 模型

1994 年 Oracle 公司建立了一种系统实施方法，并命名为 AIM（Application Implementation Method），这种方法用于支持其快速成长的咨询组织，并为实施过程提供指导。

AIM 主要分为六个步骤：

(1) 定义需求

确定业务目标并对项目进行规划，评估在时间、资源、预算的限制下，项目的可行性，初步了解项目的实施风险。

(2) 作业分析

通过对企业目前流程、管理现状的分析，了解自身情况，培训项目小组在与 ERP 供应方的沟通中建立作业蓝图。

(3) 解决方案设计

依据企业现状和未来业务需求创建符合企业的解决方案。

(4) 系统开发

系统的具体开发过程，通过编码和测试自定义部分，以增强接口的数据转换。

(5) 系统转移

ERP 提供方向企业递交最终的解决方案，并培训系统的最终用户，进行数据转换，达成正式的作业环境。

(6) 正式上线

系统正式上线，随时监测系统的运行状况并提供系统维护。

实施路线图如图 2－2－5 所示

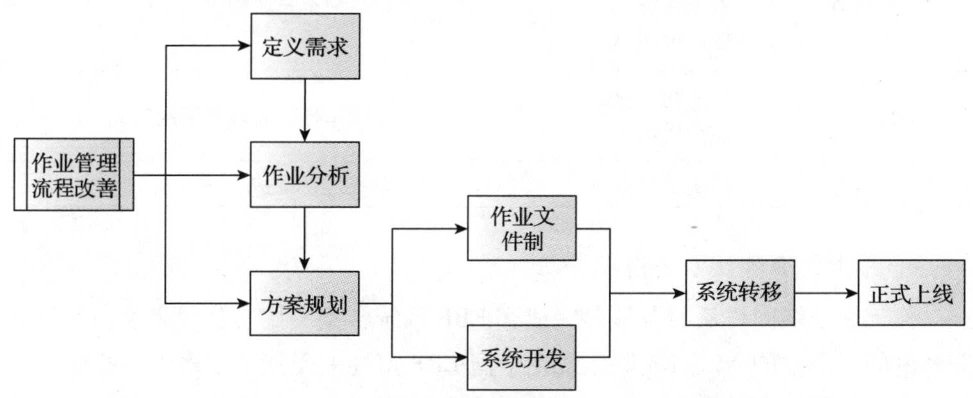

图 2－2－5　Oracle 公司的 AIM 实施方法路线图

3. 金蝶的金手指六步法

作为国内著名的ERP软件公司，金蝶的ERP系统在国内的市场占有可观的份额。在丰富的实施实践中，金蝶的总结出了一套适合快速实施金蝶公司产品的有效方法——金手指六步法。六步法的六个阶段的主要工作内容和工作成果如表2-2-1所示。

表2-2-1　金蝶金手指六步法实施方法论

阶段	工作内容	工作成果
项目启动	成立项目组织 确定实施计划 召开启动大会 签订项目公约	项目组织文件、实施计划、项目公约
系统培训	中高层培训 业务骨干培训 系统使用培训 系统维护培训 培训考试	考勤表、成绩单、阶段工作总结
系统设置	原型测试 业务流程分析 固化新业务流程	原型测试报告已完成、新的业务流程完成
数据准备	数据准备培训 数据准备 数据审核	数据准备完成确认
系统切换	系统初始化 系统切换	系统运行、发现并解决问题
运行维护	系统试验验收	系统运行维护

4. 用友的7阶段方法论

作为和金蝶同样从财务软件完成到ERP系统转型的用友公司来说，经过几年的时间，用友的NC、K3等系统在中国ERP市场上受到了很多中小企业的欢迎。面对日益庞大的市场，用友结合自身产品和经验，也形成了一套自己的体系。具体内容和路线图如图2-2-6所示。

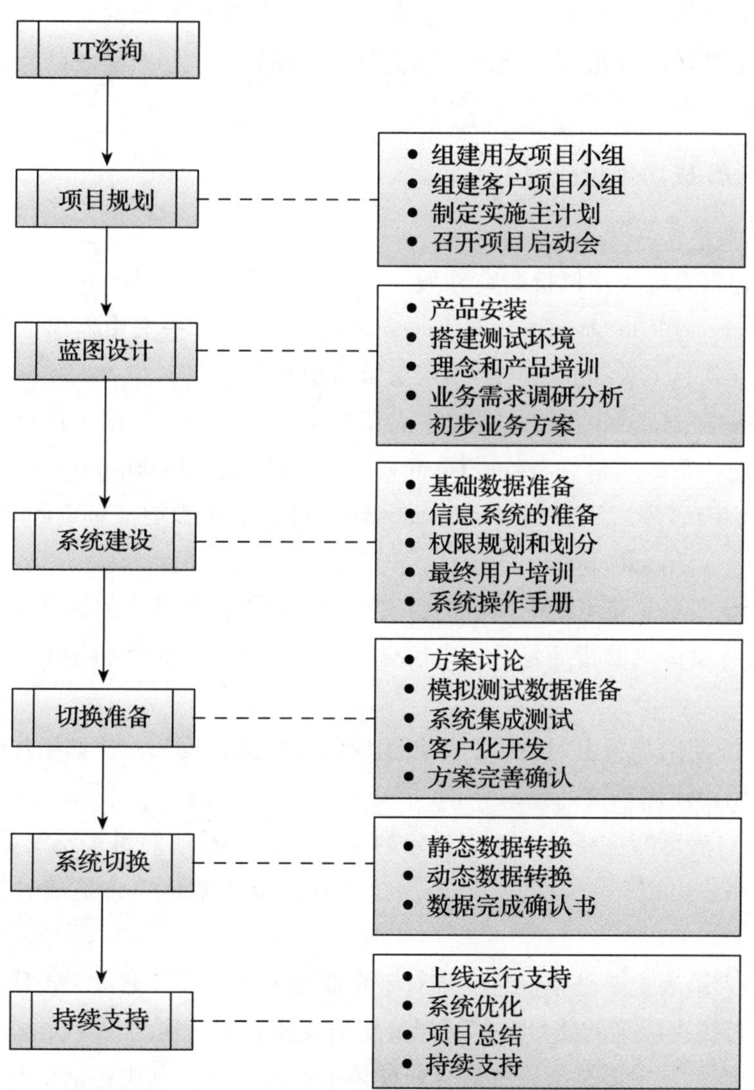

图 2-2-6　用友公司的 ERP 实施方法路线图

二、ERP 成功理论研究

ERP 系统作为一种特殊的信息系统，在源于信息系统的同时，又高于信息系统。为了更好地研究 ERP 系统，我们有必要通过研究信息系统的问题来掌握 ERP 系统的特点。

（一）IS 成功理论研究

1. 信息系统成功模型

纵观信息系统成功评价研究领域，1992 年 DeLone 和 McLean 在 Information Systems Success：The Quest for the Dependent Variable[29]一文中提出的信息系统成功模型（Delone & Mclean，D&M）最具有里程碑意义。

DeLone 和 McLean 在阅读研究了大量论文的基础上，提出了信息系统成功的六种维度：系统质量（System Quality）、信息质量（Information Quality）、系统使用（Use）、用户满意度（User Satisfaction）、个人影响（Individual Impact）和组织影响（Organizational Impact）。其中：

- 系统质量是指系统的适应性、安全性、稳定性等基本的信息系统质量。
- 信息质量主要指的是系统中信息流的有效性、及时性和相关性等信息的质量。
- 系统使用则是由对系统的依赖程度的指标进行反映，比如用户使用系统的时间、用户使用系统的频率等。
- 用户满意度主要针对使用系统的主要用户，看他们对于系统是否满意。这些主要用户可以是企业的某个人，也可以是企业整体，它是最容易操作的部分。
- 个人影响主要是指信息系统对于企业管理人员和普通员工工作的促进和帮助，能否提高决策的质量，能否让员工的技能得到快速增长等。
- 组织影响主要是指系统对企业整体绩效的影响，其中包括企业的市场占有率、经营成本、存货周转率、销售利润等。也可以是对企业的信息沟通、企业文化、产品质量或者是战略竞争优势、核心竞争力等的影响。

他们之间的相互关系如图 2－2－7 所示。

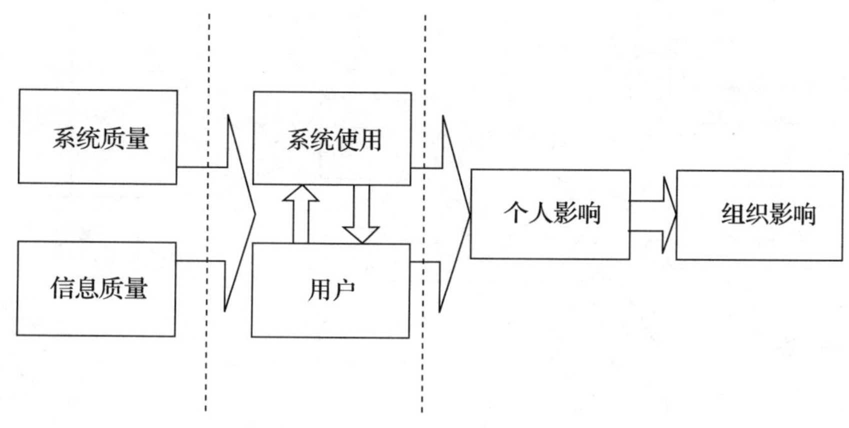

图 2－2－7 D&M 信息系统成功模型

总的来说，D&M 模型是从过程的观点来看待 ERP 成功的，六个维度之间是由时间和因果关系联系的。在最初信息系统建立或实施的阶段中，主要是由系统质量和信息质量两个方面来判断。之后通过用户与系统的交互不断深入，用户通过使用系统感受到信息系统的特性，通过满意度对信息系统给出评价。与此同时在因果层面，系统质量和信息质量又会显著地影响系统使用以及用户满意度，而这两个维度之间也会相互影响，这些影响最终导致信息系统对个人的影响，进而影响组织的最终绩效。因此 DeLone 和 McLean 指出从综合的角度研究才能反映出信息系统的价值。

在提出 D&M 模型之后，DeLone 和 McLean 又在 2003 年 The DeLone and McLean Model of Information Systems Success：A Ten-Year Update[30]一文中改进了自己的模型。

与之前的模型相比，DeLone 和 McLean 加入了服务质量（Service Quality）这个新维度。他们认为，随着企业信息化水平的提升，用户对信息系统的使用程度在不断加深，信息系统的用户不再仅仅是企业信息的提供者，同时在提供信息数据的同时，还是信息服务的提供者。最终用户不仅仅使用信息系统这一设备，同时还享受了信息系统所提供的服务。因此，服务质量在信息系统中显得十分重要。对于服务质量，我们可以通过移情性、准确性、专业性以及积极程度等来衡量。图 2－2－8 是改进后的 D&M

信息系统成功模型。

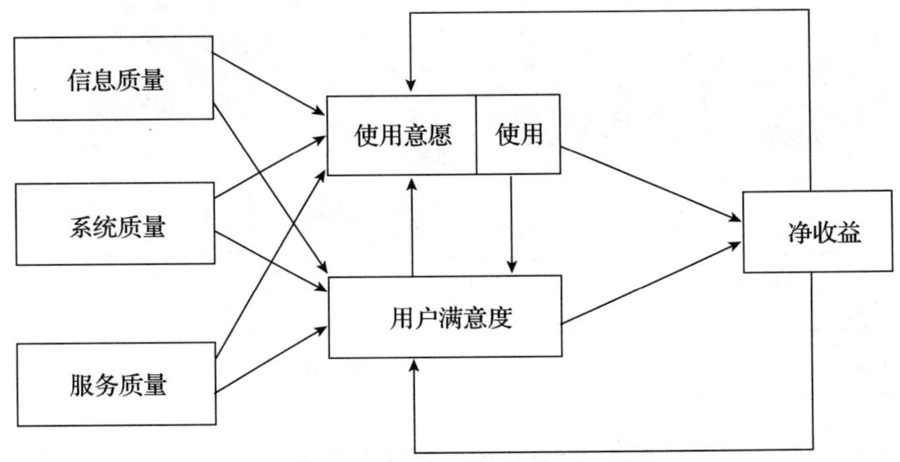

图 2-2-8　改进后的 D&M 信息系统成功模型

除了引进“服务质量”这一新的维度之外，新模型还将“个人影响”和“组织影响”合并为净收益（Net Benefits）这一综合指标。DeLone 和 McLean 认为根据分析层次和研究目的的不同，信息系统的影响可能将不仅仅限于企业或组织内部，可能还会包括“行业影响”“社会影响”等。而且，“影响”过于定性，我们希望能够用更准确的定量指标来衡量。因此，“净收益”就成为了新模型最终的维度。同时它也会对系统使用和用户满意度产生反作用，这样就表明优良“净收益”会提升用户的满意度并使得用户会更加主动和频繁地使用系统，这样的设计更符合信息系统在企业的实际状况。

2. Seddon 的改进模型

在 D&M 模型提出很长的一段时间之后，D&M 模型作为 ERP 成功评价领域的里程碑都受到许多学者的挑战和质疑，也有很多学者以 D&M 模型为基础，试图对该模型进行进一步的改进。这其中就包括了 Ballantine[31]、Seddon 以及 Rai[32] 等学者。在诸多学者的研究中，获得最普遍认可的就是澳大利亚学者 Seddon 提出的 Seddon 改进模型，如图 2-2-9 所示。

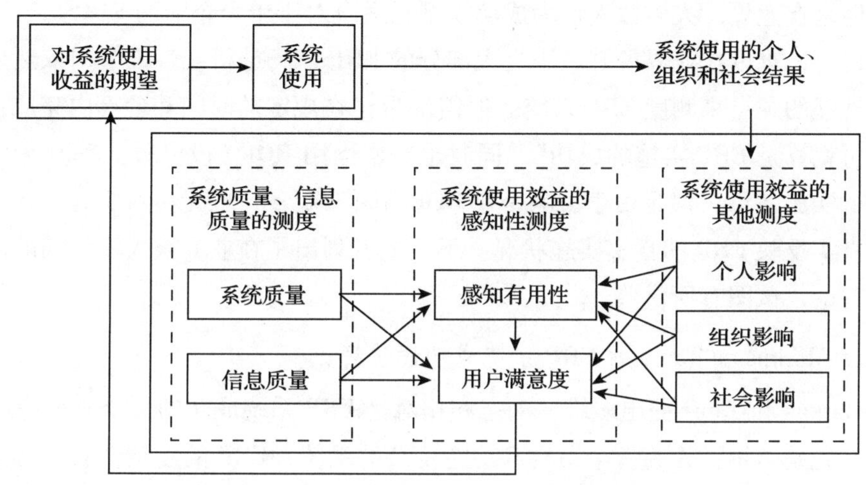

图 2－2－9　Seddon 的信息系统成功模型

Seddon 指出，D&M 模型中将“系统使用”与其他维度并列是不恰当的，它们并不属于同一个层次。他提出可以将“系统使用”单列出来作为系统成功的外在特性，并只受对系统使用收益期望的影响。同时，他使用感知的有用性（Perceived Usefulness）这一维度来替代原“系统使用”的位置。在 Seddon 模型中，用户满意度和感知的有用性会受到系统质量和信息质量的影响，而感知的有用性又会直接影响用户满意度。在模型中，信息系统成功的这 7 个主体维度大体上可以划分为三个部分：系统质量和信息质量的测度、系统使用效益的感知性测度，以及对系统使用效益的个人、组织和社会影响的测度三部分。其中第二部分是最重要的。

（二）ERP 成功理论研究

伴随着 ERP 市场的蓬勃发展，使用 ERP 系统的企业数量不断增加，ERP 系统成功评价的研究也成为学术界和业界的热点。据了解在大多数研究中，对于 ERP 系统的成功测度原则仍然依据 D&M 模型的指标体系和思路来进行。学术界大多数学者都认为，对于 ERP 系统的考察必须综合考虑企业内、外部的各个方面，这些方面都会或多或少地影响对 ERP 系统成功的测度。比如基本的系统质量和信息质量以及系统产生的后续影响等（如库存的降低、绩效的升高等）。

但是在业界，大多数人认为成功模型只适合对于单个企业的ERP系统进行测度评价，难以在业界展开。于是大部分的ERP市场分析或咨询公司依然使用项目管理的观点来测度ERP系统。他们认为“在规定的时间和预算内完成系统的交付就算是ERP实施的成功”，同时也经常运用ROI（投资收益率）来考察ERP的实施效果。但是由于影响企业ROI的因素众多，也无法科学地认定ROI能够真实反映ERP的真实实施状况。下面笔者列出了在业界被大家认同的成功模型理论，试图有所借鉴。

1. Markus和Tanis的ERP系统成功评价理论

Markus和Tanis提出多维、动态和相对是ERP系统成功的三个显著特点。

首先是多维。作为一个结构和功能复杂的系统，ERP的复杂性直接导致单一指标很难全面地描述ERP的实施结果，只有从多维度考虑才能全面考察ERP在各个方面是否成功，综合各方面的结果得出一个总体的结果。

其次是动态。由于ERP系统成功包含在整个的ERP实施过程中，各个阶段紧密联系，前期的成功成为后期成功的基础。一旦某一个环节出现问题，有可能导致的就是整体的失败。

最后是相对。由于在ERP实际实施过程中环境的多变和复杂，干扰因素很多，很难得到一个非常理想的结果，因此“绝对的成功”是不存在或者基本不可能达到的。也就是说，我们的ERP实施过程最终追求的就是一个“满意解”。针对这个特点，Markus提出了一个理想的成功框架，利用这个框架可以描述企业在实施ERP之后可能获得的成效。这一框架可以分为3个阶段：

(1) 项目标准

在ERP项目实施最后，ERP实施方能够在预算内按时地交付出约定的阶段成果，顺利地将ERP系统通过验收移交给用户，成功上线。就是传统项目管理中的成功。

(2) 初期运转标准

在企业使用ERP系统的初期，由于企业现有业务和流程与ERP系统的冲突，企业会对新系统感到不适应，往往会出现磨合中产生的阵痛，使得绩效下降，效率降低。在这一阶段，企业能够在系统稳定运行，企业恢复正常之前保证企业的关键绩效指标稳定、市场占有率没有出现大幅度下滑，企业原有的供应商以及客户等没有受到负面的影响，就能够被视作初期运转的成功。

(3) 长期商业利益

通过企业用户对于ERP系统的的使用，双方逐渐地相互磨合，致使系统能够初步和企业契合，能够稳定运行，这时企业才能从中获利。从这一角度来看，ERP就达到了长期商业利益的成功。企业ERP系统的长期商业利益评价要与企业实施ERP的目标和期望进行比较。这里的“长期商业利益”指的是企业长期的总体收益。

同时，Markus认为，在现实中，因为市场和企业内部的复杂性，企业基本不可能获得一个“最优解”，因此只要企业能够获得一个“满意解”，企业的目标就算达到了。

2. Tan & Pan[33]的ERP系统成功模型

新加坡Tan & Pan在2000年的时候提出可以通过不同层次将ERP系统的成功分为基础结构成功（Infrastructure Success）、信息结构成功（Infostructure Success）和知识成功（Knowledge Success）三种。具体如图2-2-10所示。

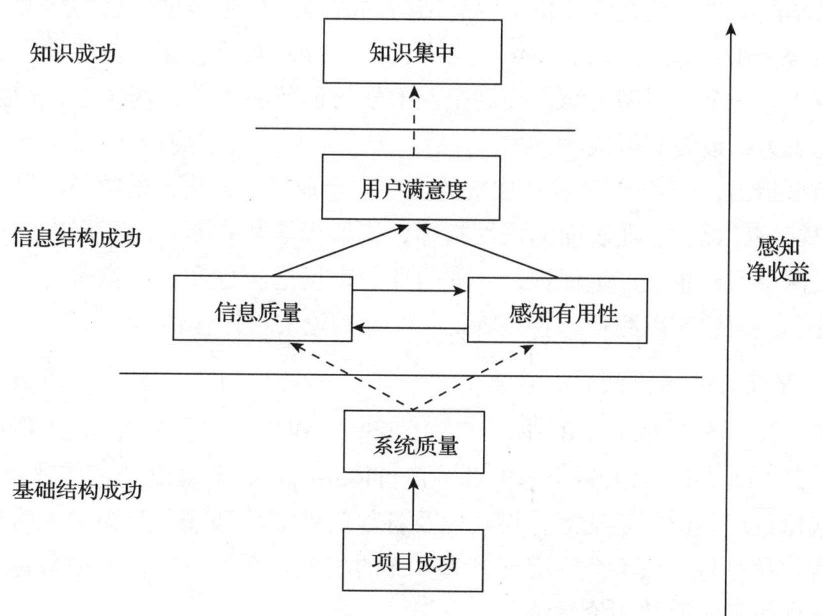

图2-2-10 Tan&Pan的ERP成功模型

他们认为，企业的ERP系统上线运行，则标志着ERP系统基本的基础结构成功。随着ERP系统在企业中运用的不断深入，在企业内部不同部门和工作流程之间形成迅速畅通的信息渠道，并保证整个企业乐于分享知识和信息，创造共享的氛围直到形成一种共享的文化时，才标志着企业达到了ERP系统的信息结构成功。最终使得ERP系统将原先分散于各个部门和个人的专业知识整合起来，形成企业级的知识库，并将ERP系统所蕴涵的先进的管理知识和理念与企业现有业务和组织结合，最终形成商业利益。只有这样，才标志着知识成功的实现。

在这个模型中，Tan突出了文化和知识整合对ERP系统成功的作用。而各层次的ERP系统成功之间存在着递进关系，只有下级的内容获得成功才能支持上层的内容。

在模型中，最初的成功称为项目成功，是指从项目管理的角度看待ERP系统成功安装，而项目的成功则保证了系统的质量，从而促使了企业基础结构的成功。优秀的信息质量又在基础结构成功的基础上进一步增加了用户感知的有用性，这种有用性最终促使用户的满意度得到提升，满意度的提升进一步强化了用户对系统的依赖，通过长时间高频率的系统使用，在企业内部形成了一种信息共享的文化，是企业获得了信息结构的成功。企业通过信息共享文化的构建，使得企业内部的知识显性化、集中化，使得人人都能够获得知识，将企业改造成为了一个学习型组织，提高企业的学习创新能力和市场柔性，增强了企业的竞争力，最终获得成功。

模型指出，随着ERP成功层次的提高，企业会获得更大的收益。基础结构成功只能够给提高企业表面的硬性指标，比如产量和效率；而高层次的成功则会从更深层次对企业产生促进，比如企业的市场适应性和核心竞争力。但是由于文化和知识的难以测量，直接降低了Tan理论的可操作性。

3. 平衡计分卡方法

平衡计分卡（Balanced Score Card，BSC）在20世纪90年代由Kaplan和Norton在总结了12家大型企业的业绩评价体系的基础上提出。它在对企业总体发展战略达成共识的基础上，将企业及各部门的战略和任务从财务、客户、内部经营和学习与成长4个维度划分为多样的相互联系的目标，再把目标分解为多项指标的多元业绩评价系统。

21世纪初Rosemann和Weise尝试用ERP平衡计分卡的思想管理ERP系统的具体任务和目标。这一方法也得到了许多学者的赞同。Markus和Tanis[34]就表示，平衡计分卡可能是评价 ERP 效益的最为合适的方法。具体模型如图 2－2－11 所示。

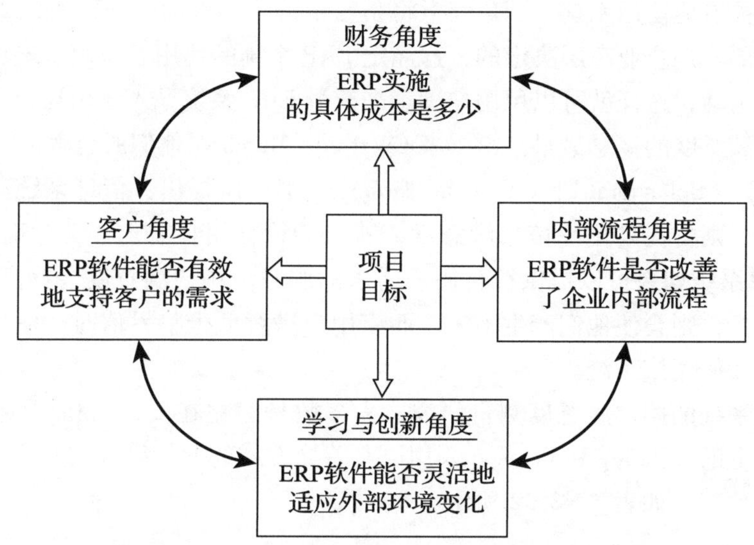

图 2－2－11　Rosemann and Weise 的 ERP 平衡计分卡模型

平衡计分卡之所以被认为能够评价 ERP 实施绩效，是因为它具有综合的思想。它的 4 个维度能够顾及 ERP 系统的各个功能模块，并进一步细分为各个指标，通过每个指标最终与总体目标相联系进行评价。这样，企业 ERP 系统就可以通过 BSC 得到较综合的评价。

虽然 BSC 理论的借用无疑是对 ERP 应用绩效评价体系提供了一个很好的工具。然而，由于 ERP 系统的综合性和复杂性，在实际环境下使用 BSC 对 ERP 实施绩效评估依然有很大的困难。首先，BSC 的方法依然是在企业内部这一个小的系统中进行衡量的，但是 ERP 系统则强调了全供应链整合的概念，诸如经营者、供应商、竞争者等外部因素并没有相关的维度测定。其次，在 4 个维度中，使用什么样的指标最为有效，仍然没有一个定论。所以虽然 BSC 是一套基于企业核心能力的、较为完整和综合的评价模型或者思想。在操作层面依然有他的不足，有待进一步改善。

4. 用户满意度

如果仅从实用性上来说，在众多系统成功的模型方法中，系统使用度（Usage）与用户满意（User Satisfaction）则是两个易使用且能够被广为接受的、有效衡量信息系统成功与否的指标。在用户满意度中，学者可以根据用户是否出于自愿地使用信息系统而选择衡量指标。如果是出于自愿，则会采用使用度；若是被迫地使用系统，用户满意将是衡量的指标。而一般而言，ERP 系统的使用大部分是企业高层决定的，这注定 ERP 系统的使用者使用系统更多的是被动而非主动，这样就可以用用户满意来衡量 ERP 系统导入成功与否。

用户满意度的概念最早是由学者 Cyert and March 在他们所合著的《公司的行为理论》（Behavioral Theory of the Firm）一书中所提出：信息系统若能符合用户需求，则将提高用户信息满意度，若未能符合用户需求，满意度将降低。例如 ERP 系统如果可以提供符合用户需求的服务，用户满意度会提高。反之，如未能符合，则会使他们产生不满。而当用户满意低于临界值时，使用者将不再愿意继续使用该系统。

信息系统的用户满意度测量研究，大多数是建立在 Bailey 和 Pearson[35] 的工作基础上的。Bailey 和 Pearson 采用语义差异方式的七等级方式发展出一套用户满意度框架。如表 2－2－2 所示。

表 2－2－2　Bailey 和 Pearson 的 39 个问题

No.	因素项目	No.	因素项目	No.	因素项目
1	管理层的参与程度	14	ERP 生产力的工具	27	资料的安全防护
2	与 ERP 在资源上竞合情形	15	对信息设备使用的便利性	28	系统文件
3	资源分配的优先级	16	输出资料的正确性	29	系统期望的吻合性
4	服务性支付的计价方式	17	输出资料的时效性	30	对系统的了解性
5	与 ERP 人员之关系	18	输出资料的精准性	31	对系统效用的认知
6	与 ERP 人员的沟通	19	输出资料的可靠性	32	对系统的信任
7	ERP 人员的技术能力	20	输出资料的适用性	33	对参与的感受
8	ERP 人员的服务态度	21	输出资料的完整性	34	对控制的感受
9	产品及服务的安排	22	资料输出的格式	35	训练的程度
10	变更需求的处理	23	信息系统语言的亲近性	36	对工作的效用
11	新系统发展所需时间的要求	24	资料的输出量	37	ERP 部门在组织内的地位
12	供货商的支援	25	资料与需求的适应性	38	系统的弹性
13	系统响应时间	26	错误的恢复处理	39	系统的整合

后人的研究大多数是在 Bailey 和 Pearson 量表的基础上加以修正以适应不同的应用环境，其中 Ives 的研究较有影响力。他修订了 Bailey 和 Pearson 的量表，并从中挑选出一套较精简的量表。

Bailey 和 Pearson 与 Ives 提出的量表为日后各种用户满意度提供了范本，诸多研究都是在这两个量表的基础上加以扩展或改善。

5. ERP 系统成功评价的关键——商业利益实现

ERP 系统实施的最终目标——商业利益的实现成为了很多学者评价系统成功的最重要指标。他们认为：只有从商业利益的角度出发，才能得出 ERP 系统是否成功。于是很多学者都试图总结 ERP 系统能给企业带来什么样的利益。其中，Shang&Seddon 的利益框架最具有代表性。它从运营利益（Operational Benefit）、管理利益（Managerial Benefit）、战略利益（Strategic Benefit）、IT 利益（IT Infrastructure Benefit）、组织利益（Organizational Benefit）五个角度出发，来衡量企业最终由 ERP 系统带来的商业利益。具体如表 2-2-3 所示。

表 2-2-3　Shang&Seddon 的商业利益框架

角度	商业利益
运营利益	降低成本 缩短周转周期 提高生产力 提高产品、服务质量
管理利益	优化资源管理 提高决策与计划能力 提高监督能力
战略利益	促进业务增长 支持业务联盟 促进企业创新 带来成本优势 形成差异化 带动与供应商和消费者的关系
IT 利益	提高 IT 基础设施能力 降低 IT 成本 提高 IT 适应业务变化和企业创新的能力

（续）

角度	商业利益
组织利益	支持组织变革 促进组织学习 促进授权 有利于形成共同的愿景

其实无论是Shang&Seddon的框架，还是Deloitte Consulting的框架，都描述了ERP系统利益实现的理想状态。一般而言，在实际中这种状态很难实现。因此，大部分企业都是依据自身的目标预期来衡量ERP的成功。即实现了表中平均水平的商业利益，就应该算取得了基本成功。

第三节　成功率测度差异化研究

一、ERP成功的定义

在研究ERP系统成功率测度差异之前，我们必须首先明确一个关键的问题——那就是“如何定义ERP系统的成功”。由于ERP系统的复杂性，至今业界也无法给出ERP成功的确切定义和内涵。

（一）ERP成功难以定义的原因

ERP成功难以定义的主要原因有四个：系统复杂性、影响间接性、效果滞后性和评价主观性。

1. 系统复杂性

ERP系统是一个信息系统，但它不仅仅是一个简单的信息系统，它是一个复杂的综合系统，包含了管理、文化、组织结构、技术等多种要素。一方面，ERP系统对企业的影响既有基础层面的生产运作影响，又有深层面的文化战略影响；另一方面，由于ERP在企业的实施过程是一个逐渐磨合的过程，同时它会影响到企业生产经营的各个层面，所以ERP对于企业的影响明显具有滞后性，而这种滞后性导致的结果就是ERP所产生的利益以及影响很难明确和量化。

2. 影响间接性

ERP 系统影响的间接性指的是在系统并不能对企业的绩效产生出明确直接的效果，它必须通过人员的操作和使用对企业的某些方面起到积极的影响，最终对企业的整体绩效做出影响。而正是这种间接性造成了 ERP 成功的难以定义，因为影响的间接性，我们难以判别企业产生的效果是由于使用 ERP 系统导致的还是由于其他企业或者市场因素所造成的。我们难以将 ERP 系统对企业产生的影响单纯地从企业的整体业绩改变中剥离出来，也很难用让人信服的数据表明 ERP 的确切效果。

3. 效果滞后性

ERP 系统效果的滞后性指的是 ERP 系统的使用和对企业产生的效果并不是同步的，而是产生的效果要晚于 ERP 系统的使用。因为 ERP 系统的使用是一个与企业现有业务流程逐渐磨合的过程，因此在使用 ERP 系统的短期内，系统产生的效果无法表现出来，甚至有可能对企业现有生产经营产生扰动，但在逐渐磨合好后 ERP 的效果就能够充分地发挥出来了。由于 ERP 效果的滞后性，企业难以找到适合 ERP 系统评价的时间段，因为时间段选在 ERP 使用之后的不同周期，会使得评价的结果完全不同。

4. 评价主观性

ERP 成功与否的主要评判取决于评价的主体，主体的目标不同，认识不同，对于同一个系统得出的结论也是不同的。例如 ERP 实施方认为在预算内准时使系统正常上线就是成功；而企业方则认为，ERP 系统使企业的关键问题得以解决，关键指标获得提升才算是成功。除此之外，不同的企业实施 ERP 项目的目标的不同也导致了 ERP 系统的难以评价。有的企业为了降低成本，有的企业是为了赢得市场。不同的目标和出发点自然会导致企业评价指标的侧重点不同，最终导致不同的结果。

在同创华亨公司暑期调研期间，我曾就这个问题分别咨询过金蝶和用友公司的 ERP 实施顾问，分别听取过他们的意见。金蝶的专家认为 ERP 成功就是“企业的主要业务对系统产生依赖”，一个成功的 ERP 系统必然会对企业的业务流程造成深远的影响，而系统会通过对企业的不断影响逐渐融入这个企业，最终导致企业和系统相互依赖，难以脱离。而用友公司专家对于 ERP 成功的定义是"ERP 系统能够较好的解决企业大多数的问题"。

上述的两个观点都很有道理，很难说究竟谁对 ERP 成功定义得更为恰当，这正是说明了 ERP 系统的复杂性和难以度量。因此，我们有必要挖掘一下站在不同的角度对 ERP 成功的认识和理解。

（二）不同角度的 ERP 成功定义

在研究 ERP 成功定义之前，我们首先应该明确什么是成功。"成功"就是达到所设定的目标。在这里，"设定的目标"是一个关键，这也就是我们常说的"期望"，没有期望，成功自然无从谈起。而针对 ERP 实施，不同的人，因为各自的利益，所抱有的期望不同，所以对成功的定义自然有差别，如表 2－3－1。而这种差别直接导致了 ERP 系统供求双方的相互不理解，以至于难以达成共识。

表 2－3－1　不同目标对 ERP 成功的定义的影响

	目标	ERP 成功
ERP 供应商	自身完成项目并盈利	客户大多数问题，资金回收到位
ERP 使用者	解决企业的问题	系统解决了企业的实际问题
第三方机构	衡量 ERP 项目成败	在规定时间和预算内完成项目

从表 2－3－1 中我们可以看出，ERP 成功的定义与目标紧密相关，不同的目标直接导致对 ERP 成功的不同定义。因此，我们很难通过一个简单的定义将"ERP 成功"表达准确和清楚，必须站在不同的角度，从各自的利益和目标出发，才能更好地明确"ERP 成功"的定义。

1. ERP 供应商

对于 ERP 实施方（供应商）而言，顺利完成项目拿到资金是他们的目标。由于 ERP 系统效果的滞后性，ERP 实施方没有也无法保证企业使用 ERP 的效果是正面还是负面的。因此，对于 ERP 实施方大多数 ERP 项目的实施周期就是从系统咨询开始到系统上线验收结束。

为了保证项目的可交付，ERP 实施方会在 ERP 系统实施的每个阶段列出一些可交付的成果，如图 2－3－1 所示。通过这些可交付的成功来说明项目的顺利进行。

第一阶段项目实施主计划

编制单位：同创华亨 ERP 系统项目组　　　　2011 年 6 月 7 日

项目阶段	关键任务	工作任务	用友	华亨	开始日期	截止日期	交付成果
项目规划	项目规划	组建双方项目组织	司永平	项目经理			项目组成员名单
							项目组成员职责
							双方成员通讯录
		制订、确认实施主计划	司永平	项目经理			实施主计划
		项目启动会	项目组成员	项目组成员	2011-6-8	2011-6-8	项目启动会 PPT
草图设计	业务需求分析	制订调研计划	司永平		2011-6-8	2011-6-8	调研计划
		业务需求调研	司永平	各业务部门	2011-6-9	2011-6-10	
		业务需求分析	司永平		2011-6-12	2011-6-12	
	安装产品	建立应用环境	张永亮	系统管理员	2011-6-13	2011-6-13	
		安装调试产品	张永亮	系统管理员	2011-6-13	2011-6-13	产品安装记录
		系统管理员培训	张永亮	系统管理员	2011-6-13	2011-6-13	
	系统实施方案	财务、供应链初步实施方案	司永平		2011-6-14	2011-6-16	初步实施方案
		方案讨论	司永平	各部门	2011-6-17	2011-6-17	
		最终方案确定	司永平	各部门	2011-6-18	2011-6-18	系统实施方案
系统建设	财务基础数据准备，新老系统替换	准备财务数据（会计科目、固定资产）		财务部	2011-6-9	2011-6-10	
		财务基础数据导入、系统初始化	秦旭峰		2011-6-12	2011-6-15	
		财务期初数据准备		财务部	2011-6-16	2011-6-30	
		产品 BOM 数据准备	司永平	技术部	2011-6-16	2011-7-31	
	应用培训	财务系统使用培训	秦旭峰		2011-6-28	2011-6-29	
	其他	静态数据准备计划（各部门开会讨论）	司永平	各部门	2011-6-20	2011-6-20	静态数据准备方案
		静态数据准备		各部门	2011-6-21	2011-6-24	
		静态数据校验确认	张永亮		2011-6-25	2011-6-25	
		准备测试环境（案例、数据）	张永亮	系统管理员	2011-6-27	2011-6-27	

图 2－3－1　ERP 实施计划和交付成果图

因此，对于 ERP 实施方而言，按时完成每个阶段的可交付成果，保证实施过程可控，就是ERP系统的成功。

2. ERP使用者

从ERP使用方来说，实施ERP系统的目的是实实在在地提升企业关键指标和解决企业的实际问题。所以对于企业方来说，在ERP系统上线验收之后，ERP系统的维护、升级以及与企业业务流程之间的磨合仍然非常的重要。对ERP系统成功与否的判断不仅仅在ERP项目的实施过程中，而是贯穿于实施与上线后系统继续使用的整个ERP生命周期。所以，对于企业来说在ERP系统设计阶段明确并清晰地表达出公司实施ERP的总体目标就显得格外重要。这些目标不仅仅是ERP系统设计的依据，更是企业之后使用ERP系统一定阶段之后判别系统是否成功的标准。图2-3-2所示的就是同创华亨公司ERP实施的总体目标。

同创华亨ERP实施总体目标

通过实施用友ERP-U8，可以实现以下目标：

（1）建立一个从销售管理、采购管理、库存管理、MRP计划、成本管理到财务管理全面集成的系统。

（2）财务上，满足日常财务管理和会计核算的需求，并符合国家规定的财务规范。

（3）加强对各部门资产管理的力度，满足财务对资产管理的需求。

（4）规范库存管理，增加库存管理的透明度，降低库存成本，与财务、采购、销售、计划、生产有效集成。

（5）规范采购流程，降低采购成本，实现供应商的高效管理与应付账款的有效集成。

（6）加强销售管理，实现销售与生产、销售与采购、销售与财务应收账款的紧密衔接。

（7）加强对生产成本的管理，对企业生产成本进行有效的跟踪和控制，并准确及时地反映提供决策支持的信息。

图2-3-2 ERP实施总体目标示例

通过企业的ERP实施总体目标，企业可以根据这些目标的完成情况来衡量企业ERP实施得成功与否。如在实施ERP系统半年之后的采购流程得到了规范，采购成本降低，这就说明至少在采购层面，ERP 系统是成功的。

3. 第三方机构

从第三方机构的角度来说，不论是 ERP 实施项目资金的回收还是企业实际问题的解决，都不是第三方机构想要达成的目标。相比较于 ERP 实施方和使用者较为个性化的具体目标，第三方机构只需要找到 ERP 项目实施的共性，通过这些共性指标进行成功测度，最终得出具体的量化数据。因此简单实用的项目管理衡量标准就成为了他们测度的主要方法。

由于 ERP 实施也是一个典型的项目，因此具体项目管理的时间和成本指标在衡量 ERP 系统实施中也是一个常用的指标。最早我们可以查到的关于国外 ERP 实施成功率不足 20% 的数据，其基础就是通过时间和成本来进行测度的。

ERP 实施虽然属于项目的范畴，但一个简单的项目管理指标基本不可能很好地测度复杂的 ERP 系统，其对于企业生产、管理等层面的深远影响也不是项目管理的指标能够表达的。

二、问题的描述

通过上述对 ERP 系统的定义，我们也能够发现由于目标和角度的不同，ERP 实施的双方各自对于 ERP 系统实施成功率的测度存在着明显的差异，这种差异普遍存在于整个 ERP 的实务界。

对于大多数 ERP 实施方而言，ERP 系统按计划上线，并在每个阶段按时交付文档或者方案给企业，最终通过企业验收，收回款项就是 ERP 系统实施成功的标志。然而对于企业而言，ERP 上线之后在短时间内根本看不出 ERP 系统对于企业产生的帮助，但企业也不能通过 ERP 系统和企业现有流程业务磨合期中产生的紊乱和效率下降来判定 ERP 的实施失败，拒绝验收。

同时企业实施 ERP 系统的目的是希望解决企业运行中存在的诸多问题，因此企业认为只有实际解决了企业生产经营诸多的问题，提升了企业的关键指标，这样的 ERP 系统可被企业认为是成功的。但是同样，这个目标对于 ERP 实施方而言，ERP 项目的实施是难以在短期项目期间（ERP 项目周期一般为 3～18月）达到企业用户的要求，而且由于许多管理问题更多的是要通过企业自身的努力去解决，ERP 提供（实施）方在其中的作用比较有限。对于企业的要求，ERP 的实施方也显得无能为力。

站在不同的立场看待 ERP 系统实施是否成功得出的结论是不一样的，由此产生了不同的成功内涵。而想要 ERP 系统真正获得成功，必须通过 ERP 的供求双方通力协作来寻求共赢。ERP 实施方保障基础的系统质量，企业正确地使用系统，才能将 ERP 系统的效能最大限度地发挥出来。

三、从时间和认知两个维度对问题的分解

从上述的分析我们得知，ERP 供求双方对于 ERP 实施成功率测度评价之间的差异是一个复杂的问题，无论是 ERP 实施方还是企业用户，仅仅单方面的努力是不够的。

为了明确这个测度差异产生的原因，使得 ERP 供求双方正视这个差异，相互理解共同努力。我们将这个复杂的问题从两个方面进行分解，分别解决问题，以最终减小双方的差异，使得双方能够通力协作，让 ERP 系统在企业中发挥更大的作用。

（一）从时间差异的角度分析

从时间的维度，我们可以轻易地发现在 ERP 实施过程中供求双方对于实施成功评价周期的差异。对于 ERP 实施方而言，从项目发起到项目验收上线就是整个项目的评价周期，只要在这个周期之中，实施方能够按时将阶段成果交付给企业，同时保证基础软件系统的质量能够通过企业的验收，就表明项目获得了成功。

而对于企业而言，整个评估的周期贯穿于 ERP 的整个生命周期。它不仅仅包括 ERP 实施方参与的狭义的项目阶段，在系统上线之后的试运行阶段和维护上升阶段同样对于衡量 ERP 系统至关重要，因为 ERP 系统的效果滞后性，前期的一些问题或者隐患在之后的使用中才会逐渐被企业发现。

通过图 2－3－3 我们能够清晰地看到 ERP 供求双方对于实施成功判定周期的不同。

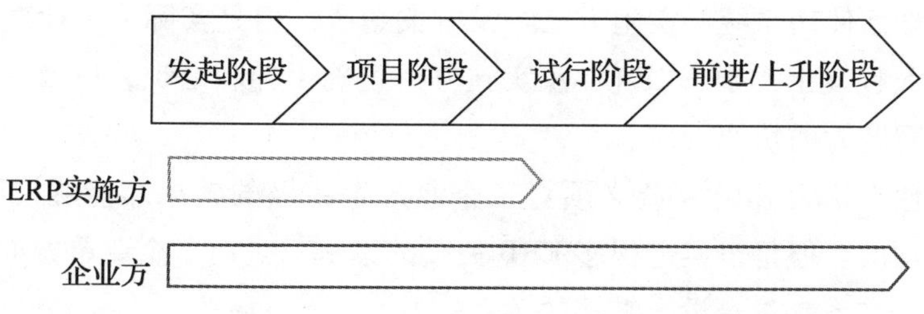

图 2-3-3　ERP 供求双方对于实施成功判定在时间维度的差异

因为 ERP 实施方在系统上线之后对于企业 ERP 系统使用只能在前期引导培训，而不能实际控制对于系统的使用，导致上线后 ERP 实施方对于企业的支持非常有限。但是实际情况是企业用户进入到 ERP 的实际使用之后，会遇到许多难题。因此，必须有 ERP 实施方长期的支持和后续服务，才能帮助企业 ERP 的使用逐渐步入正轨。同时随着系统的不断成熟，用户逐渐扩大的新业务需求，ERP 实施方需要给予用户正确的建议和指导帮助，不断提高企业 ERP 的应用水平，凸显 ERP 系统在企业中的价值。

（二）从认知差异的角度分析

前文提过因为 ERP 供求双方角度的不同，导致双方对于 ERP 成功的认知也存在明显的差异。对于 ERP 实施方来说，由于企业用户对于 ERP 系统的使用是企业自发的，实施方难以控制。所以在 ERP 实施评价的过程中实施方不会将这些不可控的因素考虑在内。而对于企业方而言，使用 ERP 系统是真正需要解决企业问题的，ERP 系统只有对企业产生积极的影响，才能够算作 ERP 项目实施是成功的。双方对于 ERP 实施成功的认知有着明显的差异，如图 2-3-4 所示。

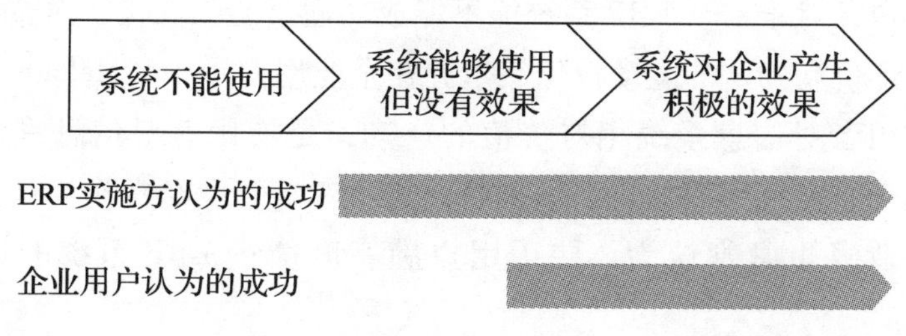

图 2-3-4　ERP 供求双方对于实施成功判定在认知维度的差异

从上图我们可以看到，企业用户认为的成功要比 ERP 实施方认为的成功更苛刻。ERP 实施方认为只要系统能够正常使用就认为 ERP 项目实施是成功的。

之后企业如何使用系统和实施方已经没有关系了，但是实际上企业对于系统的使用在很大程度上需要 ERP 供应/实施方的正确引导和培训，以及之后对于在企业遇到问题时的快速反应。

而企业方认为 ERP 系统必须对于企业产生积极的效果才能够说明 ERP 的实施是成功的。但是事实上很多 ERP 失败的案例只是由于企业单方面的操作不当造成的，与系统本身没有直接的关系。

因此，“系统能够使用但没有效果”这种情况就成为了 ERP 实施双方对成功认知的差异点。而本节的想法就是将所有影响企业成功认知（这里假设 ERP 成功对企业满意度有直接的正向影响）的因素找出来，通过双因素理论将它们分别归为保健和激励因素，使得 ERP 实施方可以通过控制或者提升其中的部分因素来缩小与企业用户之间的认知差异。

第四节　基于双因素理论的差异缩小策略

一、ERP 实施成功率认知维度差异缩小分析

通过第三节的问题分析我们知道，由于自身所处的位置和目标不同，ERP 供求双方对于 ERP 成功的认识也不同。而这种认识的差异涉及的大部分因素都是很难通过具体的指标和数据进行量化的。怎样将这些差异最为准确地表达出来就成为了找出 ERP 实施成功认知差异影响因素的先决条件。

由于认知是一个较为主观的概念，同时在 ERP 市场中占据交易主导地位的还是企业用户，对于一个 ERP 系统能不能成功通过验收交付，对企业有没有促进，最终的评价和判定的主动权仍然掌握在企业用户手中。Melone[36] 认为信息满意度为使用者对信息系统相对价值的认知，是使用者对信息系统的评估反应，各项感觉态度因素等的总和。因此，使用者满意度经常作为信息系统成功的替代物。业界也常常认为，使用用户满意度衡量 ERP 系统的成功是更有效的。

所以本节在分析 ERP 实施成功率认知维度差异方面，通过双因素理论的方法主要针对企业主要用户的满意度影响因素来明确 ERP 供求双方在认知差异方面的主要因素是什么。

二、基本理论模型

（一）双因素理论

1959年美国行为学家弗雷得里克·赫茨伯格（Fredrick Herzberg）在《工作的激励因素》一书中第一次提出了双因素理论，即激励—保健理论。并之后在1966年《工作与人性》一书和1968年《再论如何激励职工》一文中分别从心理学和管理学两个层面深入探讨了该理论。

双因素理论（Two Factors Theory）认为激起人们工作动机主要有两个因素：保健因素和激励因素。通过激励因素的满足能够给人们带来满意感，而保健因素的满足只能够消除人们的不满情绪，不会提升人们的满意感。其理论根据有三个方面：① 并不是所有的需要得到满足就能激发人们的热情，只有那些被称为激励因素的需要得到满足时才能调动人们的热情。② 没有满足的保健因素会导致人们强烈的不满，但即使满足也不能引发人们的热情。③ 激励因素将工作作为核心的，主要是在人们工作时发生。员工的不满主要来自于保健因素。保健因素一旦不能满足，就可以使员工滋生不满情绪，消极怠工，甚至罢工；但与此同时，无论保健因素做得多么完美，也很难让员工感到满意，激发员工的工作热情。这也就是："不满意"相反的行为不是满意，应该是"没有不满意"。激励因素是激发员工满意度的主要因素。提高员工的激励因素能够大大激发员工的工作热情；即使无法给出足够的激励因素，往往也不会让员工感到不满意。所以激励因素"满意"相反的不是不满意，应该是"没有满意"。如图2－4－1所示。

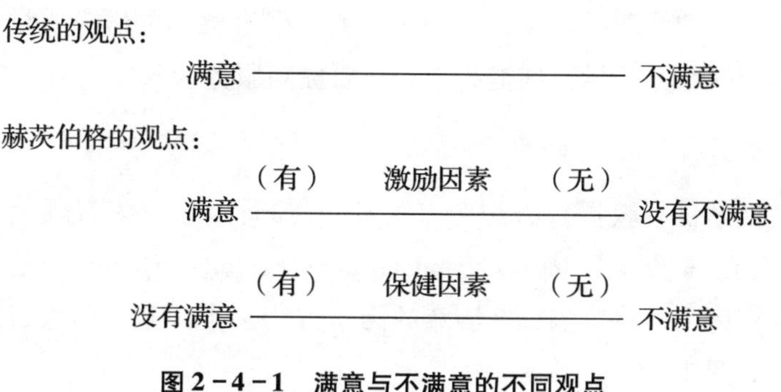

图2－4－1　满意与不满意的不同观点

双因素理论认为导致员工满意的因素与导致员工不满意的因素是有区别的，因此管理者消除不满意因素仅能带来和平，而不一定能对员工起到激励作用。这些导致工作不满意感的因素被称为保健因素。当这些因素得到充分改善时，员工就没有不满意感，但亦不会感到满意。导致工作满意的因素则被称为激励因素，当激励因素得到充分改善时，员工会感到满意。因此赫茨伯格认为，要想真正激励员工努力工作，就必须注重激励因素。

在双因素理论提出之后，日本学者小岛外弘创新性地将双因素理论运用于企业的市场营销，提出了“必要条件—魅力条件”理论。他将商品特性分为“必要条件”和“魅力条件”两大因素，其中必要条件即为保健因素，魅力条件则是激励因素。其中商品的品质、性能、价格等因素是必要条件，只能作为保健因素。而产品设计等因素往往会成为魅力条件，提高顾客的购买欲望。在缺少品质、性能等必要条件的情况下，感觉、设计等在短期内可能会产生效果。但从长期来看，仍然难以取得优异的销售业绩。更不能长期保留顾客，产生品牌忠诚度。因此根据这个理论，一个商品质优价廉、性能佳等，都属“必要条件”，没有会造成顾客的不满，从而导致商品的销路受到影响，最终使会企业的竞争能力被削弱。但这些必要条件却无法保证你的产品畅销，想要提高产品的吸引力，“魅力条件”必不可少，只有这样才能提高顾客满意度。

格罗鲁斯（Christian Gronroos）作为营销领域“北欧学派”的代表人物提出将企业服务的质量区分为质量的“保健因素”和质量的“促进因素”。其中对于特定的服务来说必备的是质量的“保健因素”，但即使改进这些质量要素也无助于提高顾客的感知质量。就是说，保健因素对顾客满意度来说，边际效用满意度是递减的。而质量“促进因素”则与顾客感知的服务质量正相关，即想要顾客感知的服务质量得到提高，就需要提高服务绩效。

（二）卡诺（Kano）模型

卡诺模型是日本教授狩野纪昭（Noriaki Kano）受双因素理论的启发，于1979年10月在其题为“Motivator and Hygiene Factor in Quality”的论文中提出的。在卡诺模型中，将影响顾客满意的因素分为三类：基本因素、绩效因素和激励因素，如图2-4-2所示。

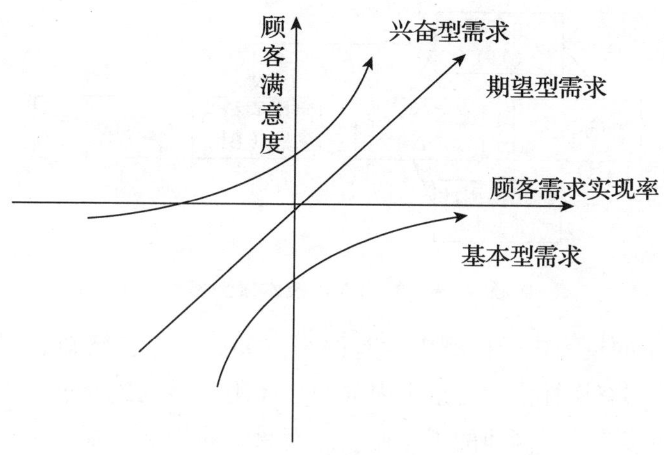

图2-4-2 卡诺模型

其中基本因素对应顾客的基本型需求，基本因素作为一种基础的质量因素，是产品和服务必须具备的因素。一旦产品或服务不具备这些因素，将会使顾客产生极大的不满。但另一方面即使完全具备这些因素，也无法提高顾客的满意度。

绩效因素对应顾客的期望型需求，绩效因素是指那些顾客所熟知的、易于评价的因素，与顾客满意度基本上是线性关系。该类因素越多，顾客越满意，这些因素是决定顾客是否购买的重要因素。当满意因素缺乏时，顾客将会很不满意；满意因素充足时，顾客就满意，且越充足越满意。

激励因素对应顾客的兴奋型需求，激励因素是指那些顾客意料之外，但又会给消费者带来不小价值的因素。即使没有这些因素，也不会引起顾客的不满意；但若具备这些因素，则会使顾客更加兴奋，大大增加顾客满意度，树立品牌忠诚度。这些因素是与竞争者的产品或服务进行竞争的重要因素，亦是价值与价格的直接驱动力。

（三）技术接受模型

Davis[37]将理性行为理论应用到信息技术用户接受领域形成技术接受模型（Techonology Acceptance Model，TAM）。技术接受模型的组成如图2-4-3所示。

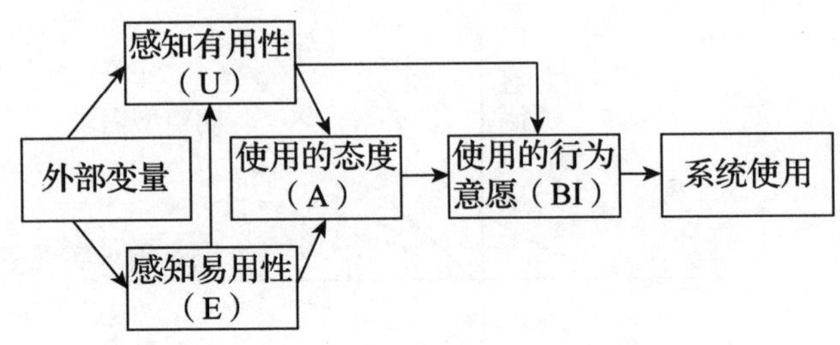

图 2－4－3　TAM 技术接受模型

Davis 提出的技术接受模型中含有两个主要的因素：感知有用性和感知易用性，其中感知有用性指的是组织内部的个体用户感觉到通过对于某个具体系统的使用，能够有效提高他的工作业绩。而感知易用性，则是指个体用户感知到使用目标系统的难易程度。个体用户在使用系统时，积极的或消极的主观感受构成了系统的使用态度。使用的行为意愿则指对于特定行为个体有意愿去完成的程度。模型认为个体用户的使用行为意愿直接决定了目标系统的使用，而使用行为意愿又是由感知有用性和使用态度共同决定的，感知有用性和感知易用性又决定了个体使用者的态度，感知有用性会受到感知易用和外部变量的影响，外部变量又决定了感知易用性。

Davis 提出的技术接受模型的主要目的是研究系统设计特征、个体感知和态度对个体使用计算机技术的影响程度和行为。因此在模型中提出了 7 项假设，如表 2－4－1 所示。

表 2－4－1　技术接受模型的假设条件

序号	假设
1	使用态度对实际使用有显著影响
2	感知有用性对实际使用有显著影响，同时受到感知易用性的影响
3	感知易用性对使用态度有显著性的影响，同时受到感知有用性的影响
4	感知易用性对感知有用性有显著影响，同时受到系统设计特征的影响
5	系统设计特征对感知有用性和感知易用性都有显著影响
6	感知有用性、感知易用性和系统设计特征对直接实际使用没有显著影响，通过使用态度影响实际的使用
7	系统设计特征对系统使用态度没有显著影响，通过感知有用性和感知易用性影响

三、各因素的确立及问卷设计

为了能够通过双因素理论研究影响 ERP 系统主要用户的满意程度，并通过识别 ERP 系统中的保健因素和激励因素，从 ERP 实施方找出可以改进的方向，最终达到缩小对 ERP 系统成功与否的认知差异。

因此，我们需要先确定影响 ERP 主要用户满意度的各个因素，在确立各个因素之后，由于我们主要关注 ERP 系统供应商和主要用户的认知差异，所以需要剔除其中 ERP 系统供应商无法改善的各种环境因素，如企业文化柔性、业务流程重组（Business Process Reengineering，BPR）、高层支持等，并运用其余的因素建立模型。

本节主要研究 ERP 实施方与主要用户之间的认知差异，以实用性为第一原则，因此选取相对实用的 D&M 实施评价模型为基础，并通过技术接受模型对原有模型进行修改。

（一）基于 TAM 和 D&M 的模型建立

基于 D&M 改进之后的模型，如图 2 -4 -4 所示。

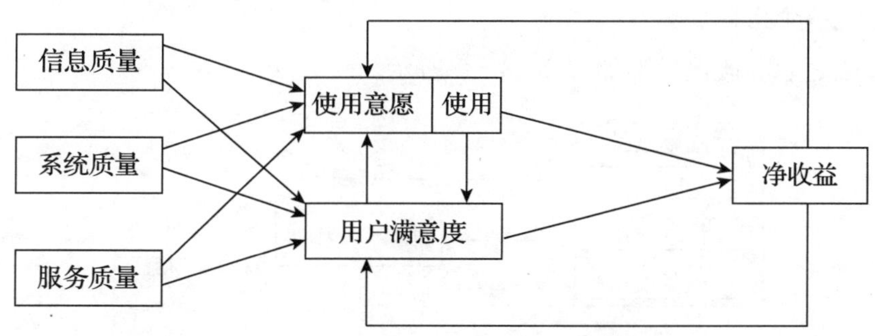

图 2 -4 -4　改进后的 D&M 信息系统成功模型

模型指出影响用户满意度的有信息质量、系统质量、服务质量 3 个比较基础的方面。笔者认为这三个方面是科学和完备的，分别从系统自身、系统内部数据和伴随着系统实施的服务对用户满意度产生影响。

除此之外，改进的模型指出净收益也会反作用影响用户满意度，但是由于净收益的难以测度和准确表达，依据狭义的 D&M 模型，将净收益以个人收益和组织收益所取代。理由如下：

1）净收益扰动因素较多，如市场需求变动等，其余因素也能在很大程度上影响组织的净收益。

2）净收益的范围过于宽泛，包括行业影响和社会影响。其实从调研访谈中了解到，除非一个企业的 ERP 实施到理想化的结果，同时这家企业必须在该行业处于领导者的地位，才会对整个行业甚至社会产生影响。这个指标不容易测度和表达。

除此之外，D&M 模型提出，系统使用也能够影响用户满意度，但是这里笔者考虑：

1）ERP 用户的使用并不简单的是对 ERP 系统的主动使用，在现实中大多数企业更多的情况是由于公司的需要和高层领导的意志，用户不得不使用系统，因此通过系统的使用来反映系统的优良是不恰当的。

2）系统的使用更多的是一种行为，而从心理学角度来说，影响系统满意度态度的必定是一种认知，因此在此用系统使用这个因素也是不科学的。因此笔者借鉴 TAM 模型，将个人认知引入模型，个人认知分为感知易用性和感知有用性这两个指标。

修改之后的假设模型如图 2－4－5 所示。

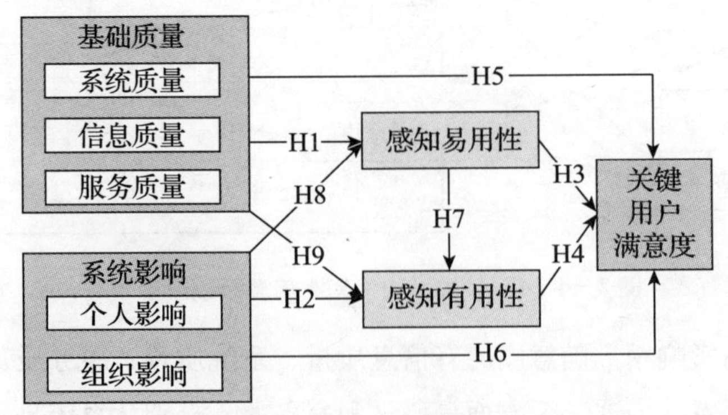

图 2－4－5　待验证的假设结构模型

依据以上模型，提出如下假设，如表 2－4－2 所示。

表 2-4-2　模型的假设条件

序　号	假　设
H1	系统质量、信息质量、服务质量和感知易用性显著相关
H2	个人影响、组织影响和感知有用性显著相关
H3	感知易用性和用户满意度显著相关
H4	感知有用性和用户满意度显著相关
H5	系统质量、信息质量、服务质量和用户满意度显著相关
H6	个人影响、组织影响和用户满意度显著相关
H7	感知易用性和感知有用性显著相关
H8	个人影响、组织影响和感知易用性显著相关
H9	系统质量、信息质量、服务质量和感知有用性显著相关
H10	信息质量、系统质量、服务质量、个人影响、组织影响之间不相关

（二）问卷设计

问卷设计的有效性直接决定了整个实证过程的成败，一份科学的问卷设计可以从以下维度来规范：①明确研究的目的，以目的为导向，从研究和问题入手确定需要测量的变量和问题。②大量的文献阅读，大量阅读与涉及研究方法和问题的文献，找出相关问题和理论，在问卷中作为变量支持或证实。③明确变量间的关系，提出假设并验证。同时值得注意的是，小规模多次的访谈在实证的环节必不可少。

本问卷从构思、设计到最后发放收集过程如图 2-4-6 所示。

1）明确研究目的并搜索阅读相关文献。通过文献的阅读找到研究中涉及的方法和理论依据分析甄别。对于和本研究实际相符的可以直接加以引用或是在它的基础上进行修改调整。

2）对于在文献中找不到的变量项目，则通过小规模的访谈咨询或业界专家得到。

3）在文献研究和小规模访谈的基础上，结合同创华亨公司 ERP 的实际实施情况，设计出合乎实际的变量。初次列出的变量力求全面，列出所有影响主要用户满意度的变量，之后的改进模型可以依据研究的目的和对象删去一些和本研究无关的因素，如企业文化、组织结构等，然后得到问卷的修改版本。

4）问卷修改之后，为了检查问题表达的清晰性和严谨性，通过用友公司内部员工以及少量客户进行了预测试。通过预测试力图发现原来设计过程中所没有考虑到的问题。

5）最后根据问卷预测试的结果和发现的问题，再次对问卷内容进行修订，得到问卷的最终版本。

通过反复修改和验证，最后问卷的结构包括 7 个部分，分别是：系统质量、信息质量、服务质量、个人影响、组织影响、社会影响和个人基本信息。依据一般问卷的惯例，由个人信息展开问卷，整个问卷通过由易向难的方式展开。

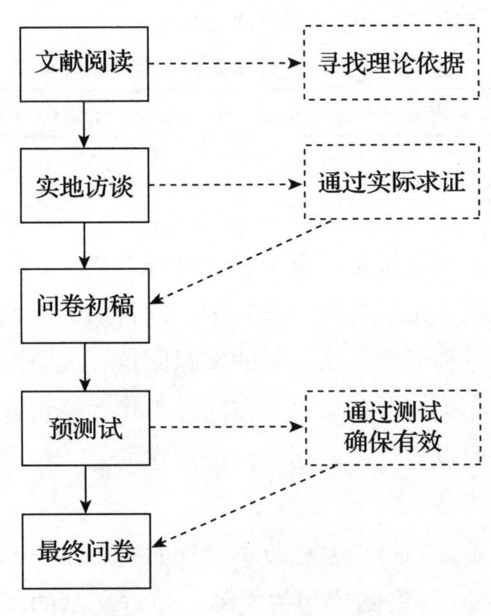

图 2-4-6　问卷设计过程

（三）变量测量

因为本次研究主要来自于 ERP 主要使用者对系统的主观认知，因此为了保证变量各指标的可区别性和科学性，问卷主要采用 7 级李克特法（Likert）的形式进行衡量，其中 1 分代表“非常不同意”，7 分代表“非常同意”。而针对系统满意度的最后一题采用 10 级量表评价对企业 ERP 的满意度，1 分是“非常不满意”，10 分是“非常满意”，其中 5 分作为“临界点”，1～5 分表示“不满意”，6～10 分表示“满意”。问卷一共包含 8 个变量，其中除去“满意度”变量，其余变量均含有 4～8 个小题。整个问卷一共有 40 个题项，如表 2－4－3 所示。考虑到被调查人员的抗拒性，题项的数量能够将问题清晰的表达，同时也不会因为太多而导致对方的厌烦。

由于本研究所借鉴的模型较为成熟，所以变量各指标的来源主要是经典理论模型。对于 D&M 模型中已有的变量，直接套用文献中的现有指标。经过修改在文献中没有具体涉及的变量，在文献理论的基础上结合实际情况调整得来。

表 2－4－3　问卷的模型变量指标

变　量	指　标	来　源
系统质量	适应性	
	修正错误能力	
	有效性	
	可靠性	
	整合性	
	响应时间	
	界面友好度	
信息质量	完备性	
	及时性	
	便于理解	
	准确性	
	格式化	
	指导性	
	相关性	
	安全性	
服务质量	有保障	DeLone 和 McLean（2003）
	移情性	
	有形性	
	响应性	

（续）

变 量	指 标	来 源
个人影响	提高了工作效率	
	快速获取有用的信息	
	帮助知识的获取与影响	
	提高解决问题的能力	
	增强决策的质量	
组织影响	提高企业的生产力	
	提高快速反应能力	
	帮助企业供应链的整合	
	成本控制	
	企业信息流畅	
	增强了企业形象	
	市场的扩张	
有用性认知	使用 ERP 系统能提高我的工作表现	Venkates 和 Davis (2000)
	使用 ERP 系统对个人成长很有帮助	
	使用 ERP 系统会降低我工作的有效性	
	我发现 ERP 系统对我完成工作很有帮助	
易用性认知	使用 ERP 的过程是清晰的、可理解的	
	使用 ERP 系统无需花费我太多的精力	
	我发现 ERP 系统容易使用	
	我发现使用 ERP 系统来完成工作是容易的	
满意度	我对于 ERP 系统的满意程度	

（四）问卷发放和数据获取

本研究系针对企业 ERP 系统主要用户满意度所作的问卷调查。专家学者对 ERP 使用者（User）的定义如下：

Davis[38]将信息系统的用户区分为三大类：直接使用者（Direct User）、独立使用者（Autonomous User）以及间接使用者（Indirect User）。O'Brien[39]将信息系统的用户区分有二大类：最终使用者（End User）及 IS

专家。张简勉志[40]将信息系统的用户区分成二大类：关键使用者（Key-User）和最终使用者（End-User）。以上使用者的区分，不管二分法或是三分法，在 ERP 系统的推动及组织扁平化的今天，会因任务或角色的扮演重叠而无法完全得以区分。

为了能够更加准确地辨识出 ERP 系统的保健和激励因素，因此，本研究问卷针对的主要为直接使用者和间接使用者，统称为主要使用者（Primary User），这里简称为主要用户。

本研究问卷为了结果的可代表性，选择的样本企业必须是 ERP 系统已经上线使用时间在 3～24 个月的用户，且为了让样本无偏向性，每一个公司只发放 5 份问卷。发放的对象主要分为生产单位及管理单位，但不包括咨询专家、厂商代表和未曾使用 ERP 系统的人员。但由于渠道的局限性，主要是通过用友公司联系的企业，所以使用用友 ERP 系统的企业会占据大部分比例。其结果存在一定的局限性，希望能够在之后条件允许的情况下进行更大规模的样本选取，以得出更为科学的结果。

为了保证问卷的科学性和可代表性，样本的数量一般在问卷题数的 5～10 倍比较合适，同时考虑到问卷所消耗的时间和成本，最终本次问卷共发放 350 份，问卷的主要形式有纸质问卷和电子问卷两种，其中考虑到回收周期，电子问卷的数量大于纸质问卷的数量。其中电子问卷 200 份，纸质问卷 150 份。而问卷的发放形式有：①邮寄方式；②互联网形式，通过互联网——问卷星网站快速获得反馈结果。而这次问卷发放的主要渠道来源于用友公司，为了更好地保护受访企业的隐私，每一封问卷只填写企业名称，个人不记名。并在每一份问卷之前附有“关于问卷内容的保密性承诺”。

四、数据分析和整理

（一）样本回收

本次研究的 350 份问卷，在 1 个半月的回收期内共收回问卷 286 份，问卷回收率为 81.5%。其中经过剔除 8 份无效问卷，有效问卷 278 份，问卷的整体回收有效率为 79.5%。

1. 样本描述

因为本次问卷分布在不同的企业和行业，因此整个样本的状况会从企业属性、所属行业、所用系统类型以及个人信息等这些基本的指标方面进行描述。

(1) 企业性质分布状况

企业性质分布状况如表 2-4-4 所示。

表 2-4-4 企业性质分布表

	企业性质	频 次	百分比	有效百分比
有效的	民营企业	161	58%	58%
	国有企业	70	25%	25%
	外资企业	8	3%	3%
	合资企业	39	14%	14%
	合计	278	100%	100%

在本次的问卷调查中，主要以民营企业和国有企业为主，两者加起来占到了整个样本数量的83%的比例。而外资和合资企业只占到整个样本的17%。这一方面和问卷发放的渠道有关系，另一方面随着中小企业纷纷上马 ERP，这也基本上符合中国整个 ERP 市场的状况。

(2) 所属行业分布状况

所属行业分布状况如表 2-4-5 所示。

表 2-4-5 企业所属行业分布表

	行 业	频 次	百分比	有效百分比
有效的	制造业	192	69%	70%
	石油化工	58	21%	21%
	能源	11	4%	4%
	服务业	8	3%	3%
	通信	6	2%	2%
	合计	275	99%	100%
缺少的		3	1%	
总计	278			

从样本所属的行业分布来看，制造业占近 70% 的比例，其次是石油化工行业也占 21% 的比例。由于 ERP 均是在 MRPⅡ的基础上发展起来，因此对于使用过或者仍在使用 MRPⅡ的制造业来说，对 ERP 的需求要比其他行业更大，同时 ERP 与制造业的契合也最为紧密。相对于制造业和石油化工行业，通信、能源和服务业使用 ERP 的比例并不大，只有不到 10% 的比例。

(3) 系统类型分布状况

系统类型分布状况如表 2-4-6 所示。

表 2-4-6 企业系统类型分布表

	系统类型	频 次	百分比	有效百分比
有效的	用友	208	75%	78%
	金蝶	44	16%	16%
	SAP	11	4%	4%
	Oracle	3	1%	1%
	合计	266	96%	100%
缺少的		12	4%	
总计	278			

从样本的系统类型分布情况来看，由于受问卷发放渠道的限制，导致用友的 ERP 占据了绝大多数的比例，除此之外金蝶在中国中小企业 ERP 市场也有很强的竞争力。而使用更加复杂的 SAP 和 Oracle 的企业大多是外资或者合资企业，它们是随着企业规模的扩大或者全球化业务的发展，而选用 SAP 或者 Oracle 系统。

需要说明的是，从这项指标的分布来看不是非常具有市场代表性，之后的研究如果在条件允许的前提下，可以尝试更多的问卷渠道，使得样本更具普遍性和代表性。

(4) 工龄分布状况

工龄分布状况如表 2-4-7 所示。

表 2－4－7　企业员工工龄分布表

	工　龄	频　次	百分比	有效百分比
有效的	小于半年	19	7%	8%
	半年到1年	64	23%	26%
	1年到3年	120	43%	50%
	3年到5年	36	13%	15%
	5年以上	3	1%	1%
	合计	242	87%	100%
缺少的		36	13%	
总计	278			

从样本的工龄分布来看，工作年限在3年及以下的占84%的有效百分比，这说明企业更希望年轻的、学习能力强的员工使用ERP系统。这些员工往往能够对信息系统很快上手并在逐渐熟悉企业业务流程之后对企业的生产运营产生很大的推动作用。另外有20份问卷没有填写工龄情况。

(5) 学历分布状况

学历分布状况如表2－4－8所示。

表 2－4－8　企业员工学历分布表

	学　历	频　次	百分比	有效百分比
有效的	大专以下	22	8%	8%
	大专	39	14%	15%
	本科	170	61%	63%
	硕士	33	12%	12%
	博士及以上	6	2%	2%
	合计	270	97%	100%
缺少的		8	3%	
总计	278			

从样本中的学历分布来看，有本科学历的是大多数，占到了整个样本中有效数的63%，其次是大专和硕士学历，分别有15%和12%。而大专及以下和博士及以上学历的人数很少，加起来仅仅有10%的比例。这表明整个ERP系

统的主要用户必须具有一定的知识和素质能力，有较强的知识接受能力，同时也需要了解企业的自身状况。而样本中大部分的企业规模并不大，吸引硕士及以上高学历员工的能力有限。因此样本中的学历以本科为主。另外有 5 份问卷没有填写学历。

（6）职位分布状况

职位分布状况如表 2－4－9 所示。

表 2－4－9　企业员工职位分布表

	学　历	频　次	百分比	有效百分比
有效的	基层员工	110	40%	43%
	基层领导及技术员	124	45%	48%
	中层领导	19	7%	7%
	高层领导	3	1%	1%
	合计	256	92%	100%
缺少的		22	8%	
总计	278			

从样本职位分布来看，基层仍是 ERP 系统使用的主力，其中基层员工占有效样本的 43%，基层领导和技术员占有效样本的 48%，两者相加的比例超过了 90%。这说明 ERP 系统的主要使用者集中在直接接触生产的部门和员工之中。中高层作为 ERP 系统的主要推动者，今后对于系统的接触仍然以整体的把握为主。

2. 信度与效度检验

从研究科学性的角度出发，调研的问卷应具有足够的信度和效度。信度用于衡量结果的一致性或稳定性，效度用来衡量得出的结果能够反映所需了解对象的特征。

（1）信度检验

信度指的是一份测验所得结果的可信度或稳定性，也就是相同主体在同一份测验上多次的结果需要一致，所以信度是指测量的一致性程度。本研究采用最为经典的 Cronbach's α 系数进行信度分析，其公式如下：

$$\alpha = \left(\frac{K}{K-1}\right)\left(1 - \sum \frac{S_i^2}{S^2}\right)$$

式中 K——测验所包含的项目数；

S_i^2——每一项目分数的变异量；

S^2——测验总分的变异量。

问卷的内部相关信度是看 Cronbach's α 系数大小而定，如表 2－4－10 所示。一般情况下 Cronbach'sα 值越大表示信度越高。本研究中以 0.7 为标准，0.7 以上视为可以接受。

表 2－4－10 Cronbach's α 信度分析表

变 量	变量题数	Cronbach's α 系数
系统质量	7	0.893
信息质量	8	0.953
服务质量	4	0.882
个人影响	5	0.896
组织影响	7	0.966
感知有用性	4	0.895
感知易用性	4	0.946
总体问卷	40	0.963

由表 2－4－10 可以看出本次研究所测试的各变量，α 系数介于 0.882 ~ 0.966 之间，所有变量的 α 系数均大于 0.8，具有较好的一致性，且问卷整体信度高达 0.963，显示本研究的问卷整体均具有极高的一致性和稳定性，表明整个问卷信度良好。

（2）效度检验

一般而言，效度一般可区分为内容效度（Content Validity）、构建效度（Construct Validity）和效标关联效度（Criterion Validity），因为本研究不具有预测方面的内容，不涉及效标关联效度，所以仅对内容效度与建构效度进行检测。

1）内容效度。内容效度是指量表涵盖研究主题的程度。判断的原则有两点：①所要测量的变量能否通过测量工具真正测得。②所要测量的变量是否都被涵盖在测量工具之中。因此，通过严密的逻辑推理，实验验证、专家共识的内容具有更好的内容效度。

本问卷内容主要来自学术界经典的模型借鉴，整个系统质量、信息质量、服务质量、个人影响、组织影响都具有良好的覆盖性。同时为了使问卷内容表达得更加清晰和具体，问卷初稿完成后，对于问卷进行了预测试，针对预测试的结果对问卷进行了修正。因此具有较好的内容效度。

2）构建效度。构建效度一般可以聚合效度和区分效度，分别针对相同的概念和不同的概念。针对聚合效度我们通过 KMO 和 Bartlett 的检验进行分析，如表 2－4－11 所示。

表 2－4－11　KMO 和 Bartlett 的检验

取样足够度的 Kaiser-Meyer-Olkin 度量		0.702
Bartlett 的球体检验	近似 δ^2	1800.006
	d*f*	21
	Sig.	0.000

问卷的效度分析结果如表 2－4－11 所示：KMO 值为 0.702 大于 0.7，同时 Bartlett 球体检验的统计值显著性为 0.000，小于 0.001，说明该研究数据具有很高的相关性。

从区别效度上我们采用 Person 相关系数来检测相关矩阵中每个因子间是否无过强的相关性。因为在模型之中假设的感知易用性和感知有用性是与之前变量正相关的关系，它们之间的验证在后面分析。下面我们验证的是在模型中没有相关性的变量关系，如表 2－4－12 所示。

表 2－4－12　相关分析矩阵

	系统质量	信息质量	服务质量	个人影响	组织影响
系统质量 Pearson 相关性	1	0.604	0.666	0.204	0.634
信息质量 Pearson 相关性		1	0.647	0.731	0.771
服务质量 Pearson 相关性			1	0.133	0.580
个人影响 Pearson 相关性				1	0.760
组织影响 Pearson 相关性					1

在 0.01 水平（双侧）上显著相关。

相关分析的结果如表 2－4－12 所示。所有因子的相关系数均介于 0. 133 与 0. 771 之间，因其相关系数没有大于 0. 9 的，所以区分度较好。

3. 数据分析

（1）双因素的分析判定

对于模型中的保健激励因素的判定，我们通过如下方法判定：

在问卷设计中我们将对企业 ERP 的满意度一项设置了 10 级指标，5 分以上视为对企业 ERP 满意，在满意的指标中，我们将满意度划分为低满意度（≤7）和高满意度（ >7），分别衡量每一个变量与高满意度和低满意度的相关关系，判定每个指标的分类。

判别规则如下：

保健因素（基本因素）：变量同低满意度相关，高满意度不相关。

激励因素：变量同低满意度不相关，高满意度相关。

保健激励因素（绩效因素）：变量对于低满意度和高满意度均相关。

既不保健又不激励因素（无关因素）；变量对于低满意度和高满意度均不相关。

1）系统质量相关性分析如表 2－4－13 所示。

表 2－4－13　系统质量相关性分析

满意度分类	相关性水平	
低满意度	0. 983445	显著相关
高满意度	0. 187590	不显著相关

由表 2－4－13，我们得知系统质量属于保健因素。也就是说主要用户认为系统质量是 ERP 系统必须具备的保健因素，如果无法满足会造成不满，即使做得很好也不会提高主要用户的高满意度。

2）信息质量相关性分析如表 2－4－14 所示。

表 2－4－14　信息质量相关性分析

满意度分类	相关性水平	
低满意度	0. 983989	显著相关
高满意度	0. 868744	显著相关

由表 2 - 4 - 14，我们得知信息质量属于保健激励因素，对于主要用户而言无论处于高满意度还是低满意度，信息质量都会与之相关。换句话说，如果信息质量不佳会降低主要用户的满意度，同时随着信息质量的提高，用户的满意度也会随之增加。

3）服务质量相关性分析如表 2 - 4 - 15 所示。

表 2 - 4 - 15　服务质量相关性分析

满意度分类	相关性水平
低满意度	0.992325　显著相关
高满意度	0.104743　不显著相关

由表 2 - 4 - 15，我们得知服务质量属于保健因素。同样对于主要用户而言，认为服务质量是 ERP 系统的基本条件之一，如果不能满足，会显著降低用户满意度。

4）个人影响相关性分析如表 2 - 4 - 16 所示。

表 2 - 4 - 16　个人影响相关性分析

满意度分类	相关性水平
低满意度	0.109455　不显著相关
高满意度	0.977568　显著相关

由表 2 - 4 - 16，我们得知个人影响属于激励因素。由于公司对于 ERP 的实施主要是从公司层面进行的部署，由企业高层强行推动，因此如果 ERP 系统能够对个人产生积极影响，则会显著提升主要用户的满意度；反之即使对个人没有什么效果，员工也不会产生不满。

5）组织影响相关性分析如表 2 - 4 - 17 所示。

表 2 - 4 - 17　组织影响相关性分析

满意度分类	相关性水平
低满意度	0.971565　显著相关
高满意度	0.977035　显著相关

由表 2 - 4 - 17，我们得知组织影响属于保健激励因素。由于企业实施 ERP 是从公司利益角度出发的项目。因此，对于 ERP 组织的影响也是非常关键的，

如果 ERP 对组织产生积极的影响会显著提升主要用户的满意度，相反如果 ERP 系统对组织的影响不佳，主要用户的满意度也会随之降低。

6）感知有用性相关性分析如表 2－4－18 所示。

表 2－4－18　感知有用性相关性分析

满意度分类	相关性水平	
低满意度	0.881856	显著相关
高满意度	0.911986	显著相关

由表 2－4－18，我们得知感知有用性属于保健激励因素。从企业用户角度出发，实施 ERP 的目的就是对企业或个人产生积极作用，因此对 ERP 系统感觉到有用是企业对于 ERP 系统认可的必要条件。通过数据分析确实证实了这一点，当主要用户感知到系统是有用的时候就会显著的提高对于 ERP 的满意度，一旦主要用户感知到系统作用不明显的时候，满意度就会降低。

7）感知易用性相关性分析如表 2－4－19 所示。

表 2－4－19　感知易用性相关性分析

满意度分类	相关性水平	
低满意度	0.172146	不显著相关
高满意度	0.103412	不显著相关

由表 2－4－19，我们得知感知易用性属于不保健不激励因素。在假设模型中认为感知的易用性会影响到主要用户对于 ERP 系统的满意度。但是从问卷得出的结果表明感知易用性对于主要用户 ERP 系统的满意度没有显著影响。笔者认为主要的原因有：ERP 实施方或者企业对于员工的使用培训做得比较到位；大部分的 ERP 系统经过长时间的反复研究实践和修改，已经形成了一套易用的模式，虽然系统的整体较为复杂，但是单独某一模块的使用已经较为人性化，容易被员工接受。

（2）模型假设的验证

由于通过归于因素的判别我们已经知道感知易用性对主要用户满意度没有影响，因此剔除这个因素。对剩余因素与感知有用性进行 Person 相关分析，结果如表 2－4－20 所示。

表 2-4-20 感知有用性相关性分析矩阵

	系统质量	信息质量	服务质量	个人影响	组织影响	有用性
系统质量 Pearson 相关性	1	0.604	0.666	0.204	0.634	0.490
信息质量 Pearson 相关性		1	0.647	0.731	0.771	0.857
服务质量 Pearson 相关性			1	0.133	0.580	0.640
个人影响 Pearson 相关性				1	0.760	0.756
组织影响 Pearson 相关性					1	0.872
有用性 Pearson 相关性						1

从表中数据分析得知，信息质量和组织影响对于感知有用性有比较显著的影响，相关性均大于0.8，同时个人影响对感知有用性也有一定的影响但是由于小于0.8，影响不显著。

五、结论与建议

通过上述的分析，我们对模型的假设验证结果如表2-4-21所示。

表 2-4-21 模型假设验证结果

序 号	假 设	验证结果
H1	系统质量、信息质量、服务质量同时和感知易用性显著相关	不成立
H2	个人影响、组织影响和感知有用性有显著相关	部分成立
H3	感知易用性和用户满意度显著相关	不成立
H4	感知有用性和用户满意度显著相关	成立
H5	系统质量、信息质量、服务质量和用户满意度显著相关	成立
H6	个人影响、组织影响和用户满意度显著相关	成立
H7	感知易用性和感知有用性显著相关	不成立
H8	个人影响、组织影响和感知易用性显著相关	不成立
H9	系统质量、信息质量、服务质量和感知有用性显著相关	部分成立
H10	信息质量、系统质量、服务质量、个人影响、组织影响之间不相关	成立

由于通过因素判别，基本的双因素理论无法解释问卷中体现的信息质量、组织影响和感知有用性这三个既有保健又有激励效果的因素，因此笔者将双因

素模型扩展至卡诺模型，将“保健因素”修正为“基本因素”，将“保健激励因素”修改为“绩效因素”。结合上表对于假设的验证，我们将模型的结果调整如图 2－4－7 所示。

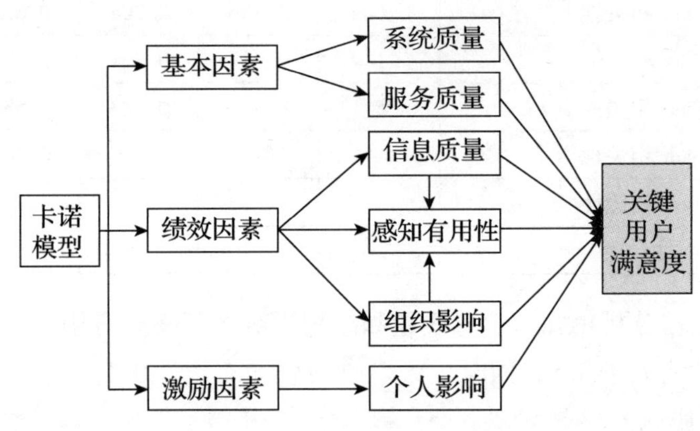

图 2－4－7　修正之后的模型

由图 2－4－7 我们可以得知，对于 ERP 实施方而言：

1）系统质量和服务质量是 ERP 项目的实施基础，一旦出现问题，会使得公司用户产生对于 ERP 实施方的不满意，影响项目的交付验收。但同时即使将系统质量和服务质量做到最优，也不能够提高用户的满意度，因为企业的目标是通过 ERP 项目解决企业的实际问题提升公司的关键指标，系统质量和服务质量是这个目标的支持环节，但是并不产生直接影响。因此，ERP 实施方只要投入有限的成本保障基本的系统质量和服务质量就能够避免企业用户的不满。

2）信息质量、组织影响和感知有用性是对企业 ERP 实施目标直接影响的关键环节，因此需要投入主要的人力和物力。ERP 系统作用直接的表现就是将信息迅速准确地在企业内部和企业外部供应链之间传达，因此信息的质量直接关系着 ERP 系统对企业是否有用，也就是感知有用性。同时“ERP 项目”作为企业的一把手项目，主要是从公司利益的层面出发，因此 ERP 只有表现出对于企业的积极促进作用，才能体现出自身的价值，让企业感知到 ERP 项目有用。因此这三个绩效因素和用户对于 ERP 的满意程度具有显著的正相关，是需要 ERP 实施方重点把握的。

3）个人影响是提升 ERP 满意度的激励因素，因为作为企业级的系统，ERP 主要促进的还是企业的发展，同样因为 ERP 系统的复杂性和独特的自上而下推动模式，企业的员工会在心里不看好 ERP 的使用。因此即使 ERP 系统对员工个人没有什么积极的帮助，员工会认为如他们所料一样；但是，一旦 ERP 系统超出他们的预期对个人产生积极的帮助，就会对员工造成意料之外的“惊喜”，使得满意度大幅度的上升。

对于企业用户而言：

1）企业用户要正确地认识 ERP 系统。企业用户要对 ERP 系统有着正确客观的认识，所谓的“一上 ERP，企业高枕无忧”的思想就是企业 ERP 失败的前兆。ERP 系统只是一种工具，不是企业的“万金油”。真正决定 ERP 使用效果的是企业对于 ERP 系统的使用。因此，企业应该主动深入学习 ERP 系统的使用，通过企业内外部的培训，提升企业员工对于 ERP 系统的使用能力，才能加快 ERP 系统与企业的磨合，更快地显现出 ERP 系统对企业的促进和帮助。

2）企业用户要积极参与 ERP 的实施。许多企业认为在 ERP 实施阶段，完全是由 ERP 实施方负责，企业方只需要配合实施方并把好验收关即可。但实际上在 ERP 实施阶段企业方占据了很重要的作用。企业用户需要积极参与 ERP 的实施，了解整个 ERP 的整体目标和框架，以便今后对于 ERP 系统整体的把握。同时企业需要清晰地将企业的需要表达出来，充分与实施方进行沟通，以便系统在功能上能够最好地契合企业。在系统准备移交的时候，企业不仅要多参加实施方组织的系统使用培训，企业内部也需要组织和交流 ERP 使用的方法和技巧，争取让员工能够更快地掌握系统使用的方法，缩短与系统的磨合期。

第三章 客户与供应商之间知识的流动对信息技术与信息系统外包的影响

自从1989年柯达公司外包其信息系统而产生“柯达效应”以来，信息技术或信息系统（IT/IS）外包已经成为企业信息管理的一种潮流。然而，研究结果表明，IT外包的成功率并不高。Lacity调查了实施IT外包两年以上的公司，其中60%的公司对外包结果不满意，而40%的公司主动地终止了外包合同。

导致外包失败的风险来自多方面，主要包括：将外包作为一种无差异的商品处理；不完善的和约；在合同和关系方面缺乏主动的供应商管理；没有建立和维持必要的内部能力和技能；在开发方面与IT供应商权利不对称；面对业务技术上的不断进步，不能做相应的重组和适应性变化；缺乏管理整个外包管理的成熟经验；将IT外包作为短期的财务问题，而没有从经营战略优势、放大IT资产的角度考虑问题；对外包的多目标的不现实期望；劣质的开发和新技术来源。

上述原因可以归纳为三种问题：①外包决策问题（供应商的选择、外包指导思想）。②外包公司与IT服务供应商之间的知识共享问题，设计与维护和持续修改以及知识的转移问题（从供应商处获取能力）。③外包公司与IT供应商的合作伙伴关系（如ASP公司）。本章研究的主要目的是知识管理如何影响IT/IS外包的成功性。

第一节　信息技术与信息系统（IT/IS）外包分析

上述影响外包最终结果成功性的因素包括四类，

（1）IT外包合作双方知识流动与共享水平和相应的相互之间合作关系的协调

例如，IT供应商将无视企业IT/IS的独特性特征，仅仅考虑到自己技术上的困难和成本上要求，利用通用的应用软件处理个性化企业IT/IS职能，实质上是没有很好地吸收外包企业职能部门的业务流程等相关知识。属于因外包企业的原因，外包企业向供应商的知识流流动不畅。[41]换句话说，如果是内部实现IT/IS的功能，由于人员来自于企业内部，对工作流程以及部门间错综复杂的关系有深刻的了解，因而，其产品当然更接近于实际工作的要求，尽管在IT技术领先性上，与IT/IS外包给专业的IT公司，如ASP公司有差距。所谓ASP是指提供以合同为基础的、租赁或按需求支付的集中式管理的应用软件的服务企业，多用户可以通过Internet或其他网络共享数据中心获得这些应用软件（如ERP，CRM）的应用。ASP公司客户领域是广泛的，容易导致上述问题。

（2）客户的原因

IT/IS属于创新速度快，技术复杂的领域，客观上造成外包企业员工对该类技术或基本技能的理解极为有限，尤其是系统知识。加之供应商为了保护技术，将核心技术封装得很严，导致IT/IS知识从供应商向客户的流动不畅，这对充分有效地利用IT/IS系统运作系统是一大障碍。如果外包企业员工积极跟进，进一步的参与IT/IS项目的设计与运作，尽可能多地了解由外部提供的IT/IS系统，一方面，可以进一步了解IT/IS的设计理念，适应IT/IS提出的要求；另一方面，能够提出外部提供的IT/IS系统的不合理之处，并提出切实可行的改进方案。这一过程的往复循环与持续改善，将会使合作知识进一步融合，使IT/IS外包成功率提高。

（3）双边关系

双边关系有多种：项目承包式的买卖关系，长期的合作伙伴关系，子公司关系（准外包）。和谐的关系是IT/IS外包的基础。理想的关系是外包供应商与客户在长期利益与短期利益方面取得平衡。信任、理解、承诺执行和冲突的解决是衡量是否关系和谐的标准。

(4) 环境变化特性对IT/IS外包结果的影响

企业经营所处的环境的动态性对IT/IS外包提出持续改善的要求。在相对稳定的经营环境中，业务流程变化相对较小，IT/IS维持正常运行的可能性大，外包成功的机会大；相反，处于动态性经营环境中的企业，业务流程和相应的知识更新程度变化大，要求供应商持续提供改进服务，客观上，工作难度增加，如果协调不好，则很容易导致失败。很多IT/IS外包案例甚至出现外包项目尚未结束，客户需求已经发生变化了。尽管，供应商完全按照合同努力工作，然而，结果仍可能会令客户不满意。对供应商而言，开发技术面临着挑战，如何适应动态环境的这种变化，在技术上需要改进。面向对象的系统建模方法（Unified Modeling Language，UML）也许是个方向。然而，动态的环境毕竟为成功的IT/IS外包带来了变数。

第二节　知识管理对IT/IS外包影响机理研究

根据上节的分析，以外包最终结果的成功性为目标，建立基于知识管理的IT/IS外包模型。IT/IS外包结果的最终表现，实际上可以用外包成功和失败为衡量标准。而外包成功性的指标通常来自于外包的目标，即企业是否能够专注于其核心业务；获得世界级或外部先进的IT核心能力；获得有IT专业技能的人员；人力资源方面形成经济规模；技术资源方面形成经济规模；避免技术过时的风险；获得关键的IT；对IT外包的整体感觉是满意的。基于知识管理的IT/IS外包模型是指从知识管理的角度考虑外包成功和失败与IT/IS外包的关系。

基于知识管理的外包模型从成功的IT/IS外包中对合作双方知识合理的流动和沟通的需求进行了研究，同时对影响知识流动的IT/IS外包所处的环境的动态性和合作双方的关系对IT/IS外包成功的影响建立了结构模型，并提出了相应的假设，如图3-2-1所示。

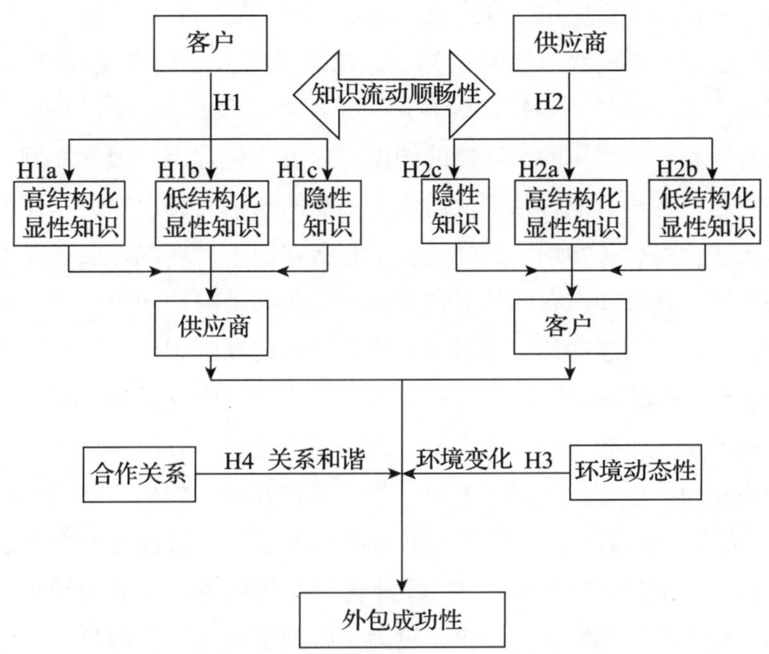

图 3-2-1　基于知识管理的 IT/IS 外包模型

IT/IS 外包中，知识流动与沟通是成功的基本前提。知识流动进一步分为知识从客户流向供应商和知识从供应商流向客户。前者是供应商提供合格产品与服务的必要条件，后者是好的外包 IT/IS 最终实现好的绩效的保证。知识流动性的衡量指标为知识流动顺畅程度。知识包括显性知识和隐性知识。显性知识进一步可以分为高结构化显性知识和低结构化显形知识，前者为手册、报告等高度结构化的、可以文件化的知识，后者为可以文字化的低结构化知识，如网络上 BBS 的提示。隐性知识包括工作经验和技能、Know-how、Know where、Know-who 等。

从知识管理的角度看，成功的 IT/IS 外包要求顺畅的知识流动与沟通，这需要考虑两个方面的问题：一个是主观视角，另一个是客观视角，对知识的接收方和提供方同样存在着这两个视角。例如，提供一个好的 IT/IS 产品和服务，要求供应商尽可能吸收必要的客户方的知识，包括流程知识和组织知识等。能否实现这一点，主观上取决于 IT/IS 供应商是否愿意做细致的工作，通过深入的调查、学习，吸收客户的业务流程和相关的部门运作知识。有时，供应商为简化问题，不是从客户应用角度出发，而是从尽可能减少自己的工作量的角度出发，因而主观上不愿吸收客户的知识，结果导致大量修改客户的工作流程，破坏了客户的工作习惯，最终，因客户员工不习惯使用而导致失败。客观上，供应商能否顺利获得相应的所需要的知识，这可能包含多种因素。例如，考虑知识保护问题，客户可能对某些他们认为重要的知识有意识地进行保护，从而使供应商无法获得相关知识。另外，由于有些知识不是现成地放在那里，需要供应商去挖掘。这些知识有的是显性知识，更多的是隐性知识。供应商是否有能力发现，并且吸收这些知识也影响了知识流动的顺畅程度。同样，能否用好外包的IT/IS产品取决于供应商关于产品和服务的知识是否能顺利流向客户，尤其是客户的每一个相关的工作人员。这种知识流动一方面取决于供应商是否愿意积极主动地提供相关知识（有时，为了保护知识，他们会将知识封装得很好），另一方面，也取决于客户的工作人员是否愿意，以及有能力汲取这些知识。从某种程度上说，提供好的IT/IS外包产品与服务，现成的知识，尤其是高度结构化的显性可用知识比较少，更为重要的是低结构化的显性知识和隐性知识，更多的知识需要通过与客户员工的交谈获得。此外，还需要考虑知识的保护问题，这只能靠建立恰当的双边关系解决。

假设H1：知识从客户到供应商的流动顺畅程度越高，IT/IS外包成功的可能性越大。

H1a：高度结构化的显性知识从客户到供应商的流动顺畅程度越高，IT/IS外包成功的可能性越大。反之，亦然。

H1b：低结构化的显性知识从客户到供应商的流动顺畅程度越高，IT/IS外包成功的可能性越大。反之，亦然。

H1c：隐性知识从客户到供应商的流动顺畅程度越高，IT/IS外包成功的可能性越大。反之，亦然。

假设H2：知识从供应商到客户的流动顺畅程度越高，IT/IS外包成功的可能性越大。

H2a：高度结构化的显性知识从供应商到客户的流动顺畅程度越高，IT/IS外包成功的可能性越大。反之，亦然。

H2b：低结构化的显性知识从供应商到客户的流动顺畅程度越高，IT/IS外包成功的可能性越大。反之，亦然。

H2c：隐性知识从供应商到客户的流动顺畅程度越高，IT/IS 外包成功的可能性越大。反之，亦然。

外包企业所处环境的动态性直接影响 IT/IS 外包成功性。外部环境动态性越大，IT/IS 外包成功的可能性越小；相反，企业外部环境越稳定，IT/IS 外包成功的可能性越大。由于，外部环境是间接影响 IT/IS 外包过程中供应商与客户之间的知识流动，因而，这种关系是间接的影响关系。

假设 H3：外包企业所处的环境动态性越大，IT/IS 外包成功的可能性越小。反之，亦然。

和谐关系是 IT/IS 外包成功的保证。和谐的关系意味供应商和客户间的利益更加趋于一致（双赢），冲突减少，风险分摊，互相信任和注重对对方的承诺。和谐的关系是知识顺畅流动的组织保证。它对 IT/IS 外包成功的影响也是间接的。涉及组织之间关系的基本理论主要有社会交换理论（Social Exchange Theory，Thibaut，1959）和社会契约理论（Social Contract Theory，Macneil，1974）。社会交换理论是指两个或更多个体之间为各自的利益自愿的资源交易。这其中不含有“互惠”的概念。社会契约理论是指将互惠的交换通过法律的形式严格地限制起来。注重“长期关系”是它的出发点。它通过将时间概念、行为和规范问题与经典的契约理论的法律条文相结合来实现所谓的“关系契约”。

基于上述理论，将组织之间的关系分为两种，即交易型关系和合作伙伴型关系。交易型关系是通过正式的合同将规则规定好，任何一方违反承诺将受到起诉。与此对应，合作伙伴型关系则是分摊风险，共享利益。它需要将关系看作一系列没有确定终点的交易，同时需要一整套机制监控和执行运作。

假设 H4：供应商与客户之间合作伙伴型关系越和谐（双赢、目标一致、冲突减少、相互信任和注重对对方的承诺），IT/IS 外包成功的可能性越大，而交易型关系将使 IT/IS 外包成功的可能性减小。

第三节　基于知识的 IT 外包案例研究

一、研究方法设计

本案例研究目的是：调查 IT/IS 外包过程中知识管理及其相关因素对外包成功性的影响。

调查范围涉及三个企业：咸阳石油钢管厂 CIMS 项目；西菱输变电设备制造公司 MRPⅡ；扬子江药业。选择的这几个企业分别是：简单机械制造企业、复杂机械制造企业和医药生产企业。

访谈对象：公司负责信息与知识高层主管人员（CIO 或 CKO）以及信息部门的技术人员（供应商开发人员）和客户中的应用人员。

信息来源分别是现有访谈、调查和观察。

调查过程实施：向企业介绍调查的目的主要是学术研究，而不是商业目的，打消企业顾虑，防止信息扭曲。对调查表中的概念向调查对象进行必要的说明，如什么是 IT/IS 外包成功性？三类不同性质企业的知识？什么是知识流动的顺畅度？什么是项目式交易型关系？什么是合作伙伴型关系？什么是企业环境的动态性？

二、调查问题设计

（一）供应商问题设计

1. 问题 1

来自于客户的隐性知识流动的顺畅度对您提供给客户 IT/IS 产品与服务最终的效果是正面影响，还是负面影响？影响程度：（a）严重影响；（b）较大；（c）一般；（d）微弱；（e）不影响。

2. 问题 2

来自于客户的低结构化显性知识（网上讨论）流动的顺畅度对您提供给客户 IT/IS 产品与服务最终的效果是正面影响，还是负面影响？影响程度：

（a）严重影响；（b）较大；（c）一般；（d）微弱；（e）不影响。

3. 问题3

来自于客户的高度结构化显性知识流动的顺畅度对您提供给客户 IT/IS 产品与服务最终的效果是正面影响，还是负面影响？影响程度：（a）严重影响；（b）较大；（c）一般；（d）微弱；（e）不影响。

4. 问题4

给客户提供满意的 IT/IS 外包产品与服务，您认为以下三种知识属性的重要度（NA 为不适用，3 分最高，2 分次之，1 分最低）：

（a）隐性知识（NA，3，2，1）

（b）隐性知识，低结构化显性知识（网上讨论）（NA，3，2，1）

（c）高度结构化显性知识（NA，3，2，1）

5. 问题5

与客户保持项目式的交易型关系与合作伙伴型关系，哪一种关系对外包 IT/IS 成功的正面影响更大？如果按您的意愿，您更愿意与客户保持哪一种关系，为什么？

6. 问题6

您认为客户需求的动态性（变化与稳定）对成功的 IT/IS 外包会产生什么影响？为什么？

（二）客户问题设计

1. 问题1

来自于供应商的隐性知识流动的顺畅度对您成功应用 IT/IS 产品与服务最终的效果是正面影响，还是负面影响？影响程度是（a）严重影响；（b）较大；（c）一般；（d）微弱；（e）不影响。

2. 问题2

来自于供应商的低结构化显性知识（网上讨论）流动的顺畅度对您成功应用 IT/IS 产品与服务最终的效果是正面影响，还是负面影响？影响程度：（a）严重影响；（b）较大；（c）一般；（d）微弱；（e）不影响。

3. 问题3

来自于供应商的高度结构化显性知识流动的顺畅度对您成功应用IT/IS产品与服务最终的效果是正面影响，还是负面影响？影响程度：（a）严重影响；（b）较大；（c）一般；（d）微弱；（e）不影响。

4. 问题4

获得供应商满意的IT/IS外包产品与服务，您认为以下三种知识属性的重要度（NA为不适用，3分最高，2分次之，1分最低）：

隐性知识（NA，3，2，1）

隐性知识，低结构化显性知识（网上讨论）（NA，3，2，1）

高度结构化显性知识（NA，3，2，1）

5. 问题5

与供应商保持项目式的交易型关系与合作伙伴型关系，哪一种关系对外包IT/IS成功的正面影响更大？如果按您的意愿，您更愿意与供应商保持哪一种关系，为什么？

6. 问题6

您认为企业需求的动态性（变化与稳定）对成功地应用外包的IT/IS会产生什么影响？为什么？

三、企业案例调查

（一）扬子江药业

扬子江药业是一家制药公司。2000年，该企业启动信息化管理项目，企业实施ERP管理，截止2002年8月，完成了ERP实施工作的第一阶段，即财务模块与销售模块。IT/IS供应商为西安达通公司。以下为该企业相关内容的访谈，调查从IT/IS供应商与客户两个方面进行。

1. 供应商问卷

来自于客户的三种知识类别包括隐性知识，低结构化显性知识和高度结构化显性知识流动的顺畅度对IT/IS外包结果均具有正面影响，但影响程度不同。

影响程度与信息化的对象有关。就隐性知识而言，对高层决策的信息化处理，影响程度较大，对业务层影响程度较小。就财务与销售 ERP 模块知识流动的顺畅度而言，隐性知识的影响程度为“一般”，低结构化显性知识为“较大”，高度结构化知识为“严重影响”。例如，当有些技术或财务机密因保密需要而不提供给供应商时，会导致工作无法进行。没有产品的配方，就无法计算物料需求，也无法进行财务成本核算。没有销售部门分配的计算公式就无法完成利润的计算。隐性知识的障碍在于每个客户掌握的信息有限，不能从信息系统的角度提供业务数据。

三种知识对成功的 IT/IS 外包的影响程度分别为：隐性知识最低，低结构化显性知识次之，高度结构化显性知识最高。

与客户保持合作伙伴型关系对 IT/IS 外包的成功性最有益，但是如何形成合作伙伴型关系，即如何分享客户的最终利润的可行性存在问题，因而如果可以选择，愿意选择交易型关系。

客户需求动态性对 IT/IS 外包的成功性为负面影响，因为变化的需求意味着要不断改动信息系统，以适应这种变动。这种工作对 IT/IS 提供商而言有时甚至比重新设计系统还困难。

2. 客户问卷

来自于供应商的三种类别的知识流动的顺畅性对 IT/IS 外包的成功性影响性质均为正面影响。很难区别它们的影响程度。对初期用户培训而言，高度结构化显性知识可能更加重要，例如用户使用手册。当系统运行一段时间以后，出现问题，需要供应商的支持时，来自供应商的隐性知识，尤其是专家知识非常重要。值得一提的是这个阶段通过 E-mail 或互联网传递的低结构化知识尤为重要。如果一定要笼统地给一个量化的影响程度，三者均为“较大”影响。

三种知识对成功的 IT/IS 外包的影响程度分别为：隐性知识最高，低结构化显性知识次之，高度结构化显性知识最低。

合作伙伴型关系最有利于 IT/IS 外包的成功性，如果可以的话，热切希望与供应商形成合作伙伴型关系。因为，只有这样，才能真正发挥供应商在 IT 技术上的特长，从而使企业将主要的精力专注与自己的核心业务上。

企业需求变动（动态性）对成功的 IT/IS 外包会产生负面影响，因为，往往信息系统刚刚设计出来，需求就已经改变了，再提要求，需要再投入，否则供应商不愿意。可是再投入又会出现上述问题，形成恶性循环。

（二）咸阳石油钢管厂 CIMS 项目

咸阳石油钢管厂是生产石油钢管和钢丝绳的企业。1999 年，为了提高竞争力，企业以信息化为突破点，准备实施 CIMS 项目。项目进行了两年，先后有两家供应商先后介入，一个是北京航天部下属某公司（以下称 A 公司），另一个是某大学 CIMS 研究小组（以下称 B 校）。前者系国家实施 CIMS 主要研究院所经营性公司，实施 CIMS 经验丰富，后者以 CIMS 理论研究见长。客户企业先与 A 公司进合作。由于供应商所提方案是一个通用的、完全不是为企业量身定制的方案，甚至方案中许多地方是专为别的企业设计的，因而该方案根本无法使用。由此，客户企业转与 B 校合作。但该项目的最终结局并不是很理想。

1. 供应商问卷

来自用户的隐性知识很重要，建立信息系统所需的大部分知识都不是现成的显性知识，需要信息系统设计人员到用户实际工作人员那里去挖掘，获取这些隐性知识质量的高低直接影响信息系统设计及其实施的成功性。设计人员是否有能力正确地抽象所需的隐性知识以及用户工作人员能否提供所需隐性知识是设计成功信息系统的关键，程度为严重影响。高度结构化显性知识的作用次之，程度为较大，低结构化的知识影响程度最低，程度为一般。上述三种知识流动的顺畅性对信息系统的外包的成功性均为正面影响。

为客户提供满意服务的三种知识重要度依次为，隐性知识，高结构显性知识和低结构显性知识。

从技术角度看，设计与维护工作是无底洞，供应商应像内部信息职能部门一样现场维护，因而，合作伙伴型关系比交易型关系更有利于信息系统外包的成功性。但是，用户不愿为供应商的付出进一步付出或与之共享利润，因而，如果可以选择的话，宁愿选择交易型关系。

客户需求的动态性与 IT/IS 外包成功性强烈负相关。

2. 客户问卷

处于需求分析与设计阶段的信息系统外包，显性结构化知识最最重要，因为，用户通过这些显性知识，如需求分析报告、设计方案流程图、文档以及操作手册等学习系统的使用与维护。通常供应商为了保护核心技术或防止用户改动系统设计而采取某些限制措施，如拒绝提供程序设计逻辑流程和原代码等。低结构化显性知识作用次之，来自供应商的隐性知识在项目设计阶段作用最低。随着信息系统的运行，估计上述知识的重要性会逆转。

三种知识的重要度在系统设计和初步实施阶段的重要性依次为高度结构化知识、低结构化知识和隐性知识。

与供应商保持合作伙伴型关系比交易型关系更加有利于信息系统外包的成功，如果可能，愿意选择合作伙伴型关系。

企业需求动态性不利于信息系统外包的成功应用（强烈负相关），许多冲突都来自于信息系统需求的变化，例如业务流程的变化或运作参数的变化等。

（三）西菱输变电设备制造公司 MRPⅡ

西菱输变电设备制造公司是一家中日合资公司，公司设备和管理体系完全采用日方方案。由于日方母公司在日本使用的生产管理系统为德国 SAP 公司的 MRPⅡ系统，因而合资公司也选择了同样的管理系统。此外，由于语言的障碍，日方只有通过 MRPⅡ系统才能控制成本，因而使用一套 SAP 的 MRPⅡ系统成为公司运行的必要条件。

1. 供应商问卷

三种知识对信息系统外包的成功性均为正相关，由于该公司是依照日本企业新组建的，且 SAP 系统在日方已经成熟应用多年，因而与完全重新设计一个新系统的问题不同，该系统应用的相对的问题比较少。问题主要来源于应用，主要是客户对系统的了解程度和正确使用问题。

三种知识的重要度相当，隐性知识更为突出一些。

由于产品比较成熟，问题相对比较少交易关系就可以。如果需要选择的话合作伙伴更好。

由于产品相对定型，生产正常，因而客户需求对信息系统为负面影响，但影响不大。

2. 客户问卷

来自于供应商的三种知识对信息系统外包的成功性均为正相关。系统正常运行过程中，低结构化知识最为重要，这是解决问题的最为常用的手段。其次是隐性知识，这是处理问题的必需的手段。最后是高度结构化显性知识。

合作伙伴型关系比交易型关系更有利于信息系统的成功应用。

客户需求的动态性与成功外包负相关。

四、案例分析

不同企业 IT/IS 外包状况对比如表 3-3-1 所示。

表 3-3-1 不同企业 IT/IS 外包状况对比

问卷类型	供应商问卷			客户问卷		
调查项目	扬子江药业集团	咸阳石油钢管厂	西菱输变电公司	扬子江药业集团	咸阳石油钢管厂	西菱输变电公司
隐性知识流动顺畅度	正面影响 影响程度：一般	正面影响 影响程度：严重影响	正面影响 影响程度：较大	正面影响 影响程度：严重影响	正面影响 影响程度：一般	正面影响 影响程度：一般
低结构化知识流动顺畅度	正面影响 影响程度：较大	正面影响 影响程度：一般	正面影响 影响程度：一般	正面影响 影响程度：较大	正面影响 影响程度：较大	正面影响 影响程度：较大
高结构化知识流动顺畅度	正面影响 影响程度：严重影响	正面影响 影响程度：较大	正面影响 影响程度：一般	正面影响 影响程度：较大	正面影响 影响程度 严重影响	正面影响 影响程度：微弱
不同类别知识重要度排序	隐性知识：低 低显性知识：中 高显性知识：高	隐性知识：高 低显性知识：低 高显性知识：中	隐性知识：中 低显性知识：低 高显性知识：低	隐性知识：高 低显性知识：中 高显性知识：低	隐性知识：低 低显性知识：中 高显性知识：高	隐性知识：中 低显性知识：高 高显性知识：低
理想的外包治理结构	合作伙伴	合作伙伴	合作伙伴	合作伙伴	合作伙伴	合作伙伴
客户需求动态性影响	负面影响	强烈负面影响	负面影响，程度较低	负面影响	强烈负面影响	负面影响

从表中可以看出，IT/IS 外包中，无论哪种知识类型（隐性知识、低结构化显性知识还是高度结构化显性知识），知识的流向（供应商到客户，客户到供应商）和知识流动的流畅性对 IT/IS 外包的影响均为正面影响，但不同的情况影响程度不同。成功的 IT/IS 外包，理想供应商与客户的关系为合作伙伴型关系。客户需求动态性对 IT/SI 外包的成功性的影响为负面影响。

第四章 基于实物期权的ERP项目投资随机规划决策模型和应用

信息技术是继工业革命之后推动全球经济发展的又一重要动力。现在，信息技术已成为许多国家经济增长的新引擎，强力地推动着经济的发展。由于信息技术广泛的渗透性和关联带动作用，使得信息化成为企业技术创新的关键环节，信息技术已成为企业竞争力的关键因素之一。许多大型的跨国公司把对信息技术的投入放在公司重要的战略位置上。福特汽车公司董事会主席小威廉姆克雷福特说："显而易见，在21世纪取得成功的公司和个人，必然是互联网和相关技术使用上的领先者"。

在过去的20多年里，信息技术投资经历了空前的增长。在1980年到1992年期间，美国信息技术投资从每年600亿美元增长到1600亿美元；从1991到1996年，在计算机相关的产品与服务中的花费增长了70%。从1987年到1995年，世界IT市场（硬件、软件和计算机服务）平均年增长率达到10%，接近世界平均GDP增长率的两倍。据美国IDC公司的研究，在全世界55个国家中，2003年企业在信息技术投资上的投资总额为8720亿美元。根据美国商务部的资料：1965年时，企业资本支出用于信息技术的比重还不到5%，随着个人计算机在20世纪80年代初问世，这个数字跳到15%；在90年代早期增加到30%；到90年代末已激增到50%。信息技术投资已成为20世纪90年代以来企业界和学术界最热门的话题之一。

无数的企业在信息技术投资的浪潮中倾注了大量的资金与时间，以期能够增强企业的竞争力，提高企业的管理与生产运作效率。在我国，在“信息化带动工业化”的大趋势下，近几年来，国内企业信息化的程度不断提高，进程逐步深入，由此而引发的每年对于信息技术的投资额也正在显著上升。管理信息系统（Management Information System，MIS）、决策支持系统（Decision Support System，DSS）、办公自动化系统（Office Automation System，OAS）、人工智能（Artificial Intelligence，AI）、企业资源规划系统等在企业中得到广泛推广与运用。

ERP 是 20 世纪 90 年代后期出现的企业资源规划软件系统，是一种先进的现代企业管理模式和全新的管理理念，它顺应了企业面临全球化市场竞争的管理需求，能在企业间的供应链流程中进行信息集成处理，为企业的管理提供一个更加宽广、高效的管理手段。近年来，国内越来越多企业争先引进了先进的 ERP 管理软件系统，来提高自身的竞争力。但是 ERP 是一项投资风险很高的项目，因此企业 ERP 投资成功率很低。据不完全统计，我国目前已有近千家企业购买了 ERP 软件，而在所有的 ERP 系统应用中，如期按预算成功实现系统集成的只占 10% ~20%，没有实现系统集成或部分实现集成的只有 30% ~40%，而失败的却占 50%。

随着众多 ERP 系统的投资失败，企业对 ERP 系统的投资开始变得谨慎，ERP 投资的决策也变得更加理性。在进行 ERP 投资决策时，决策者难免会提出这样一些疑问：ERP 投资有多大的必要性？ERP 系统确实能为企业带来价值吗？如果能，什么时候能够增加价值？企业应该从哪里去获得 ERP 投资的回报？如何进行投资收益的衡量？沃尔玛、戴尔等企业的成功案例清楚地证明恰当运用新技术能够帮助企业迅速提高生产力，甚至改变全行业的竞争局势。明智的投资决策，其关键在于何时、何地进行投资。当沃尔玛将信息技术与其高效的分销网络相结合时，它不仅实现了领先的供应链管理，也开创了该行业的生产力新领域。哪些技术投资可以为企业带来可持续的、与众不同的竞争优势？对于 ERP 系统投资，企业是率先进行投资以获取先动优势，还是等待风险和成本都降低后再进行投资？

企业在投资和实施 ERP 系统的过程中会遇到很多风险，这些风险主要包括企业外部风险和企业内部风险。由于国内很多企业没有采取有效的风险管理方法来降低风险，所以最终导致了 ERP 项目投资的失败。同时 ERP 项目投资也具有很大的不确定性。这些不确定性主要来源于系统投入成本的不确定性，收益的不确定性，企业未来战略的不确定性。现在很多企业仍然采用传统的信息技术投资的决策方法，如传统的净现值法等对 ERP 项目进行投资评估，但是这些传统的投资决策方法在评价投资不确定性时存在着明显的缺陷。实物期权方法克服了传统投资决策方法的弊端，为具有决策柔性的企业准确地进行 ERP 项目投资决策分析提供了一种全新的解决方案。其优势主要表现在：

1）ERP 项目投资的不确定性很高，需要考虑投资的灵活性。只有实物期权方法能正确估价灵活性的投资。

2）ERP 项目短期投资效益不显著，项目价值是由未来增长期权的可能性而不是由当前的现金流决定的。ERP 项目投资组合存在相互影响，投资中存在复合期权。

3）ERP 项目投资中存在项目修正和中间战略的调整。

因此本章主要运用实物期权理论对企业 ERP 投资项目进行合理的分析并且建立了随机规划投资决策模型，以期能够优化 ERP 项目投资决策，有效提高 ERP 项目投资决策的科学性和合理性，从而充分发挥信息技术的潜力，并为企业带来更大的投资回报。

第一节　国内外研究和理论综述

ERP 作为现代企业信息系统投资建设中极其重要的一部分，近几年得到了飞速的发展。国内很多企业面临着全球化市场竞争的管理需求，企业为了能够有效地在企业间的供应链流程中进行信息集成处理，提高自身在市场中的竞争力，争先引进 ERP 系统，然而实施成功并给企业带来良好收益的例子却不多。ERP 投资决策问题一直是困扰企业投资决策者的难题。企业在 ERP 投资决策中经常会遇到这些难题：①如何有效地规避项目投资实施中存在的风险？②如何进行投资收益的衡量？尤其是如何进行无形收益的评测？③面对 ERP 项目的成本和收益的不确定性，企业如何选择投资策略、投资时机和投资规模？

分析原因发现：首先，ERP 系统不仅仅简单的是一套软件系统，也是一种先进的管理理念和方法。ERP 项目投资和实施过程中存在很大的风险，因此只有对 ERP 项目进行有效的风险管理，才能降低 ERP 项目的投资风险，提高

ERP 项目的实施成功率。其次，项目的投资成本和未来的收益也是不确定的，投资收益评测也是相当困难的，传统的决策方法如内部收益率法（Internal Rate of Return，IRR）和净现值法（Net Present Value，NPV）等，并不适用于具有高度不确定性特点的 ERP 项目的投资决策。实物期权方法克服了传统投资决策方法的弊端，为具有决策柔性的企业准确地进行 ERP 项目投资决策分析提供了一种全新的解决方案。ERP 项目投资决策问题是一个带有潜在随机过程和约束条件的多阶段投资决策，包含大量的内在关联的投资机会，ERP 项目投资中包含各类期权和复合期权。但是在以往的国内外文献中却很少将实物期权方法应用于在 ERP 项目投资决策问题中，并且许多研究者也主要是采用网格法（二项式方法和三项式方法）和微分方法（BS 模型等）去评价 IT 项目投资决策中存在的实物期权价值。然而将这些方法用于计算 IT 项目投资决策中存在的实物期权价值时往往存在着一些弊端。动态规划方法可以克服二项式方法和三项式方法和有限微分方法的不足。但是以前很少有研究者运用动态随机规划的方法去评价投资决策中的项目的复合实物期权价值。动态规划的方法虽然是一种解决多阶段决策问题的有效方法，但是动态规划方法假设的决策过程具有无后效性，不适合于带有潜在随机过程和约束条件的多阶段决策问题的求解。多段随机规划方法可以较好地解决带有潜在随机过程和约束条件的多阶段决策问题。因此本章将实物期权思想运用于 ERP 项目投资中，针对 ERP 项目投资决策特点，采用多段随机规划方法建立了投资决策模型，为企业 ERP 项目投资决策者解决上述这些难题提供了一种科学实用的决策方法。

一、传统信息技术投资的决策方法

对于信息技术投资决策，最常用的评估决策方法仍然是资金预算方法，主要依赖于传统的财务测量方法和利用贴现现金流法（Discounted Cash Flow，DCF）进行的基于时间价值的现金流评估。总体来说，这些方法易于应用，且有较好的理论基础，一般包括成本收益率、投资回报率（Return On Investment，ROI）、内部收益率和净现值法等[42]，其特点如表 4-1-1 所示。这些传统的财务评估方法对于判断信息技术投资和评估信息技术应用的商业价值非常必要，但却并不足够。对于早期的集中于事务处理的 IT 投资，这些评估方法非常有效，这是因为在这些系统中，投资的主要目标就是降低运作成本。但在评估复杂的 IT 应用的过程中如 ERP 系统时，这些方法并不成功，原因是它们只包含了一个角度，即财务角度，几乎只关注于成本节约、人力的减少、效率的提高。但并不是所有的 IT 影响都可以用财务数字来进行评估的，而是更多地体现在非财务方面，如组织效率、质量提高、产品的独特性、更好的客户服务等。

20 世纪 70 年代后期以来，人们对利用传统财务方法进行信息技术投资决策的批评越来越多，认为传统的项目评价方法（如 IRR，ROI）并不适合于具有高度不确定性特点的 IT 项目。很多研究者认为，传统的评估方法无法捕获信息技术所带来的定性收益，没有考虑到项目决策与实施过程中由于不确定性所带来的管理柔性与期权价值，低估了很多项目的价值。

在利用 NPV 法进行项目投资决策时，基于以下几个基本假设：①能够精确估计或预期项目在寿命周期内各年所产生的净现金流量，并能够确定相应的风险调整贴现率。②项目是独立的，即其价值以项目所预期产生的各期现金流量大小为基础，按给定的贴现率计算，不存在其他关联效应。③在项目的寿命周期内，投资的环境不会发生预期以外的变化。④决策人只能采取刚性的策略，或者立即投资该项目，或者放弃该投资机会。⑤在投资项目的分析、决策及其实施过程中，企业决策人扮演的只是一个被动的角色，只能坐视投资环境的变化，而不能采取相应的决策。

NPV 法主要适用于确定性环境下的投资决策分析，这意味着项目的收益、成本、计算期和无风险折现率都可以预测并加以量化。在不确定性环境下，NPV 法派生出了一些改进的方法，如决策树分析法、概率模拟分析法和调整贴现法。但 NPV 法以及其他 NPV 的扩展在分析投资项目时，存在其自身无法克服的缺陷：

1）ERP 项目应用中会产生的大量隐形效益、间接效益、长期效益以及滞后效益，这使得不可能事先精确地测度其效益，更不用说直接比较投入与产出确定项目的价值。

2）它在考虑项目风险时，NPV 法忽略了项目在实施过程中管理柔性的价值，其结果是低估了项目的价值。在投资项目实施过程中，随着时间的推移，项目管理者能够获得更多的项目有关信息，一些影响项目的不确定因素也可能变得更加明确，因而管理者可根据项目的具体情况采取相应的管理决策与行动，从而增加投资项目的价值。

表 4-1-1 传统决策评价方法特点比较表

评价方法	公 式	优 点	缺 陷
简单的成本收益比：项目总收益与项目总成本的简单比值；如果比值大于1或者大于公司要求的最小的成本收益比，则项目可以接受	总收益／总成本	容易计算和比较 提供了基于资金效率对多个项目分级的一种方法	忽略了资金的时间价值 没有考虑到现金的时间安排 比值是一个比较武断的测量准则 公司的最小成本收益率要求设置的不合理 没有包括定性的或无形的收益 忽略了风险 由于技术对项目的巨大与回报缺乏感知，在比较多个项目时会引起误导
回报与收支平衡	$C_0 + \sum_{t=1}^{n} C_t = 0$	容易计算和解释 反映了技术成本随时间下降和技术本身很快会过时的真实情况	忽略了资金的时间价值 没有包含回报期后的现金收益 截止时间是不合理的 在评估互补的排外的项目时，可能会产生误导 侧重于短期的快速回报，而忽略了长期回报 没有包括定性的或无形的收益 忽略了风险
平均投资回报率（ARR或ROI）：有时指账面价值的平均回报或回报的会计利率，表示投资的折现税后平均净收入与平均年投资的比率；当比值大于或等于公司或行业的平均值时，项目是可以接受的	平均年收入/平均年投资	很容易进行计算和对比	比值是一个比较武断的测量准则 忽略了资金的时间价值，远期的现金流占的比重过大，而当前收入的比重不足 侧重于会计收入，而不是现金流 没有包括定性的或无形的收益 忽略了风险

（续）

评价方法	公　式	优　点	缺　陷
内部收益率：项目的净现值为 0 的贴现率；当可预测的 IRR 值大于资金的机会成本，项目就可以接受	回报/投资 −1	得到广泛的应用和认可 可以容易地计算和对比	对多年的、有多种回报的项目很难进行计算 没有包括定性的或无形的收益 当对比不同规模的项目和现金流投入的时间时，可能会带来不准确的分级，净现金流可以以相同利率进行再投资的不正确的假设
净现值法：利用要求的回报率与银行利率计算投资资金流的当前值；当 NPV 的值为正时，项目是可以接受的	$C_0+\sum_{t=1}^{n}\frac{C_t}{(1+r_t)^t}$	理论基础较好的方法 包含了资金的时间价值 允许多个排他的项目的比较和持续时间不同的项目的比较	这种方法比较难理解，并且更多地涉及计算 调整的风险折扣率比较难以确定 没有包括定性的或无形的收益

注：C_0——最初投资；C_t——时间周期 t 内的现金流；r_t——时间 t 内的利率；t——时间周期（年）；n——持续时间（以年计算）。

不仅如此，项目的管理者还可以在项目的实施过程中，根据不确定因素的特点，为项目生成不同的实物期权，从而可增加投资项目在不确定情况下的价值。

3）NPV 方法忽略了时间序列与不间断投资的交互作用，以及后续与延迟投资可能产生的收益。对企业来说，信息技术投资项目通常呈序贯投资的形式。如软件项目经常的投资方式是，首先开发在 Windows 操作系统下运行的软件，取得成功后，再将其扩展到 Unix 操作系统平台，然后再是 Linux 平台；企业在进行了信息技术基础设施投资以后，可以继续投资于 ERP、CRM 等信息系统；这一过程可以看做是一个序贯投资项目的集合，因而在评价前一个项目时，应考虑它可能带来的投资机会的价值。

4）ERP 项目投资属于不可逆的投资活动。NPV 方法在分析投资项目时，决策只有两种选择：投资或不投资。然而，对于很多 IT 项目来说，推迟项目的投资是有价值的行为，因为无论从软件还是硬件来看，其价格（成本）都会随时间而下降，推迟投资往往能使投资成本大幅度下降，而且可以获得更多的信息。而在 NPV 方法中，没有考虑推迟 ERP 项目投资的价值。

Suwardy and Amrik S. Sohal[43] 经过调查研究了被调查企业在进行 IT 投资决策评价时，采用方法的使用频率。如图 4 －4 －1 所示。

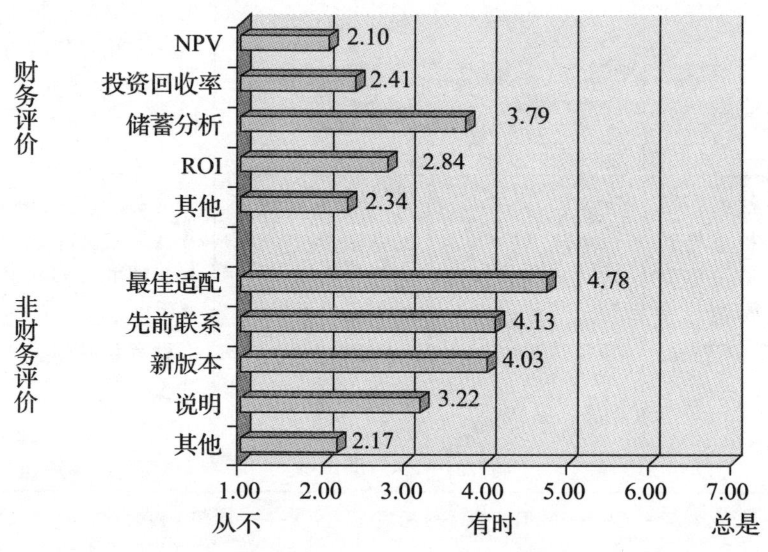

图 4 －1 －1　IT 投资方法使用频率图

二、实物期权理论

早在 19 世纪 70 年代，在“期权”这个名词产生不久后，已有学者探寻过在项目投资中存在的选择机会问题。期权理论在实物投资领域的应用最先由 Ste wartC. Myers 在 1977 年提出，他认为，当投资项目在一段时期内各阶段之间有相互的联系时，在项目的运营方面有着明显的期权属性，可以将这一系列的投资机会视作是“增长期权’，传统的方法不能对这种项目做出有效的评估，期权定价方法则能较好地分析解释这种项目。在 20 世纪 70 年代期权定价理论产生之前，人们对于评价企业所持有的选择权即经营灵活性的价值几乎是无能为力的，一般仅在进行投资决策时从定性的角度加以调整。随着 Black、Scholes 以及 Myers 的开创性工作，理论和实业界逐步将金融期权的思想和方法运用到企业经营中来，为具有经营灵活性的企业准确地进行投资决策分析提供了一种全新的解决方案。从 Myers 首次提出实物期权的概念以来，实物期权理论得到了快速的发展。总体上，对实物期权的研究可以分为理论研究、应用研究两个方面。在理论研究方面，Kesler 对增长机会的战略和竞争特征进行了概念性探讨。Brealey 和 Myers，Mason 和 Merlon，Trigeorgis 等对概念性实物期权工作框架进行了构建和完善。在应用研究方面，实物期权方法在自然资源估价、设备经营柔性、能源、医药行业、高新技术与 RS0 投资、人力资源管理等方面都得到了创新性的应用。

实物期权是金融期权思想在实物资产投资领域的扩展。Myers[44] 认为：当投资者拥有实物投资机会时，投资者有权利但没有义务进行投资，因而可以将投资机会看做是投资者持有的增长期权。投资者的决策就是选择是否执行其投资期权及执行投资期权的最优时机。Dixit 和 Pindyck 也指出，不可逆性与延迟的可能性是大多数投资的重要特征，这种延迟能力与不可逆的投资费用对投资决策产生深刻的影响，因为拥有投资机会的企业相当于持有一份与金融看涨期权类似的期权，企业有权利但没有义务在其所选择的未来某一时间投资于某项资产。当企业投资于某一不可逆投资机会时，它实际上是执行了其投资期权，同时这也意味着放弃了通过等待来获得可能影响其投资的愿望与时机选择的新信息的可能性。这种损失的期权价值实际上是当前投资的机会成本，必须包含在投资的成本之中。企业在进行投资决策时必须考虑由于不确定性所带来的期权价值，不确定性越大，期权价值越大。因此，企业必须选择投资的时机，以使企业的投资收益最大化。同时，他们还指出当某企业所拥有的投资机会具有垄断性时，企业投资决策的准则是项目价值减去投资成本，再减去期权价值的差大于零；而当某企业所拥有的投资机会具有竞争性时，竞争对手的占先会给该企业带来损失，因此，企业在进行投资决策时不仅要考虑期权价值，还要考虑由于竞争对手的占先给自己带来的损失这一机会成本。为了强调与金融期权的相似性，把获得实物资产的机会称为实物期权，应用期权定价思想来对实物投资机会进行评价与决策的方法，称为投资决策的实物期权方法。

实物期权方法是资本预算的一种现代工具，是一种在不确定性条件下考虑不可逆性与决策柔性的项目评价与决策的方法。它克服了以现金流贴现为主的传统投资决策方法的许多不足之处。首先是贴现率问题，在风险中性、无套利的条件下，投资者的收益率只能是无风险利率，因而在资本预算的实物期权框架中，现金流的贴现率就是无风险利率；其次是投资决策的柔性问题，传统方法隐含的基本假设是投资成本是可逆的，并且决策是刚性的，即如果企业现在不投资，也就相当于企业永远放弃了投资机会。投资决策的实物期权方法考虑了投资决策的不可逆性与不确定性，是一种动态的投资项目评价与决策方法，能够根据未来的不确定性信息灵活地选择最优的投资时机，以便充分利用不确定性所带来的期权价值，延期期权（Option to Defer)、转换期权（Option to Switch)、建设期期权（Time-to-build Option)、增长期权（Growth Option)、放弃期权（Option to Abandon）以及更改期权（Option to Alter）等正是这种决策柔性的体现。这种决策柔性是对传统方法的完善。最后，实物期权方法改变了传统方法对待风险的态度，传统方法对称地处理不确定性带来的风险，认为项目的不确定性越大，风险越大，企业的要求收益率就越大。而实物期权方法由于将投资项目看做是企业所持有的期权，按照期权定价的思想，在投资项目分析中，针对未来不确定性而采取的相应行动，可以扩大有利变化带来的收益，限制不利变化带来的损失。因而在实物期权框架中，不确定性是有价值的，Trigeorgis[45]就指出在实物期权框架中，项目扩展的净现值就是传统的净现值与实物期权溢价之和。表 4-1-2 描述了实物期权中投资机会和金融期权的买入期权的对应关系。

表 4-1-2　投资机会与买入期权的对应关系

投资机会	变　量	买入期权
投资项目资产价值	S	标的股票的价格
项目资本支出	X	执行价格
投资决策可以延迟的时间	t	到期时间
资金的时间价值	r_f	无风险利率
项目资产价值的波动性	σ^2	股票回报率的方差

三、复合期权理论

复合期权是写在期权上的期权，其研究起源于 Black 和 Scholes 在期权定价方面的开创性工作。他们将股票视为写在公司价值上的期权，若公司价值是写在公司债券上的期权，则股票便可表示为写在公司债券上的复合期权。复合期权可分为简单复合期权和多期复合期权。按照被复合期权的类型，简单复合期权又分为写在看涨期权上的看涨期权、写在看跌期权上的看涨期权、写在看涨期权上的看跌期权、写在看跌期权上的看跌期权，以及写在其他奇异期权上的看涨期权或者看跌期权等等。另外，按照标的资产性质的不同，复合期权还可分为金融复合期权和实物复合期权。

Geske 提出了经典简单复合期权定价理论。Geske 提出了可以计算以股票为标的资产的欧式看涨期权的价值，其中把作为标的资产的股票的价值看做是公司资产价值的欧式看涨期权的价值。这里暗含着早期投资机会是为后来的投资做准备时，对复合增长机会的评估。由于这里存在两个期权，且第一个期权导致第二个期权的产生，所以它是一个复合期权。且只有当第二个期权的价值大于第一个期权的执行价格时，复合期权可在第一个到期日执行期权。假设项目的价值流遵循一般的几何布朗运动，我们要借助标准的期权评价模型 Black-Scholes 模型和 Geske 模型来建立 ERP 项目的复合期权评价模型

$$F = VB(h+\sigma\sqrt{\tau_1},\ k+\sigma\sqrt{\tau} - Me^{2r\tau}B(h,\ k,\ \rho) - I_b e^{2r\tau_1}N(h)$$

$$h = \frac{\ln\left(\frac{V}{V^3}\right) + \left(r - \frac{1}{2}\sigma^2\right)\tau_1}{\sigma\sqrt{\tau_1}};\ k = \frac{\ln\left(\frac{V}{M}\right) + \left(r - \frac{1}{2}\sigma^2\right)\tau}{\sigma\sqrt{\tau}}$$

$$\tau = t_c - t_a,\ \tau_1 = t_b - t_a,\ \tau_2 = t_c - t_b$$

$B(a,\ b,\ \rho)$ 是积分上限为 a，b，相关系数为 $\rho\left(\text{其中}\ \rho = \sqrt{\frac{\tau_1}{\tau}}\right)$ 的双变量累计标准正态分布函数；

式中

$N(h)$ ——单变量累计标准正态分布函数；

V ——在 t_2 时刻进行市场推广后产生的现金流入的现值；

V^3 ——复合期权应被执行时资产的价值 V，即第二个期权价值等于第

一个期权交割价格时项目的价值（由 $S(V^3)-M_0=0$ 解得）

σ ——描述项目不确定性的波动率；

M ——进行市场推广需要的投资额；

I_b ——后续研发阶段需要的投资额；

t_b ——第一个期权到期的时间；

t_c ——复合期权到期的时间。

V^3 满足下式：$I_b=V^3N_1(d_1)-M\mathrm{e}^{2r\tau_2}N_1(d_2)$

其中

$$h=\frac{\ln\left(\frac{V^3}{M}\right)+\left(r-\frac{1}{2}\sigma^2\right)\tau_1}{\sigma\sqrt{\tau_2}},\quad d_2=d_1-\sigma\sqrt{\tau_2}$$

Geske 导出的这个复合期权的定价框架为后续复合期权的研究奠定了基础。但是定价模型得到的是高维嵌套积分形式的封闭解，欲获得该解的具体数值，必须进行复杂的高维嵌套积分的计算，耗费巨大的计算资源。尤其对于多期复合期权模型，一般难以保证计算过程的收敛，不易得到问题的数值解。针对这一问题，Selby 等给出了有关嵌套多维正态分布的一般恒等式，从而减少了积分的维数，提高了计算效率。Schroder[46] 对具有某种特定相关矩阵的多元积分，也提出一个换算公式，利用该公式能够显著降低高维积分的计算费用。在大多数情形下解的一般形式是难以获得的。很多学者开始采用数值方法来求解与期权有关的复杂问题，如由 Cox[47] 等发展的二项式期权定价方法。Trigeorgis[48] 将二项式定价方法变形，提出一种所谓的“对数变形的二项式数值分析方法”来定价复合期权，在数值计算中可以获得很好的一致性、稳定性和有效性。Breen[49] 混合了二项式模型以及 Geske 和 Johnson 模型，提出了一种“加速二项式期权定价模型方法”，达到比传统二项式模型更快的速度，而且适用于更大范围的期权定价模型。

简单复合期权理论模型主要基于 Black-Scholes 框架，存在着一定的局限性。现有复合期权的理论研究主要围绕如何对简单复合期权模型进行扩展，以获得更广泛的应用。Buraschi[50] 等放松了标的资产服从几何布朗运动的假设，研究了标的资产服从一般扩散过程情形下复合期权的定价，导出了一个由欧式期权价格边界上的前向积分表达的定价公式。这样一种扩展就能够用来描述标的资产存在破产和违约的情形。在经典的复合期权理论中，波动率和利率都被假设是固定的。另一个极具有实际意义的工作是对多期复合期权模型展开研究。如（$n-1$）期的复合期权可视为（$n-1$）个前后相互关联的欧式期权 C_i（$i=1$，…，$n-1$）序列。持有者在每一期的期末可以选择是否执行期权。若执行期权，则后续的一系列期权都将自动消失；如果放弃执行，则该期的期权将会延续至下一期，重复此过程直至到期日。从两期到多期的扩展在理论上并不困难，难点就在于期权价值和最优策略的计算难度和复杂性会随着期数的增加而迅速增加。大量学者在多阶段项目投资定价以及最优投资策略分析的背景下，研究多期复合期权的定价。Dixit[51]等将多期序列投资看成是多期复合期权，分别采用动态规划方法和相机权益分析方法建立定价的偏微分方程，在一定的边界条件下求得每一期的期权价值函数以及执行临界值，通过回溯可以求得复合期权的解析解，同时得到复合期权执行的最优规则，但是缺点是只有在某些特定边界条件下才能获得解析解。Dutta[52]采用动态规划方法来解决多阶段 R&D 项目在各阶段的最优资产配置问题。Alvarez[53]等在指出传统的动态规划方法的缺陷后，基于格林函数提出一种多期复合期权通用的计算方法。这种方法能够提供更系统的方法来计算复合期权价值函数，以及刻画期权的最优执行规则。Lin[54]则直接将简单复合期权模型的结论推广到多期的情形，给出了欧式多期复合期权解的一般形式，且对求解的各种解析近似方法进行了比较。这种方法的不足在于在解析公式的计算中仍然存在着嵌套的高维正态积分。

四、实物期权理论在 IT 投资中的应用

在实物期权的理论与应用研究进展的近几年中，许多学者提出可用期权方法进行项目评估的领域非常广泛，从自然资源、IT 投资、R&D、兼并与收购、人机工程学、制造业和存货、租赁契约到房地产等。国外学者在这一领域的研究较为深入，国内这方面的研究尚处于起步阶段。实物期权是一种强大的风险管理工具。随着实物期权作为投资分析的现代方法被逐步接受，信息系统研究者已努力将实物期权应用到投资决策中。

国外许多文献研究了将实物期权方法应用于 IT 项目的投资决策。Michel 和 Benaroch 使用实物期权分析管理 IT 投资在价值和风险之间的平衡。实物期权是

一种为处理与投资项目有关的不确定性和弹性量身定做的方法。DosSantos[55]首先运用 Margrabe's 转换期权去评价一个用来测试新技术的 IS 项目，他认为因为实施这个项目可以为以后的投资带来学习价值和丰富的经验，产生了可以应用新技术的期权，所以这个项目会增加以后投资项目的净现值。Kmbil[56]等应用 Cox – Rubinstein 二项式期权定价模型来决策是否实施一个领航项目。他们研究了通过在城市医院安装一个大型的利润采集计算机系统来改进业务流程的实际案例。证明了这个小的领航项目的期权价值超过了它的投入成本应该被实施，然而如果运用传统的净现值法进行分析就应该放弃这个项目。Kester[57]分析了公司的增长期权，Taude 运用期权模型来评价软件的增长期权，当在某个实施决策点上，如果发现已经获利，软件系统中的 IS 功能的应用会给后续决策带来增长期权。这项研究为评价软件平台提供了一个基础。但是 Taudes 没有区别 IS 功能与产生应用的价值之间的联系，也没有进行实证。Sullivan 和 Clemons[58]等认为期权模型可以为软件开发决策给予启发，他们用实物期权方法研究决策是否软件应该被重新构架成柔性体系或者重新开发原型。Benaroch 和 Kauffman[59]用 BlackScholes 和 Cox-Rubinstein 模型研究了开发新英格兰电子银行网络的 POS 服务系统的投资时机问题。研究这个问题重点集中在期权何时执行，即一个特别的 IT 解决方案何时执行，而不是决定是否进行投资。Taudes 运用 BlackScholes 实物期权模型认为企业应该从 SAP R/2ERP 软件系统升级到 SAP R/3 系统。通过对实际案例的研究证明了如果运用传统的净现值法分析应该会决定维持原来的 R/2 软件系统，而采有实物期权的方法研究就证明应该升级到 SAP R/3 系统，从而证实了运用实物期权方法对不确定性较高的软件系统投资项目进行评价具有科学性和实用价值。国内将复合实物期权方法大多数运用于 R&D，和企业并购等方面，但是应用于 IT 项目投资和企业信息化建设方面还处于起步阶段。戴和忠将 R&D 项目视为一个复合期权进行评价，并将其与 NPV 方法进行了比较。郑德渊等也采用复合期权模型对 R&D 项目进行了分析，同时他们还考虑了不同阶段存在不同波动率的情形下，如何将复合期权模型用于 R&D 的评价。齐安甜等针对传统折现现金流评价方法忽视柔性的缺陷，基于复合期权（成长期权）分别对企业价值和并购项目投资进行评估。邓光军和陈君宁等分析了 IT 投资中的实物期权思想，并且采用了 Geske 模型对 IT 投资中的复合实物期权进行了求解。方德英和梁彤缨等将实物期权方法应用于中小企业信息化投资决策中，指出了 IT 项目开发风险管理中四种常见的实物期权类型，并且建立了相应的风险决策模型，给企业信息化投资决策提供了一种很好的思路。但是大多数的研究都是停留在复合期权模型的应用层面，针对传统的 NPV 方法或者 DCF 方法的缺陷，讨论复合期权模型在各种应用中建模的优点，而没有针对应用背景探讨模型和方法。

ERP 项目投资决策问题是一个带有潜在随机过程和约束条件的多阶段或序列投资决策，多阶段或序列投资决策问题是一类重要的实物期权，包含大量的内在关联的投资机会，因此 ERP 项目投资中包含各类期权和复合期权。然而国内外几乎很少有文献去研究运用实物期权方法评价 ERP 项目投资，并且很多研究者也主要是采用二项式方法和微分方法（Geske 模型、BS 模型等）评价 IT 项目投资决策中的复合实物期权价值，很少有文献研究运用动态随机规划的方法去评价投资决策中的复合实物期权价值。然而二项式方法和三项式方法是基于无套利假设下的风险中性模型，潜在期权价值的可能变化被限制在很小的数量范围内。二项式方法和有限微分方法是建立在金融期权定价的基础上，即投资期权价值的计算建立在无风险投资组合的构造上，需要一种可以交易的（多头或者空头持有）的虚拟产品。如果不能交易产品且没有其他资产可以消除虚拟产品的风险时，期权价值可以用动态规划方法求解，计算每种投资策略的净现值（现在投资或者等待一年再投资），并且选择能带来最高净现值的策略。动态规划方法适用于解决多阶段优化问题，从最后阶段开始，采用递归算法进行优化，可以克服二项式方法、三项式方法和有限微分方法的弊端，但是动态规划方法要通过回溯才可以求得复合期权的解析解，同时得到复合期权执行的最优规则。另外，动态规划方法假设决策过程具有无后效性，不适合于带有潜在随机过程和约束条件的多阶段决策问题，求解缺点是只有在某些特定边界条件下才能获得解析解。多段随机规划方法可以较好地解决带有潜在随机过程和约束条件的多阶段决策问题，同时相对于其他的期权求解方法，研究项目投资问题时可以假定成本是随机变化的，如表 4-1-3 所示。为了弥补上述研究的不足，本章对 ERP 项目投资的特点进行了实物期权分析，针对 ERP 投资中存在的风险，提出了一些基于实物期权的风险规避策略。在此基础上，运用多段随机规划方法建立了 ERP 项目投资决策分析模型，模型结合了 ERP 系统的投资特点，很好地考虑了项目投资过程中未来收益的不确定性和投入成本的不确定性。并通过案例研究，阐明了随机规划决策模型为决策者解决企业 ERP 项目投资难题提供了一种科学实用的决策方法。

表 4-1-3　技术方法特点对照表

方　法	优　点	缺　点
Geske 模型	模型适合求解三阶段的复合期权 当期权之间的关系容易确定时，模型适用于求解复合期权时	假定投资成本是确定的，当投资成本不确定性时，模型无法求解期权价值 当描述价格和现金流随机变量的网格数量成指数增长时，计算次数也成指数增长，因此难以计算
二项式方法	模型简单，计算量较小	假定投资成本是确定的，当投资成本不确定性时，模型无法求解期权价值 潜在期权价值的可能的变化被限制在很小的数量范围内，因此不能够求得其他潜在条件下的期权价值
随机规划模型	投资成本可以是不确定的 不用考虑各种期权间复杂的相互关系，可以求出包含复合期权的净现值和相应的最优策略 更能体现投资决策的灵活性，更加适合 ERP 项目风险投资决策评价	如果情节数 S 增大，那么模型的计算量将呈指数增长

第二节　ERP 项目风险分析

本节对 ERP 项目的投资和实施风险进行了详细的分析，并且分析了项目中存在的期权，最后提出了基于实物期权的风险规避策略，相对于传统的风险减少策略，这种风险规避策略考虑到了项目管理中的柔性和项目中存在的期权，有效地降低了 ERP 项目投资过程中存在的技术风险、市场风险、软硬件价格风险和管理支持风险。

一、ERP简介

（一）ERP概念

ERP——Enterprise Resource Planning企业资源计划系统，是指建立在信息技术基础上，以系统化的管理思想，为企业决策层及员工提供决策运行手段的管理平台。ERP系统集信息技术与先进的管理思想于一身，成为现代企业的运行模式，反映时代对企业合理调配资源，最大化地创造社会财富的要求，成为企业在信息时代生存、发展的基石。下面我们可以从管理思想、软件产品、管理系统三个层次给出ERP的定义：

1）ERP是由美国著名的计算机技术咨询和评估集团Gartner Group Inc. 提出的一整套企业管理系统体系标准，其实质是在MRP Ⅱ的基础上进一步发展而成的面向供应链（Supply Chain）的管理思想。

2）ERP是综合应用了客户机/服务器体系、关系数据库结构、面向对象技术、图形用户接口、第四代语言（4GL）、网络通信等信息产业成果，以ERP管理思想为灵魂的软件产品。

3）ERP是整合企业管理理念、业务流程、基础资料、人力物力、计算机硬件和软件于一体的企业资源管理系统。

具体来讲，ERP与企业资源的关系、ERP的作用以及与信息技术的发展的关系等可以表述如下：

（1）企业资源与ERP

厂房、生产线、加工设备、检测设备、运输工具等都是企业的硬件资源，人力、管理、信誉、融资能力、组织结构、员工的劳动热情等就是企业的软件资源。企业运行发展中，这些资源相互作用，形成企业进行生产活动、完成客户订单、创造社会财富、实现企业价值的基础，反映企业在竞争发展中的地位。ERP系统的管理对象便是上述各种资源及生产要素，通过ERP的使用，使企业的生产过程能及时、高质量地完成客户的订单，最大程度地发挥这些资源的作用，并根据客户订单及生产状况做出调整资源的决策。

(2) 调整运用企业资源

企业发展的重要标志便是合理调整和运用上述的资源，在没有 ERP 这样的现代化管理工具时，企业资源状况及调整方向不清楚，要做调整安排是相当困难的，调整过程也会相当漫长，企业的组织结构只能是金字塔形的，部门间的协作交流相对较弱，资源的运行难于把握。随着信息技术的发展，针对企业资源进行管理而设计的 ERP 系统正是解决这些问题的。ERP 成功推行的结果必定使企业能更好地运用资源。

（二）信息技术对资源管理作用的发展过程

1. MIS 系统阶段

企业的信息管理系统主要是记录大量原始资料，支持查询、汇总等方面的工作。

2. MRP 阶段

企业的信息管理系统对产品进行管理，借助计算机的运算能力及系统对客户订单、在库物料、产品构成的管理能力，依据客户订单、产品结构清单展开并计算物料需求计划，实现减少库存、优化库存的管理目标。

3. MRPⅡ阶段

在 MRP 管理系统的基础上，系统增加了对企业生产中心、加工工时、生产能力等方面的管理，以实现计算机进行生产排程的功能，同时也将财务的功能囊括进来，在企业中形成以计算机为核心的闭合循环管理系统，这种管理系统能动态地监察到产、供、销的全部生产过程。

4. ERP 阶段

进入 ERP 阶段后，以计算机为核心的企业级的管理系统更为成熟，系统增加了包括财务预测、生产能力、调整资源调度等方面的功能。配合企业实现 JIT（Just In Time，准时生产方式）管理、全面质量管理和生产资源调度管理及辅助决策的功能，成为企业进行生产管理及决策的平台工具。

5. 电子商务时代的 ERP

互联网技术的成熟为企业信息管理系统增加了与客户或供货商实现信息共

享和直接进行资料交换的能力，从而强化了企业间的联系，形成共同发展的生存链，体现了企业为生存而竞争的供应链管理。ERP系统则相应地实现了这方面的功能，使决策者及业务部门实现跨企业的联合作战。

由此可见，ERP的应用的确可以有效地促进现有企业管理的现代化、科学化，适应竞争日益激烈的市场要求，它的导入，已经成为大势所趋。

（三）ERP系统的管理思想及实施过程

1. ERP系统的管理思想

ERP系统的核心管理思想就是实现对整个供应链的有效管理，主要体现在以下三个方面：

（1）体现对整个供应链资源进行管理的思想

现代企业的竞争已经不是单一企业与单一企业之间的竞争，而是一个企业供应链与另一个企业的供应链之间的竞争，即企业不但要依靠自己的资源，还必须把经营过程中的有关各方如供货商、制造工厂、分销网络、客户等纳入一个紧密的供应链中，才能在市场上获得竞争优势。ERP系统正是适应了这一市场竞争的需要，实现了对整个企业供应链的管理。

（2）体现精益生产、同步工程和敏捷制造的思想

ERP系统支持混合型生产方式，其管理思想表现在两个方面：①“精益生产（Lean Production，LP）”的思想，即企业把客户、销售代理商、供货商、协作单位纳入生产体系，同他们建立起利益共享的合作伙伴关系，进而组成一个企业的供应链。②“敏捷制造（Agile Manufacturing，AM）”的思想，即当市场上出现新的机会，而企业的基本合作伙伴不能满足新产品开发生产的要求时，企业组织一个由特定的供货商和销售渠道组成的短期或一次性供应链，形成“虚拟工厂”，把供应和协作单位看成是企业的一个组成部分，运用“同步工程（Simultaneous Engineering，SE）”，组织生产，用最短的时间将新产品打入市场，时刻保持产品的高质量、多样化和灵活性。

（3）体现事先计划与事中控制的思想

ERP系统中的计划体系主要包括主生产计划、物流需求计划、能力计划，采购计划、销售执行计划、利润计划、财务预算和人力资源计划等，而且这些计划功能与价值控制功能已完全集成到整个供应链系统中。另一方面，ERP系

统通过定义事务处理（Transaction）相关的会计核算科目与核算方式，在事务处理发生的同时自动生成会计核算分录，保证了资金流与物流的同步记录和资料的一致性。

ERP 系统的功能模块主要包括三方面的内容：生产控制（计划、制造）、物流管理（分销、采购、库存管理）和财务管理（会计核算、财务管理）。

2. ERP 的实施过程

在引入 ERP 系统的过程中，实施是一个极其关键的环节。因为，实施的成败最终决定着 ERP 效益的充分发挥。据不完全统计，我国目前已有近万家企业购买了 MRP Ⅱ/ERP 软件。而在所有的 ERP 系统应用中，存在三种情况：如期按预算成功实施实现系统集成的只占 10% ~20%；没有实现系统集成或实现部分集成的只有 30% ~40%；而失败的却占 50%。并且在实施成功的 10% ~20% 中大多为外资企业。如此令人沮丧的事实无疑表明：ERP 实施情况已经成为制约 ERP 效益发挥的一大瓶颈因素。由此得出：企业的 ERP 项目只有在一定科学方法的指导下，才能够成功实现企业的应用目标。一个典型的 ERP 实施进程主要包括以下几个阶段，如图 4－2－1 所示。

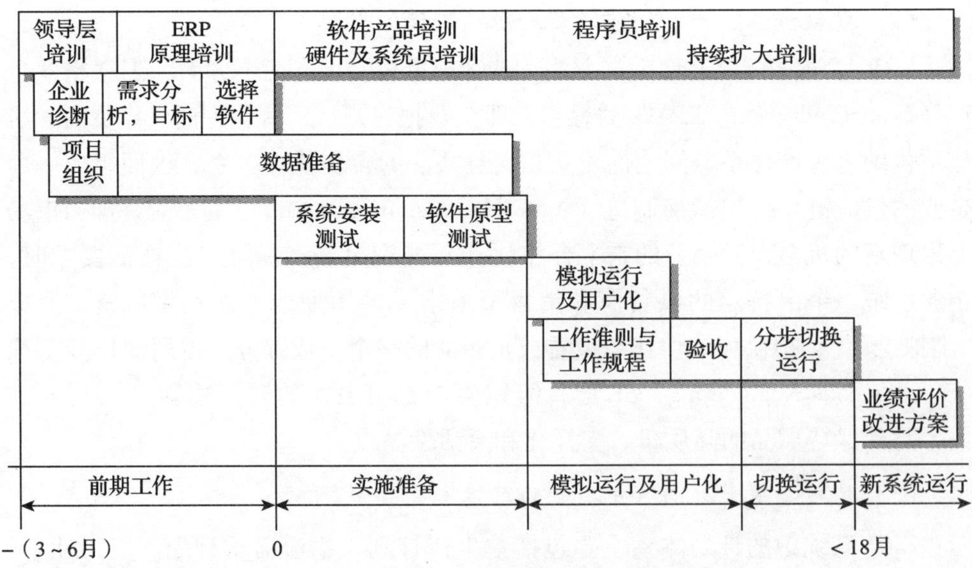

图 4－2－1　ERP 实施进程简图

二、ERP 项目风险分析

多数企业认为，ERP 项目最为显著的成果首先是提高企业的直接经济效益，其次是管理的标准化、规范化，然后是行业竞争力的提高。另外，它还对企业形象改善、管理思维提升、员工积极性的激励方面都有所帮助。其中，认为可提高经济效益的占 63%，更利于科学、规范化管理的占 13%，提升管理思维的占 11%，提升企业形象的占 8%，提高员工积极性的占 5%。通过对失败企业的调查发现：因软件选择失败的占 67%，因管理协调不够而失败的占 13%，因实施步骤过急而失败的占 9%，因人才流失而失败的占 8%，因软件厂商服务支持不够而失败的占 3%。

不难看出，ERP 系统的实施和应用是一项复杂的系统工程，它涉及企业运营的各个方面，国内的 ERP 系统的实施往往缺乏充分的项目准备和有效的实施方法，尤其是对风险的评估和管理认识的不足，存在很大的盲目性和随意性。

ERP 系统建设之所以会失败，原因主要有两个：一是信息化项目具有高度动态性，即由于信息技术本身发展很快，信息化对象的业务流程变化也快，所以开发的信息系统往往跟不上实际的变化。二是信息化项目并不单纯是技术项目，还与管理和人密切相关，因而增加了项目实施的难度。由于在投资过程中导致风险发生的不确定因素众多，因此要对导致风险产生的因素加以识别和分析。

（一）ERP 项目的风险因素分析

通过对 ERP 系统的投资和实施过程分析，以及国内外企业关于 ERP 的实施经验，得知 ERP 系统的风险主要分为外部风险和企业内部风险，如图 4-2-2 所示。

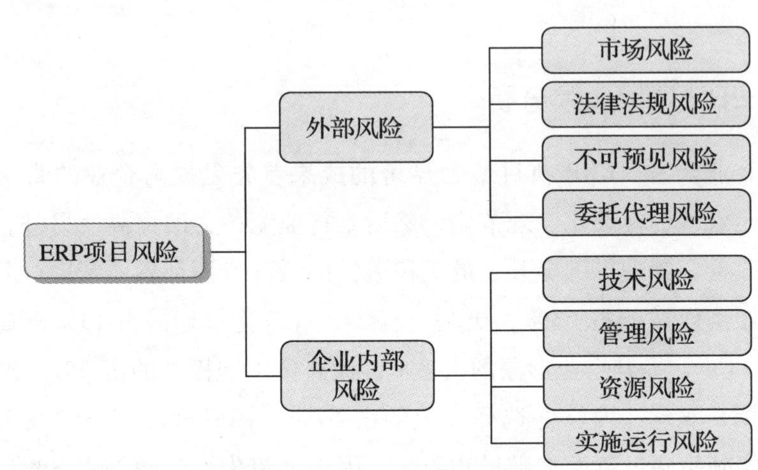

图 4-2-2　ERP 风险因素分析图

所谓外部风险是指影响进行 ERP 项目投资的所有外在不确定因素。这些风险可能是客户对该项投资所产生的产品和服务的需求的不确定性、潜在规则的变化、目标技术的未证明的能力、更加便宜或更高级的技术的出现等的结果。这些风险影响着投资公司从已实现的投资机会中获取回报的能力。主要包括市场风险、法律法规风险、不可预见风险、委托—代理的风险等。

所谓企业内部风险是指影响公司 ERP 投资的所有内在不确定因素。这些风险可能是公司是否具有进行长期投资能力，公司对 ERP 系统投资是否有足够的开发能力，对 ERP 系统应用的适应性等不确定性的结果，这些因素影响着公司成功实现投资机会的能力。企业内部风险比较复杂，也是企业进行 ERP 项目风险分析的重点。各个行业有所不同，一般主要包括：

（1）技术风险。

（2）管理风险。

1）资源风险（资金、技术人员流失 、管理人员）。

2）实施运行风险（需求分析、时间和进度、成本和投资、系统集成、员工培训、质量风险）。

（二）ERP 项目的外部风险分析

企业面临最大的外部风险主要是市场风险。市场是变化的，如果市场对企业所提供的产品和服务需求量增加，那么企业使用 ERP 系统的频率也会增加。

反之，如果市场对企业所提供的产品和服务需求量减少，那么企业使用 ERP 系统的频率也会相应地减少。然而客户对企业 ERP 投资所产生的产品和服务的需求是不确定的、这些风险影响着 ERP 投资公司从已实现的投资机会中获取回报的能力。

ERP 系统必须符合国家的法律法规或行业的要求，特别是财务软件必须得到财政局的认证，此外所购买的 ERP 软件公司一旦经营不善、破产或者从中国撤出，就会失去有力的技术支持、面临巨大的风险。

由于不可预见的风险因素，项目如果不能按期完成，达到预期的效果，其负面效应可能会导致股东、客户或供货商的不满。

在 ERP 项目的外部风险中，最易出现的就是合作风险，包括顾问公司和监理公司风险，本章称为委托—代理的风险。主要风险有：

(1) 伙伴公司的选择

企业在选择战略伙伴时，应多加了解、比较，考查该公司是否有资格、实力，是否有能力参与这项工作，是否取得过成功。

(2) 伙伴公司的组织队伍

战略伙伴有没有适当的项目实施队伍（规模、技能、管理队伍、角色定位等），以适应客户的需要。战略伙伴经理和雇员有没有充足的时间，有没有不同层次的项目成员。

(3) 伙伴公司的业务能力

伙伴公司是否具有可靠的实施方法、实施工具以及管理途径以帮助该客户。

(4) 伙伴公司的参与程度

伙伴公司必须在项目的实施过程中取得适当的权利和地位，保证能够控制整个项目的进展和结果。

(三) ERP 系统实施的企业内部风险

1. 技术风险

(1) 软件选择风险

主要风险有：企业是否清晰地定义了自己的需求和期望，技术方案是否切实符合企业的实际情况，技术方案是否可行。

国内很多企业组织 ERP 系统实施的相关部门讨论，提出项目需求，并与 ERP 软件供货商合作完成了 ERP 总体设计方案；但由于对 ERP 系统的理解不深刻，对企业未来的发展趋势没有把握，提出的 ERP 项目需求不确切和完整，工程目标也不明确。这种情况在企业实施 ERP 系统时普遍存在。因此，在 ERP 项目的实施过程中，系统目标、实施内容和技术方案可能会调整和变更，使之更符合实际需要。

(2) 软硬件选型风险

市场上 ERP 软件数目众多，功能各异。而目前 67% 左右的 ERP 实施失败是由于软件选型不当造成的。不少企业在选择 ERP 系统时，以技术人员为主进行选择而不是以管理人员为主；主要考虑技术适用性而不是管理适用性；只注重 ERP 系统可能带来的效益而忽视了实施 ERP 系统存在的风险。ERP 的实施要有统一的理论指导，详细的计划，合理的实施切入点，完善的实施步骤，尽可能避免盲目性，保证实施过程标准化、有章可循。企业中原先各自分别开发的一些自动化信息孤岛在和 ERP 集成时会发生很多接口上的困难，容易形成系统集成风险。因此，要深入了解各孤岛的内部机制，要将其有机地集成起来，需要进行资料的规范和各方利益的协调以实现数据库的共享。

(3) 技术人员风险

在项目的实施过程中，可能会遇到技术人员跳槽、死亡、病假等情况，企业要具备快速配备人力资源的能力。

2. 管理风险

ERP 实施被人们称为一把手工程，在系统实施过程中，一些关键业务方案的确认必须得到高层领导的支持，从某种程度上讲，ERP 系统实质上是对企业管理模式的革新，因此一定要得到高层领导的充分支持，所以高层领导的重视程度会在很大程度上影响 ERP 系统成功实施的。

ERP 系统的实施是一个管理项目，而非仅仅是一个 IT 项目，不少企业高层管理人员尚未认识到这一点，一味地认为是 IT 部门和技术人员的事情；同时 ERP 带来的不仅仅是一套软件，更重要的是带来了一整套先进的管理思想。企业中的管理人员很难接受这种思想，甚至有可能会阻碍它的贯彻。由此种种现象，需要企业管理人员转变认识并加以改善。只有深刻理解、全面消化吸收了新的管理思想，并结合企业的实际情况加以运用，才能充分发挥 ERP 系统带来的效益。因此，在实施过程中企业管理人员和业务人员转变管理思想是一个必不可少的痛苦过程，顺利转变管理思想，从某种意义上而言是 ERP 系统成功实施的最关键的因素。

（1）业务流程重组风险

实施 ERP 系统，必须对企业的业务流程进行重组，但是业务流程的重组势必牵涉到人员的变动、权力利益的重新分配、组织机构的改变，会触及某些人的既得利益，因此形成很大的阻力，往往使领导者望而却步，保留原有冗余、低效的流程将使先进的 ERP 系统失去用武之地。值得提醒的是：ERP 项目在实施过程中，可能会比实施前遇到更多的麻烦，可能会破坏正常的业务流程，并影响业务的连续性，从而对工作造成短期影响。

另外，企业过多地迁就现有流程，以现行的流程评估 ERP 系统，对商品化的 ERP 软件提出过多不切合实际的客户化修改，也会影响 ERP 系统效果的正常、充分的发挥。

（2）组织结构调整风险

为适应 ERP 系统带来的改变，企业必须在组织架构和部门职责上作相应的调整。因此，实施 ERP 系统往往需要同时进行企业流程重组和改善的工作。在流程改组中，会涉及部门职能的重新划分、岗位职责的调整、业务流程的改变、权力利益的重新分配等复杂因素，如果企业不能妥善地处理这些问题，将会给企业带来不稳定因素。

（3）管理的持续改善风险

ERP 系统一旦上线试运行，许多人便大松一口气，一旦碰到新问题往往便怨天尤人。其实任何一个信息系统都有相当长的试运行、维护期，经过一段时间后，又会发现新的问题，提出新的需求，因此需要持续不断的改善，对此应有思想准备。

（4）实施队伍组织与协调风险

任何一个项目都需要一个团结、有效交流的集体来实施，在任何项目的实施过程中，都会产生意见分歧，对于如何建立一个人力资源配置合理的、有效的组织，如何进行交流和沟通是项目能否顺利进行的关键。

实施队伍和实施人员对于 ERP 系统的成功实施至关重要。由具有丰富 ERP 系统项目实施和企业流程管理经验的咨询人员和企业内部的管理人员、业务人员以及技术人员一起组成项目实施小组，共同进行项目实施工作，可以提高 ERP 系统实施的成功率，缩短实施周期，减少实施风险。

由于 ERP 系统是一个管理系统，而非 IT 系统，在项目实施过程中，企业中、高层管理人员的参加很重要。因此，ERP 项目组的成员应以相关业务管理人员为主，IT 技术人员为辅。

在实施项目的组织中另一个突出的问题是：由于 ERP 系统的复杂性，在实施过程中涉及的部门很多，许多实施工作需要各部门的协作才能完成，因此，如何协调部门之间的工作、统筹安排跨部门的实施人员、避免出现扯皮现象是一个亟待解决的问题。

(5) 业绩考评体系转变风险

由于企业组织结构和业务流程的调整，企业必须对业绩考评体系进行相应的调整，以适应新的岗位职责和业务要求。能否顺利地将原有的业绩考评体系转变到适应新系统的业绩考评体系，是对企业的一个考验。

3. 资源风险

在项目的实施过程中，由于外界经济环境的影响，企业可能会遇到流动资金紧张的情况，或者由于管理人员和技术人员跳槽、死亡、病假等情况的发生，也会影响 ERP 系统实施的进度和质量，因此企业应该建立相应的人才储备库。

4. 实施和运行风险

(1) 需求、目标和范围

如何实施 ERP，需要对企业内部的需求进行周密细致的研究论证，一些表面的用户信息需求是容易得到满足的，而更深一步的企业独特性的需求才是需要予以考虑的。

(2) 进度风险

许多 ERP 实施项目在一开始就没有能够制定明确的、可行的实施计划，在实施过程中不能按时实现里程碑性的目标，造成项目最终半途而废或系统上线严重延误。ERP 系统实施通常需要 3 ~ 6 个月，甚至一年的时间。在这一漫长的过程中，进行项目管理、控制项目进度、确保整个实施过程能够按照预计的时间表进行，对项目的成败至关重要。

在许多 ERP 系统的实施中，软件供货商或系统集成商往往按照服务天数提供服务并收取费用，如果在实施过程中出现种种预料之外或不可控制的情况，由于双方既定的服务天数已到，服务者或者停止服务或者增加费用，由此给用户带来损失或额外支出。这种按照服务天数提供服务并收取费用的方式容易造成实施成果与费用脱钩的现象。

（3）成本风险

不少企业由于不能按照项目时间进度计划开展实施，造成时间的延误和实施成本的上升，即使最终系统上线，也不能符合时间和预算的要求，客观上造成实施的不成功。

ERP 系统的实施成本通常包括硬件费用、软件使用许可费用和软件培训费用、实施咨询费用及维护费用等。根据国外 ERP 系统实施的成熟经验，一般实施咨询费用是软件使用许可费用的 1.5 ~ 2 倍。国外企业已经普遍意识到咨询顾问在 ERP 系统实施过程中不可替代的作用，但国内不少实施 ERP 系统的企业尚未认识到这一点，从而在系统实施过程中遇到种种困难，甚至最终不能成功实施。

在实施过程中，如何合理地分配实施费用，结合项目进度和时间安排，将实施成本控制在计划之内，是每一家实施 ERP 系统的企业需要认真对待的问题。

（4）系统集成风险

企业原来各自分别开发的一些自动化信息孤岛在和 ERP 集成时会发生很多接口上的困难，要深入了解各孤岛内部机制，将其有机地集成并非一件易事。员工培训 ERP 系统是一套新的系统，肯定有企业内部人员不了解的地方，因此人员的培训至关重要，负责实施的人员必须与企业管理人员一起制定一系列培训制度，严格进行培训考核。

（5）质量风险

除了对 ERP 项目实施需要进行时间和成本的控制，对实施的质量及最终实施的结果也需要作出评价。不少企业在实施之初没有制定实施的目标和期望，在实施过程中未能随时控制实施质量，在实施完成时不知道如何进行实施成败的评估，造成“为上系统而上系统”“系统上线就算成功”的现象，这就为企业的长远发展埋下了危险的种子。

为了保证工程质量，业务流程重组时，需要设计工程质量控制和监督环节。过多的控制环节，必然降低工作效率，延长工程进度；控制环节不足，又会使工程质量失控。因此，设计控制环节时，需要兼顾质量和效率。

（6）运行风险

基础资料是 ERP 系统运行的前提，它的准确与否直接影响系统能否正确、顺利地运行，因此，企业制定的岗位责任要规范，制度要明确，权责要清晰。

系统安全运行是 ERP 系统正常使用的重要保障。系统安全包括操作系统授权、网络设备权限、应用系统功能权限、资料访问权限、病毒的预防、非法入侵的监督、资料更改的追踪、资料的安全备份与存盘等。

因此，企业实施 ERP 系统是效益与风险并存。只有正确认识风险，控制风险，进而降低风险，才能成功实施 ERP 系统，充分享受 ERP 系统给企业带来的巨大效益。

三、项目期权分析

在 ERP 项目投资决策过程中，存在着管理柔性。项目投资决策者可以将投资延迟到条件更为有利的时候进行，或者在条件变得不令人满意时完全取消投资，或者可以进一步改变投资的规模。因此 ERP 项目投资存在各种期权价值，主要有等待期权、放弃期权、改变项目投资规模的期权以及学习期权等。

（一）等待期权

管理者在进行 ERP 项目投资决策时，可以将投资延迟到条件更为有利的时候进行，或者在条件变得不令人满意时完全取消投资。实物期权理论告诉我们，距离期权到期日时间越长，期权价值越大。一方面，等待可以获得一些有用的信息，决策者可以通过分析这些信息，能够更好地把握投资成本和收益的不确定性。另一方面，等待也具有机会成本，可能会由于延误时机，丧失一部分利润。因此，决策者需要在 ERP 项目投资的每一个决策阶段，定量地分析比较立即投资获得的收益增加与等待不确定性解决所避免的损失，以确定最好的投资策略。管理者可以考虑创造以下机会，通过等待来解决不确定性。

1）分析 ERP 项目投资的哪些阶段和活动，采用等待策略是有利的，并且尽可能将这些阶段安排在后面。例如：ERP 项目投资的设备采购，由于设备更新速度很快，价格总体上有下降的趋势，延迟采购可以获得较低价格的设备；软件新技术开发速度加快，延迟投资也可以获得采用一些新技术的机会。

2）在每一个投资决策阶段，可以通过等待，收集到关键性的信息变化，这样就延长了获取系统信息机会的截止时间。

3）如果能够预期到会有一个新的技术或者方案可以更可靠地达到预期的投资目标。可以延迟项目投资的起点。

4）投资购买软件开发工具和采用先进的方法和软件构架，这样可以允许延迟进行关键性的决策，但是却不会影响项目的整体进度。

（二）放弃期权

如果市场条件恶化，公司投资战略变化或者 ERP 项目的实施成果不理想，管理者可以放弃投资，应用实物期权理论分析证明得出项目放弃期权比没有放弃期权更有价值。特别是当项目的不确定性很高时，更是如此。ERP 项目具有较高的不确定性，因此要采用以下措施规避风险：

1）如果市场条件恶化，ERP 项目的实施成果不理想，ERP 项目投资可以被放弃，待时机成熟后再投资。然而在企业 ERP 项目投资中，即使 ERP 项目已经是一个失败的项目，系统建成后，不能达到预期的目的，反而还给企业带来了巨大的运行和维护费用，但是企业管理人员会认为这是自己个人的失败，还要继续进行投资。因此，要在企业中建立一种文化：认识到 ERP 项目投资是高风险投资，是否决定放弃应以项目未来的收益和实施效果为基础而不是沉没成本。

2）构建一个综合性的专家评价团队对是否放弃 ERP 项目进行全面的客观评价，最后做出决定。这样会减少决策失误。

（三）改变项目投资规模的期权

这类期权存在于 ERP 项目的投资过程中，在每个投资决策阶段，如果市场环境发展或者项目实施效果比预期的要好，那么管理者可以扩大投资。反之，如果市场环境发展或者项目实施效果比预期的要差，管理者可以缩小投资规模。

1）在ERP系统各模块设计原型的基础上，增加一些扩展功能的设计。

2）采用统一的软件设计技术和开发语言，便于系统功能的扩展。

（四）学习期权

ERP系统模块在某些部门的实施，可以为将来在企业内全面实施积累一些宝贵的经验，并且为管理者提供了关于ERP项目总收益的信息，为管理者在下一阶段投资决策提供科学依据。例如，管理者可以选择购买一些最佳组件，然后在这些部门试运行，进一步为其他部门选择运用最佳组件，设计和开发中间件，最终实现系统综合的集成。

四、基于实物期权的风险规避策略

ERP项目的投资管理者可以通过风险识别以及采用有效风险管理策略来管理ERP项目的风险，如表4－2－1所示。风险管理策略主要包括减小风险和减轻风险对项目的影响。管理者可以同时采用这两种策略来管理风险。在ERP项目风险管理中，大多数管理者采用传统的风险管理方法，他们对项目进行风险分析，编制成风险清单，通过各种风险的相关概率来评价项目的风险水平。然而这种方法没有考虑到管理中的柔性和项目中存在的期权。基于实物期权的风险规避方法考虑到了项目管理中的柔性和项目中存在的期权，本章在对ERP项目进行期权分析的基础上，采用期权的方法来减轻风险对项目的影响。

表4－2－1　ERP项目的风险管理策略表

ERP风险	风险减少策略	风险规避策略
业务改变导致用户需求的改变	通过对企业各个部门，各级管理者和工作人员的访问来发现不同类型的不确定性以及对项目投资不同阶段的作用 在ERP项目的实施过程中，对系统目标、实施内容和技术方案进行适当的调整和变更，使之更符合实际需要	推迟受不确定性影响的项目投资阶段 与软件供货商签订规模合同

（续）

ERP 风险	风险减少策略	风险规避策略
用户缺乏对自己需求的了解和忽略需求导致需求的改变	频繁的用户回访和通过图表、模型培训和用户进行良好的交流 在系统实施过程中，进行有效的项目管理，控制项目进度，确保整个实施过程能够按照预计的时间表进行	推迟受不确定性影响的项目投资阶段 与软件供货商签订规模合同
硬件和软件价格风险	在合同中加入条款	延迟购买硬件和软件
硬件和软件技术风险	在合同中加入条款	延迟硬件和软件选择
技术实施风险 选型风险	聘请经验丰富的咨询专家 制定统一的理论指导、详细的计划、合理的实施切入点、完善的实施步骤，尽可能避免盲目性	扩展功能 采用分阶段投资策略 与软件供货商签订规模合同 放弃
管理支持风险	解释项目的成本和收益以及期权价值	扩展功能 采用分阶段投资策略 与软件供货商签订规模合同 放弃

第三节 ERP 项目投资收益和成本分析

本节针对 ERP 项目投资中投资成本和未来的收益的不确定性以及投资收益评测困难的问题，对 ERP 项目投资中的未来收益和投资成本进行了不确定性分析，并且构建 ERP 价值创造系数模型，采用模糊综合评判法，对 ERP 项目实施后给企业带来的无形收益进行有效的量化。

一、ERP 项目投资收益分析

导致信息系统投资失败的原因有很多，研究表明，缺少对信息技术投资收益正确的决策评估是主要原因之一。一些研究者认为有相当数量的信息技术投资收益并没有进行恰当的分析与评价。事前的决策评估如果有什么遗漏或失误，给企业带来的损失将是严重的。由于缺乏普遍接受的信息技术投资决策指导，很多公司没有正规的IT投资决策程序，缺乏恰当的、可以评估项目目标的审计技术。分析ERP给企业带来的收益主要具有以下特点：

1）ERP系统的应用既可以产生有形效益，如降低库存费用、减小场地面积、节约材料费用、降低人工费用以及提高产品质量等，也可以为企业带来诸如提高柔性、缩短前置时间和生产周期、提高企业对IT的学习能力（学习效应）以及提高对用户服务水平等无形效益。在评价时必须解决有形效益的正确计算和无形效益的量化问题。

2）ERP系统的应用具有影响企业整个生产经营活动的能力，可以将ERP应用的效益分为直接效益和协同效益。前者是指ERP应用在其主要应用部门使用所产生的效益，后者则是指通过资料交流在其他部门所产生的效益。在ERP应用评价时必须重视协同效益的估计，以避免成本的遗漏和重复计算问题。

3）ERP系统发挥作用时间较长，特别是那些不易量化的效益更是如此。在进行可行性评价时必须注意其长期效益。

4）ERP系统投资效果发挥的滞后时间可能长达2年或更长。这种滞后效应，难以通过比较投入与产出确定ERP系统的效益。

ERP是当今企业信息技术投资的热点之一，因此，只有全面正确地估计投资收益，才能准确地评估ERP项目投资的潜在价值。

（一）ERP项目投资收益分类

企业信息技术投资收益主要是指企业信息化投入所带来的有形收益和无形收益的总和，体现出信息技术投资的商业价值。企业信息技术投资的有形收益表现为减少交易与运营成本、降低物耗、节约劳动力成本、提高效率和改进质量等，体现在企业业务处理活动的效率方面。无形效益主要是指企业整体应变能力和素质的提高，主要是指企业活力及内在素质的改善等。企业活力是企业实现企业价值、适应外界环境变化的应变力、创新力和竞争能力，突出体现在企业获取、利用和挖掘信息的能力上面。内在素质主要是指企业的信息化认识和能力水平以及企业员工综合素质等。

ERP 是现代企业信息技术投资的热点之一。调查研究表明，企业投资 ERP 系统的主要动机来自于：①提高运作效率；②给管理者提供良好的决策支持系统，提高决策的准确性；③减少成本；④获得市场竞争优势，赶上竞争者；⑤满足客户的期望；⑥实现 IT 战略。

但是在 ERP 的实施中包含着许多隐性的、非财务的成本与收益，因此 ERP 投资收益的识别非常复杂，其决策过程也是异常困难的。很多企业都知道 ERP 的应用会提高运营效率，却不知道具体会提高多少，表现在哪些方面。这种价值的不确定性，让企业在事前决策时会犹豫不决。曾有一项调查表明，有 35% 的企业因为无法确定 IT 项目所能带来的价值而不得不放弃项目。而在已投资的项目中，大部分企业都是建立在对 IT 的主观信心之上的，只有 16% 的企业采用严格的方法进行 IT 的投资决策评估。

ERP 在企业应用过程中给企业带来的效益主要体现在自动化产生的效益、信息共享或集成产生的效益以及由于信息系统的应用而导致组织变革（如流程再造、职能调整等）产生的效益这三大部分。如图 4 －3 －1 所示。

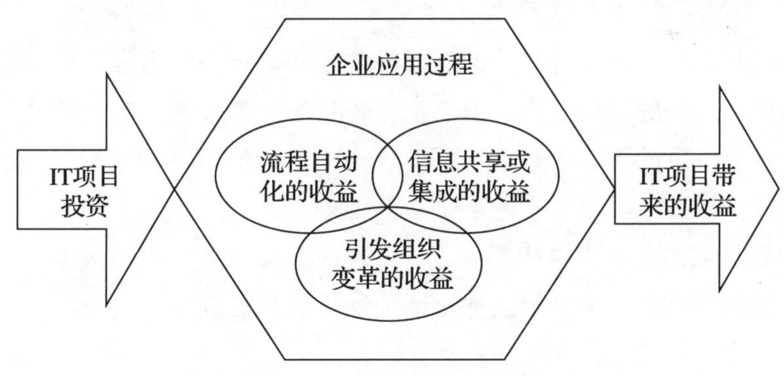

图 4 －3 －1　ERP 系统对企业的影响机制

本章将自动化产生的效益归为有形收益。常见的有形收益包括降低产品成本、降低库存费用、节省生产场地、提高劳动生产率等。ERP 系统上线后优化整合了企业整条供应链，降低了企业供应链的运作成本，提高了供应链的运作效率。将信息共享或集成产生的效益，以及由于信息系统的应用而导致组织变革归为无形收益。常见的无形收益包括提高产品质量、缩短生产周期、缩短满足需求的前置时间、提高对新技术的学习能力、提高企业对环境适应的能力（柔性）、提高用户对产品与服务的满意程度、改善公司形象、培养企业文化等。

对于ERP系统，其投资收益更多地体现为无形收益。例如企业投资ERP不仅仅看重ERP系统上线会大大降低存货水平、减少场地空间的占用、提高产品的质量，使企业在废品、返工和浪费上大幅度降低，以及维持市场份额能力的增强，而且更加看重ERP系统使得企业能对顾客的需求、市场条件和竞争对手的变化进行快速反应；提高企业的弹性生产的能力，同时也使得企业在学习和成长方面得到改进，增强组织的学习能力。然而所有这些收益因难以量化，在传统投资决策中经常被忽略。但对于ERP投资来说，无形收益和一部分间接收益对项目的可行性有着至关重要的影响，并且具有很大的不确定性。忽略了这部分收益和收益的变化，将会使ERP投资方案因不可行而被舍弃，企业也将因错过了ERP项目投资的机会而丧失其竞争地位，承受因决策失误而带来的不可估量的损失。因此ERP项目投资收益评价是ERP项目投资决策的重要部分。下面将详细地分析了ERP上线后给企业带来的有形收益和无形收益。

（二）有形收益的不确定性

ERP项目运行后给企业带来的有形收益主要体现在成本的节省、运作时间的减少和工作效率的提高上面。由于企业产品市场需求的不确定性，ERP实施后每年给企业带来的有形收益也是不确定的。因此在ERP项目投资决策期内系统地预测和分析有形收益的不确定性是十分必要的。

IT项目一般的收益来自于直接减少处理一系列业务流程的成本，或者表现在产品产量的提高。一个关于这种效果简单的模型是：

$$V^t = N^t \times c \qquad (4-3-1)$$

其中V^t是t时刻点这项应用的收益。N^t是在t时刻点这项应用所支持的活动总的需求量，c表示当研究应用实施时业务过程中成本的节省量。

Mukhopadhyay等通过研究Chrysler公司应用基于EDI的采购系统所获得的收益，经验性地证明了这个模型。他们发现EDI采购系统的应用节省了过去花在记录工作上时间，例如文档处理等，从而节省了物流成本。并且它证明了与手工交易相比，这种电子交易更加稳定可靠，所以总的收益与EDI的渗透成正比。将式（4-3-1）应用于这个例子，N^t代表可支持外部交易的数量，并且被采用与之兼容系统的商业伙伴的数量所决定。同样如果是支持内部交易，N^t

主要依赖于公司销售的增长。

本章采用了 Hochstrasser 的这个模型研究了 ERP 系统给企业带来的有形收益。假定 G^t 为第 t 年市场对企业产品的总的需求量。G^t 是不确定的，因此 ERP 实施后每年给企业带来的有形收益也是不确定的。

一件产品从原材料采购，到生产，再到销售服务，经历了整条企业的供应链，ERP 系统实现了企业整条供应链上信息的集成，因此当 ERP 系统成功实施后，企业生产销售单位产品相比与未安装这个系统时，节省了成本。其中节省成本的领域主要包括以下方面：

1）大多数手工作业转化为系统自动化运行，提高了工作效率，从而减少了工作人员。

2）维持定量的工作人员可以增加工作量。

3）减少运行费用。

4）由于自动编辑或确认减少了错误率。

5）确保文件或交易的快速处理和周转。

6）减少不良账单或不良信贷的损失。

7）严格控制库存，可以降低库存成本，减少由于过期造成的损失。

8）更快地收取可收账款。

9）采用批量折扣购买减少商品成本。

10）采用电子资料交换和其他自动化手段减少文本工作的成本。

企业采用 ERP 系统后获得的有形收益期望现金流的模型是：

$$C^t = G^t \times b \tag{4-3-2}$$

式中，用 b 表示企业应用 ERP 系统后，相对于未安装 ERP 系统时单位产品经历企业整条供应链总的成本节省量，设其为定值。

C^t 表示企业在第 t 时刻应用 ERP 系统所获得的有形收益期望的现金流。现在将模型应用于 ERP 收益不确定性分析。

由于市场竞争环境的变化，外部商业风险的改变以及其他一些因素的影响，t 时刻市场对企业产品的需求 G^t 是不确定的。很多经验研究表明：G^t 是一个生产扩散过程，饱和几何布朗分布可以很好地描述这个现象（Mahajan 等和 Premkumar，Pfeiffer 对 EDI 扩散建立了模型）。假设 G^t 服从几何布朗运动，G^t 的微分量 $\mathrm{d}G^t = \alpha G^t \mathrm{d}t + \sigma G^t \mathrm{d}W$，因为需求量不会为负值，所以 $\ln(G^t)$ 服从带有

漂移量的简单布朗运动。因此

$$dg^t = \left(\alpha - \frac{1}{2}\sigma^2\right)dt + \sigma dW,\ t \in \{1,\ \cdots,\ T\},\ g^t = \ln G^t \quad (4-3-3)$$

b 是常数。假设现金流量 C 是一个连续变量，这样就表示 C 也服从几何布朗运动，所以 ERP 项目投资有形收益现金流 C 的变化可以表示为:

$$dC = \alpha C dt + \sigma C dW \quad (4-3-4)$$

其中 $\alpha C dt$ 是在 dt 时间段内现金流有形收益的变化量，α 是在系统使用期内收益的增长率，α 可以为正数也可以为负数。例如：当企业有效使用 ERP 系统，使产品的研发和生产周期缩短，市场竞争力增强，从而增加了产品的市场销售量时，α 就是正数。如果企业的竞争对手也引进了先进的 ERP 系统，导致企业丧失了竞争优势，企业的附加收益逐渐减少，则 α 是负数。$\sigma C dW$ 表示 C 的随机偏差，dW 是 Gauss-Wiener 过程的增量，这一过程与整个经济活动相关。

ERP 项目投资者在投资决策期内某一决策点 t 投资引进 ERP 系统。如果从投资决策点 t 企业就开始获得有形收益的现金流 C 直到在 ERP 系统寿命期 T^* 结束，那么在风险中性的假设下，企业所获得的总的有形收益现金流 $V(C,\ t)$ 为

$$V(C,\ t) = E_Q\left[\int_t^{T^*} C(\tau)e^{-r_f}\tau\right] \quad (4-3-5)$$

其中 Q 表示风险中性的测量，在在风险中性的假设下，现金流 C 的变化为

$$dC = (\alpha - \eta_c)Cdt + \sigma C dW^* = \alpha^* Cdt + \sigma C dW^* \quad (4-3-6)$$

其中，η_c 是由于现金流的不确定性的风险贴水，dW^* 是在风险中性假设下，Gauss-Wiener 过程的增量，因此在（t，T）区间的积分结果为

$$V(C,\ t) = -\frac{C}{r_f - \alpha^*}\left[1 - e^{-(r_f - \alpha^*)(T^* - t)}\right] \quad (4-3-7)$$

但是实际中企业在 ERP 上线后才开始获得有形收益现金流，假定企业在 ERP 项目投资决策 t 后 τ 年开始收益现金流，那么 $V(C,\ t)$ 将变为

$$V(C,\ t) = E_Q\left[\int_{t+\tau}^{T^*} C(\tau)e^{-r_f}\tau\right] \quad (4-3-8)$$

$$V(C,\ t) = -\frac{C}{r_f - \alpha^*}\left[e^{-(r_f - \alpha^*)\tau} - e^{-(r_f - \alpha^*)(T^* - t)}\right] \quad (4-3-9)$$

其中 $\alpha^* = (\alpha - \eta_C)$。

（三）无形收益的量化

ERP系统实施成功给企业带来的无形收益包括提高产品质量、缩短生产周期、缩短满足需求的前置时间、提高对新技术的学习能力、提高企业对环境适应的能力（柔性）、提高用户对产品与服务的满意程度、改善公司形象、培养企业文化等。但是这些无形收益范围广泛，难以量化，因此ERP给企业带来的无形收益的量化评测一直是企业ERP项目投资决策中的难题。

Kalafut和Jonathan Low提出可以用无形价值创造系数模型（The Value Creation Index Model）来量化企业的无形价值。本章在认真分析了ERP无形收益特点的基础上，构建了ERP价值创造系数模型，采用模糊评判方法，量化了ERP系统实施成功给企业带来的无形收益。

ERP价值创造系数模型中列出了9个价值动力，这些价值可以合并成一个测量企业非经济表现的测度—价值创造系数。它表示了这些无形的价值动力对企业价值创造总的影响程度。当企业的价值创造系数增长时，企业的市场价值创造也会相应地增长。ERP系统是一种先进的管理理念和管理方法，系统给企业带来的无形收益可以增强企业原有的价值动力，提高企业的价值创造系数（VCI），给企业带来较高的市场盈利能力。ERP系统成功上线会对企业9个价值动力有所影响，如图4-3-2所示。评价指标和评价方法如下：

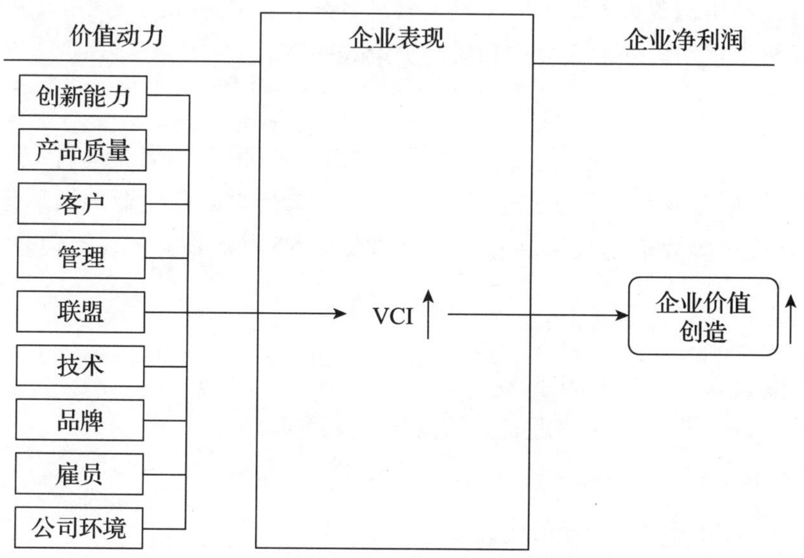

图4-3-2 ERP价值创造系数模型

1. 评价项目指标

(1) 公司的创新能力 X_1

1) 实现企业研发的标准化管理（等级）X_{11}。

2) 提高研发管理水平 X_{12}。

3) 提高技术创新能力 X_{13}。

(2) 产品质量 X_2

1) 提高产品质量（产品合格率）X_{21}。

2) 缩短生产周期 X_{22}。

(3) 客户 X_3

1) 缩短满足需求的前置时间 X_{31}。

2) 提高用户对产品与服务的满意程度（客户满意度）X_{32}。

(4) 管理 X_4

ERP 系统为企业各级管理者提供及时准确的信息，提供了良好的决策支持系统，使企业中高层决策者能够洞察企业的历史和现状，迅速做出调整和规划。提高决策的效率和准确性。

1) 提高组织中多人共同决策效率 X_{41}。

2) 提高组织中一人（如：中高层管理者）决策效率 X_{42}。

3) 提高组织内外的人合作和谈判决策效率 X_{43}。

(5) 联盟 X_5

如今，国内很多企业正在走向国际化，国际上很多知名企业都有 ERP 系统。如果国内企业没有一套先进的 ERP 系统，会严重阻碍企业的国际化进程。企业会丧失很多战略同盟和供应商。因此投资 ERP 会影响企业的联盟数量和关系。

1) 战略伙伴的数量和关系 X_{51}。

2) 供应商的数量和关系 X_{52}。

3) 市场销售联盟（代理商）的数量和关系 X_{53}。

(6) 技术 X_6

1) 提高对新技术的学习能力 X_{61}。

2) 获得市场竞争优势 X_{62}。

3）实现 IT 战略规划 X_{63}。

(7) 品牌 X_7

品牌的知名度。

(8) 雇员 X_8

ERP 系统上线后会使企业部门、岗位职责清晰、责权分明，业务流程规范，因此给企业带来如下变化：

1）管理人员减少 X_{81}。

2）员工工作效率提高 X_{82}。

3）员工素质提高 X_{83}。

(9) 环境 X_9

1）提高企业对环境适应的能力（柔性）X_{91}。

2）改善公司形象 X_{92}。

3）培养企业文化 X_{93}。

2. 无形效益的量化

(1) VCI 的改变量 δ 的确定方法

1）调查方法。

无形收益，可通过合适的提问方式将其与降低成本或提高经济收入相关联。例如对于无形效益“缩短对用户供货的前置时间”，可以这样提问：“如果成功实施 ERP 系统，企业用户供货的前置时间能缩短吗?”如果回答为“是”，下一步提问：“如果供货的前置时间能缩短，您认为会使企业的供货前置时间相对于未安装系统时有何种程度的改善?”回答可能是“好”“较好”“一般”“较差”。然后通过模糊综合评判法，可以求出 VCI 的改变量 δ，来量化 ERP 系统给企业带来的无形收益。

2）评价专家的选取。

评价 ERP 系统给企业带来的无形收益的专家队伍应该从 ERP 软件供应商、咨询服务商和企业内部各个项目部门中选取。这样可以对 ERP 系统无形收益进行比较全面的评价。

3）评价指标权重的确定。

企业的战略目标不同，因此不同性质的企业引进 ERP 系统的目标也不同。

在采用模糊综合评判法评价的过程中，评价指标权重的确定应紧密地结合企业的战略目标。例如，研发制造类企业引进 ERP 系统的主要目的是提高企业的创新能力，那么在确定评价指标权重时，9 个价值动力中创新能力权重应该大于其他几项。如果是商业性质的企业引进 ERP 系统的主要目的可能在于增进企业与该企业联盟之间的关系，因此在确定评价指标权重时，9 个价值动力中联盟关系的权重应该大于其他几项。

（2）模糊评判方法

1）划分因素集 U。

对因素集 U 做划分，即 $U=\{U_1, U_2, \cdots, U_n\}$

式中，$U_i=\{U_{i_1}, U_{i_2}, \cdots, U_{i_k}\}$，即 U_i 中含有 k 个因素，并且满足以下条件：

$$\bigcup_{i=1}^{n} U_i = U$$

2）评语集的确定。

评语集是“好，较好，一般，较差”的评价。

3）单因素评判矩阵 R 的确定。

评语集是“好，较好，一般，较差”的评价。其中，对软指标，可通过问卷调查，统计计算，其值为 0 和 1 之间的数；对硬指标，单因素评判矩阵的元素 r_{ij} 是由原始数据 X_{ij} 经标准化处理得到的，方法如下：

若指标为正向指标，则有

$$r_{ij}=(X_{ij}-\min_i X_{ij})/(\max_i X_{ij}-\min_i X_{ij})$$

若指标为逆向指标，则有

$$r_{ij}=(\max_i X_{ij}-X_{ij})/(\max_i X_{ij}-\min_i X_{ij})$$

指标权重矩阵 $\boldsymbol{W}$ 的确定。

4）选择适当的算子。

在确定了评价矩阵 $\boldsymbol{R}$ 和权重矩阵 $\boldsymbol{W}$ 之后，本章采用普通矩阵乘法这一算子对矩阵进行合成运算。

5）进行模糊综合评判。

由于指标的因素集划分为两个层次，故需进行两级模糊综合评价。

①初级评判。对每个 $U_i=\{U_{i_1}, U_{i_2}, \cdots, U_{i_k}\}$ 的 k 个因素，做初级评判。

设 U_i 的因素重要程度模糊子集为 $\underset{\sim}{\boldsymbol{A}}_i$，$U_i$ 的 k 个因素的评价矩阵为 $\underset{\sim}{\boldsymbol{R}}_i$，

$\underset{\sim}{\boldsymbol{A}}_i \times \underset{\sim}{\boldsymbol{R}}_i = \underset{\sim}{\boldsymbol{B}}_i$，$i=1, 2, \cdots, n$

式中，$\underset{\sim}{\boldsymbol{B}}_i$ 组成二级评判的单因素评价矩阵。

②二级评判。设 $U=\{U_1, U_2, \cdots, U_n\}$ 的因素重要程度模糊子集为 $\underset{\sim}{\boldsymbol{A}}$，且 $\underset{\sim}{\boldsymbol{A}}=(\underset{\sim}{A}_1, \underset{\sim}{A}_2, \cdots, \underset{\sim}{A}_n)$，$U$ 的总的评价矩阵 $\underset{\sim}{\boldsymbol{R}}$ 为由初级评判得到的 $\underset{\sim}{\boldsymbol{B}}_i$，最后得到综合评判结果，即

$$\underset{\sim}{B}=\underset{\sim}{A}\times\underset{\sim}{R}$$

通过模糊综合评判法，可以求出 VCI 的改变量 δ。

(3) 无形收益计算

企业在第 t 时刻应用 ERP 系统给企业带来的净利润 D^t 与企业产品的市场需求 G^t 有关，因此也是不确定的。

$$D^t = G^t \times p$$

其中，p 为单位产品的净利润。与总的有形收益 $V(C, t)$ 的计算相似，利用式（4-3-9），在 ERP 系统使用年限内企业总的净利润值 $V(D, t)$ 为

$$V(D, t) = -\frac{D}{r_f-\alpha^*}\left[e^{-(r_f-\alpha^*)\tau}-e^{-(r_f-\alpha^*)(T^*-t)}\right] \quad (4-3-10)$$

ERP 给企业带来的总的无形收益现金流计算式为

ERP 总的无形收益现金流 $=\delta\times$ ERP 系统使用年限内企业总的净利润

$$= \delta \times V(D, t) \quad (4-3-11)$$

利用上述方法可以有效地量化 ERP 给企业带来的无形收益。

二、ERP 软件的投入成本

ERP 项目的投入总成本主要是由软件价格成本、咨询培训费用、项目成本和运行费用四部分组成。

（一）ERP 软件价格成本

ERP 软件价格成本 p 是 ERP 软件供货商所开发的 ERP 软件的市场价格，主要包括软件购买费用和软件许可证费用。

ERP 系统的软件市场价格最低的要几万，最高的要几千万。分析一下目前

市场上的 ERP 软件，大致可以分为以下三个档次：

1. 高端的 ERP 软件

主要是 SAP 的 my SAP. com 和 Oracle Application 这两种产品。它们功能强大，操作非常复杂，实施难度大、周期长。要成功实施这样的 ERP 软件，价位一般在几千万元以上。这样的系统适合大型企业集团，业务需求纷繁复杂，并有充足的预算。

2. 中端的 ERP 软件

主要是全国排行在前十名的 ERP 软件。这些软件在一些行业领域的跨国公司管理方面有成功的经验，往往在某个或某几个行业具有专业版本和相当强的优势。例如神州数码的易飞 ERP，在机械、电子、五金等诸多行业拥有全面成熟的解决方案。

3. 低端的 ERP 软件

主要是全国排行在十几到一百名的 ERP 软件。这些 ERP 软件功能实用，易于掌握，实施周期短。由于 ERP 软件起源于机械、电子行业，并且在这些行业应用最广，因此低端的 ERP 软件在这些行业应用最多；其次，在生产工艺和产品结构相对简单的行业应用广泛，如食品饮料行业、医药行业等。这些 ERP 软件系统功能实用、方便灵活，在中小型企业市场上有众多的应用客户。

由此可见，市场上 ERP 系统软件的品牌和供货商很多，如国外的 SAP，国内的金蝶、用友等，其推出 ERP 软件的模块、功能以及可扩展功能各有特色。国外的 ERP 软件供货商，所提供的软件系统质量较高，系统运行稳定，维护费用较低，软件所提供的功能可以满足公司未来业务量的需求量，但是价格也很昂贵。国内的 ERP 软件供货商，所提供的软件系统质量，近些年来有所提高，其价格也相对国外的 ERP 软件低。所以在 ERP 项目投资中，选型对 ERP 投资者来说至关重要。本章假定可以用 ERP 软件系统级别系数 X 来定义 ERP 软件的质量、系统稳定性、可扩展性、维护性以及培训服务的等级。

设 X 是一个连续的变量，$0\leqslant X\leqslant 5$，5 代表市场上最高级别的 ERP 软件系统。

取任何 0 ~ 5 中任意一个数值，都可以近似地代表市场相应档次的 ERP 软件系统。

设 $P(X)$ 是级别系数为 X 的 ERP 软件相应的价格函数，为线性函数，则

$$P(X) = \eta X + \theta \tag{4-3-12}$$

（二）ERP 项目咨询培训费用

Muscatelle 经调查发现，在企业投资 ERP 项目中，培训和咨询服务费用大于高额 ERP 软件费用，一般是软件费用的 1.5 ~2 倍左右。ERP 项目投资中的管理咨询培训费用包括咨询费、管理变革费用、员工培训费用。经过培训过的人员一致认为，咨询培训费用是最难控制的预算项目。咨询培训费用之所以不确定是因为在引进 ERP 系统的过程中，除了学习软件界面外，几乎每个员工都必须学习一套全新的流程，并且强迫企业要在管理上做许多改变。这种管理改变所需的费用也包含在培训费用预算内。调查表明：随着 ERP 软件咨询需求的不断上升，将会有越来越多的 ERP 咨询培训公司诞生，并且咨询培训人员的素质会不断提高，培训手段和方法也会不断完善，因此培训和咨询服务费用 K 有下降的趋势，K 将随着时间点 t 的不同而变化，因此 K 是一个随机变量。

假定 ERP 项目咨询培训费用 K 的对数成条件异方差高斯过程。

$$E(\tilde{K}^{t+1} \mid \tilde{K}^{t} = K^{t}) = \mu_k + \rho_k(K^t - \mu_k) \tag{4-3-13}$$

$$Var\ (\tilde{K}^{t+1} \mid \tilde{K}^{t} = K^{t}) = \sigma_k^2\ (1 - \rho_k^2) \tag{4-3-14}$$

其中，$\tilde{K}^t = \ln\tilde{k}^t$，$\tilde{K}^t$ 这一随机变量表示在 t 时刻决策点 ERP 项目咨询服务费用，K^t 表示 t 时刻决策点时随机变量的实际值，$\tilde{K}^t$ 这一随机变量表示在 t 时刻决策点 ERP 项目咨询服务费用的对数值，K^t 表示 t 时刻决策点时随机变量 $\tilde{K}^t$ 的实际值，μ_k 是 $\tilde{K}^t$ 的无条件均值，σ_k^2是 $\tilde{K}^t$ 的无条件偏差，$\tilde{\varepsilon}_k^t$ 表示服从 $N(0,1)$ 的随机变量。

假定 $\tilde{K}^t$ 是正态分布的，那么

$$E(\tilde{K}^{t+1} \mid \tilde{K}^{t} = K^{t}) = \begin{cases} \mu_k + \rho_k(R^t - \mu_r) + \tilde{\varepsilon}_k^{\ t+1}\sqrt{\sigma_k^2(1 - \rho_k^2)}, & \forall t \in \{2, \cdots, T\} \\ \ln k^t, & t = 1 \end{cases} \tag{4-3-15}$$

（三）ERP 项目成本和运行费用

项目成本 I 是 ERP 项目开发和实施中所花费的费用，主要有如下几项：①薪水和工资；②硬件费用；③安装费用；④伙伴协调；⑤设施；⑥ 支持人员；⑦ 差旅费与杂项。

运行费用 E 是从 ERP 系统开始上线运行到寿命期结束时内，ERP 系统正常运行，维护系统，确保系统正常运行的费用。主要包括：①连通费；②设备维护费；③计算机运行；④程序设计支持；⑤辅助费用；⑥供给费用。

第四节 ERP 项目随机规划投资决策模型

本节在前两节分析的基础上，结合 ERP 系统的投资特点，基于实物期权，采用多段随机规划方法建立了 ERP 项目投资决策模型，模型主要解决了如何选择投资策略，如何选择投资时机，如何选择投资规模这三个问题。模型很好地考虑了项目投资过程中未来收益的不确定性和投入成本中咨询培训费用的不确性，最后设计了合理的模型求解算法。

一、模型的提出

在最近 20 年里，信息技术投资经历了空前的增长。但许多研究者认为，大多数的 IT 项目没有进行合适的投资分析。传统的项目评估工具，如 IRR 和 NPV，并不适合具有高度不确定性的 IT 项目的评估。本章利用实物期权方法分析了 ERP 项目的投资，与传统的 NPV 方法相比，这种方法在项目开始后管理者拥有推迟、延期甚至取消项目和改变投资规模的权利，很好地考虑到了 ERP 项目投资过程中项目投资收益和成本的不确定性，弥补了以往利用实物期权进行 ERP 投资评估的研究不足。

本节将 ERP 项目投资决策看做是一个带有潜在随机过程和约束条件的多阶段或序列投资决策问题，多阶段或序列投资决策问题是一类重要的实物期权，包含大量的内在关联的投资机会，ERP 项目投资中包含各类期权和复合期权。然而采用二项式和有限微分方法难以评价 ERP 投资项目中的复合实物期权价值。因此本节运用多段随机规划方法来建立投资决策模型。

（一）ERP 项目的投资策略

RamL. Kumar 提出 IT 项目投资一般包括一些并行的活动和相关的投资决策，在 IT 项目投资中存在连续的决策投资行为，前一阶段的投资决策和后面的投资决策密切相关，为以后的决定提供了前提条件和学习期权。这种把 IT 项目投资看做系列投资决策观点的应用是十分广泛的，包括各种类型的 IT 项目（如 ERP 系统）等。企业实施 ERP 系统一般有两种最主要的策略：

策略 1：购买领先 ERP 厂商的综合软件包系统，这些系统包括了主要商业功能（财务，生产，人力资源，市场，销售）的信息需求，然后设计，安装，实施这些组件。

策略 2：

a）选择购买一些最佳组件，这种方法先为企业主要的职能部门提供最新的和最好的软件解决方案，然后在这些部门试运行，供用户使用。

b）进一步为其他部门选择运用最佳组件，设计和开发中间件（连接应用程序的软件工具），实现系统综合的集成。

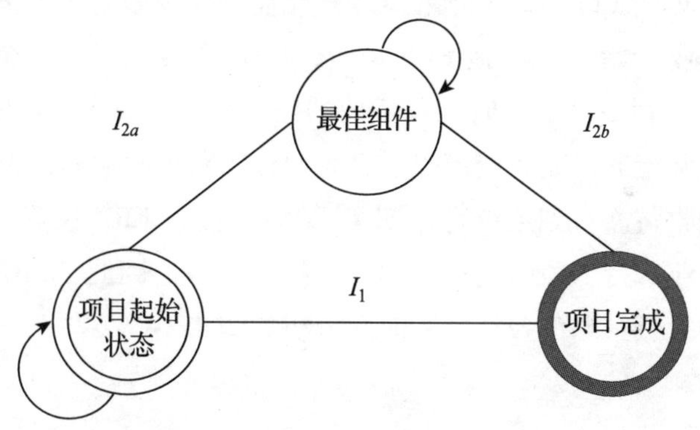

图 4－4－1　ERP 项目的投资策略图

假定 ERP 项目投资决策过程是一个从 1 到 T 内离散的确定的时间点，在每一个决策点或者投资评价阶段 $t \in \{1, \cdots, T\}$，企业决策者拥有投资决策柔性，即在投资时机和投资规模上具有期权。在投资策略的选择上有两个假设，如图 4－4－1 所示。

假设 1　在每个决策评价点 $t \in \{1, \cdots, T\}$ 上，企业 ERP 项目的决策者可以选择投资策略 1，也可以选择投资策略 2，但是只能在投资策略 1 和策略 2 中选择一个，也可以选择暂时等待搜集到更多的信息后再投资。

假设 2　如果决策者一旦选择投资策略 $2a$，那么在投资评价期结束 T 时间点前必须选择投资策略 $2b$。

投资策略2a的实施（即ERP系统模块在某些部门的实施），可以为将来在企业内全面实施积累一些宝贵的经验，并且为管理者提供了关于ERP项目总收益的更好的信息，为管理者在下一阶段投资决策提供经验参考。因此为下一阶段提供了学习期权。假定学习期权的价值为L，L为可预测的定值。可见项目的投资过程中存在复合期权，一些期权并不是来自标的资产而是其他期权。

（二）ERP项目的投资过程分析

在ERP项目投资中，将ERP项目投资看做一个IT捕获项目（IT Acquisition Project），企业有机会投入一定的费用（I）实施ERP系统。在决策期T时间段内的任何一个时间点$t \in \{1, \cdots, T\}$作投资决策时，投资成本是确定的，但是I的未来变化是不确定的。

τ为从项目投资点到ERP系统正式上线给企业带来收益的时间段，ERP系统实施建成后，企业开始成功实施ERP系统，ERP购买投资中，企业可以投入资金I以获得ERP项目资产，在时间段T内的任何时间t，I是已知确定的，然而I的将来变化是不确定的。购买资产以后，企业开始获得收益C，表示从IT资产中获得各种不同的收益。直到系统寿命期T^*结束。由于ERP投资成本和收益的不确定性，也许企业等待一段时间比立即进行投资要好。因此，ERP项目投资存在等待期权。两种投资策略的投资过程时间分析如图4-4-2与图4-4-3所示。

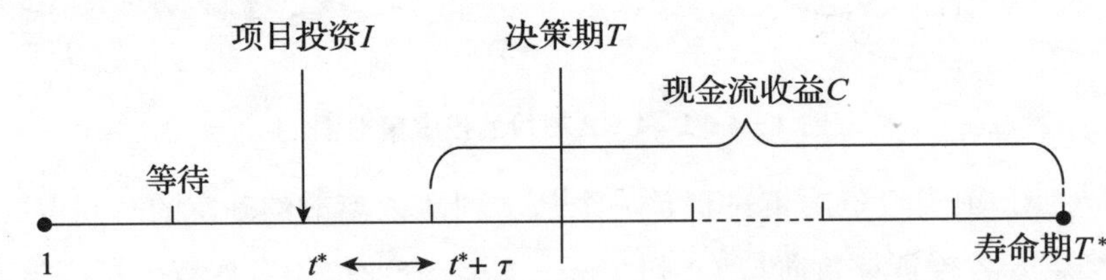

图4-4-2　投资策略1的投资过程时间分析图

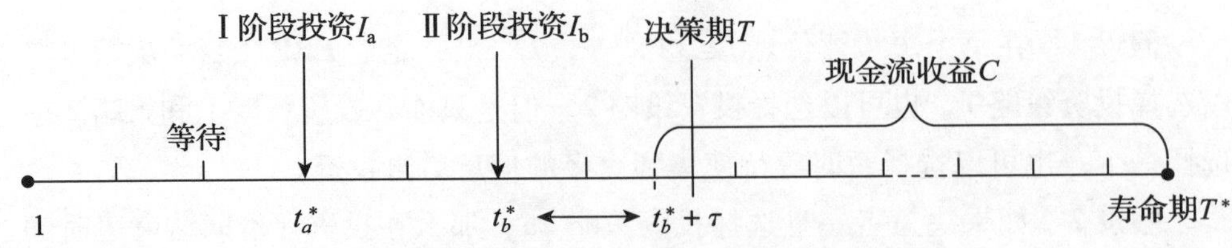

图4-4-3　投资策略2的投资过程时间分析图

假设成本与收益均不确定，在进行投资以前，最好等待一段时间。进一步地说，如果某一种 ERP 资产的成本随时间而降低，这将促使在进行投资前等待。然而，ERP 系统的使用寿命会随着新技术的出现和发展而缩短，等待将会缩短从该项投资中获得收益的时间，所以收益也会减少。所以两种因素都必须进行考虑，以做出最佳的决策。

（三）模型简要描述

本节在前两节描述的基础上，进一步构建出基于实物期权的 ERP 项目投资随机规划决策模型。

假定制造型企业的管理者正面对一个 ERP 项目投资的最优化投资决策问题。项目投资成本中的软件咨询培训费用和未来的收益都具有不确定性，因此项目决策者面临一个不确定条件下的最优决策问题。

在每个投资决策点 $t \in \{1, \cdots, T\}$ 上，企业的决策者都有现在投资或者未来投资两种选择，并且能够决定是选择投资策略 1 还是选择投资策略 2，这两种投资策略只能选择一个。在投资规模上，如果一旦选定了投资策略，接下来就要确定选择什么样级别系数的 ERP 软件系统，这是一个典型的多时间段的两阶段决策问题。为了评价 ERP 项目投资中的复合期权，本章用 ROV 来表示在 ERP 项目投资整个的实物期权价值，即

$$ROV = \max\left(NPV_{\text{option}} - NPV_{\text{static}},\ 0\right) \qquad (4-4-1)$$

其中 NPV_{static} 是在 t = 1 决策点，没有考虑 ERP 项目投资中的管理柔性下的整个项目的净现值，如果在 $t=1$ 决策点立即投资那么投资成本和未来收益都是确定的，所以 NPV_{static} 为一个定值。NPV_{option} 是拥有投资时机和投资规模选择权的净现值。假定 λ 是无风险利率。ERP 项目投资的最优化投资决策问题就是如何选择最佳的投资策略、投资时机和投资规模使 ROV 最大化。以下详细描述该投资模型。

二、随机混合整数规划（MMIP）模型

（一）变量和参数的描述

1. 0 – 1 整数决策变量

U^t：0 – 1 变量。表示如果在 t 决策点投资者选用投资策略 1（购买系统软

件包）$U^t=1$。如果不选择 $U^t=0$，$t\in\{1, \cdots, T\}$；

V^t：0－1 变量。如果在 t 决策点投资者选用投资策略 $2a$，$V^t=1$。如果不选择 $V^t=0$，$t\in\{1, \cdots, T\}$；

W_n^t：0－1 变量。如果在 t 决策点投资者选用投资策略 $2b$，$W^t=1$。如果不选择 $W^t=0$，$t\in\{1, \cdots, T\}$。

2. 连续型决策变量

X^t：表示在 t 决策点投资者如果选择投资策略 1 时，所选择投资的 ERP 软件系统的级别系数，$t\in\{1, \cdots, T\}$；

Y^t：表示在 t 决策点投资者如果选择投资策略 $2a$ 时，所选择投资的 ERP 软件系统的级别系数，$t\in\{1, \cdots, T\}$；

Z^t：表示在 t 决策点投资者如果选择投资策略 1 时，所选择投资的 ERP 软件系统的级别系数，$t\in\{1, \cdots, T\}$。

3. 状态变量

F^t：决策点 t 的现金流量，$t\in\{1, \cdots, T\}$

4. 参数

(1) 项目成本

定义 I_*^t 表示采用投资策略的项目成本：

$$I_*^t = A_* e^{-\lambda_* t} + B_* \tag{4-4-2}$$

设

I_1^t 是采用投资策略 1 的投资成本；

I_{2a}^t是采用投资策略 $2a$ 的沉没成本；

I_{2b}^t是采用投资策略 $2b$ 的沉没成本。

(2) 软件价格函数

假设购买 ERP 软件综合软件包，购买最佳组件企业，自己开发中间件的价格函数是相应的 ERP 软件系统级别系数 X, Y, Z 的一元线性关系，则

投资策略 1 中综合软件包的价格为

$$P_1(X) = \eta_1 X + \theta_1$$

投资策略 2 中最佳组件的价格为

$$P_{2a}(Y) = \eta_{2a} Y + \theta_{2a}$$

中间件的价格为

$$P_{2b}(Z) = \eta_{2b} Z + \theta_{2b}$$

不同的软件级别系数的 ERP 系统实施建成后给企业带来的收益也是不同的。假设：

ERP 系统总的预期未来净收益 = 有形收益总量 + 无形收益总量 - 运行费用总量

如果采用投资策略 1，投入软件级别系数为 X 的 ERP 系统：

X 级 ERP 软件系统给企业带来的未来净收益 = $g_1(X)$ × ERP 系统总的预期未来净收益

如果采用投资策略 2，投入软件级别系数分别为 Y 的最佳组件和 Z 的中间件的 ERP 系统：ERP 软件系统给企业带来的未来净收益 = $g_2(Y, Z)$ × ERP 系统总的预期未来净收益

其中函数 $g_1(X)$ 是级别系数为 X 的 ERP 软件所对应收益回报系数，可以是线性函数的，也可以是非线性函数的；设投资策略 2 建成的 ERP 软件系统的收益回报系数为 $g_2(Y, Z)$，模型假设 $g_1(X)$，$g_2(Y, Z)$ 都为线性函数，且

$g_1(X) = \nu_1 X$

$g_2(Y, Z) = \nu_2(Y + Z)$

$P_1(X^t)$ 是投资策略 1 中综合软件包的价格，$t \in \{1, \cdots, T\}$；

$P_{2a}(Y^t)$ 是投资策略 2 中最佳组件的价格，$t \in \{1, \cdots, T\}$；

$P_{2b}(Z^t)$ 是投资策略 2 中中间件的价格，$t \in \{1, \cdots, T\}$。

（3）其他参数

I 是企业 ERP 系统投资总的最大费用预算；

I' 是采用投资策略 2a 时的投资总的最大费用预算；

L 表示来自于投资策略 2a 的学习价值；

δ 表示建成 ERP 系统后企业价值创造系数的改变量；

E 是从 ERP 系统开始上线运行到寿命期结束时内运行总费用；

$V(C^t,\ t)$ 是当在投资决策点 t 决定投资 ERP 软件系统时，ERP 上线给企业带来的有形收益总量，其中 $C^t = G^t \cdot p$；

$V(D^t,\ t)$ 是当在投资决策点 t 决定投资 ERP 软件系统时，ERP 上线给企业带来的无形收益总量，其中 $D^t = G^t \cdot p$；

p 是单位产品的净利润；

b 是企业应用 ERP 系统，单位产品经历企业整条供应链总的成本节省量；

γ 是无风险利率；

T 是评价的时段数。

（二）随机混合整数规划模型建立

1. 模型建立

随机混合整数规划模型的目标函数是包含复合实物期权 ERP 投资项目的净现值。模型求解项目在约束条件下净现值的最大值即：使得项目在未来某个决策点上投资最优，同时还确定了选择投资何种 ERP 软件系统级别系数使项目的净现值最大。

模型如下：

目标函数：
$$\max \sum_{t=1}^{T} \left(\frac{F^t}{(1+\gamma)^t} \right) \tag{4-4-3a}$$

$$F^t = V^t L - [U^t I_1{}^t + V^t I_{2a}{}^t + W^t I_{2b}{}^t] - [P_1\ (X^t) + P_{2a}(Y^t) + {}_{2b}(Z^t) + X^t K^t + Y^t K^t] + \nu_1 X_n{}^t [V(C^t,\ t) + \delta V(D^t,\ t) + E] + \nu_2 (Y^t + Z^t)[V(C^t,\ t) + \delta V(D^t,\ t) + E]$$

$$\forall t \in \{2,\ \cdots,\ T\}$$

将函数的具体表达式带入上式，变形为

$$F^t = V^t L - [U^t(I_1{}^t + \theta_1) + V^t(I_{2a}{}^t + \theta_{2a}) + W^t(I_{2b}{}^t + \theta_{2b})] - (\eta_1 X^t + \eta_{2a} Y^t + \eta_{2b} Z^t + X^t K^t + Y^t K^t] + \nu_1 X_n{}^t\ [V(C^t,\ t) + \delta V(D^t,\ t)] + \nu_2\ (Y^t + Z^t)[V(C^t,\ t) + \delta V(D^t,\ t) + E]$$

$$\forall t \in \{2,\ \cdots,\ T\} \tag{4-4-3b}$$

$$I^t_* = A_* \mathrm{e}^{-\lambda_* t} + B_* \tag{4-4-3c}$$

$$
\text{s. t.}\begin{cases}
\sum_{t=1}^{T} U^t \leqslant 1, \forall t \in \{1,\cdots,T\} & (4-4-3d)\\
\sum_{t=1}^{T} V^t \leqslant 1, \forall t \in \{1,\cdots,T\} & (4-4-3e)\\
\sum_{t=1}^{T} W^t \leqslant 1, \forall t \in \{1,\cdots,T\} & (4-4-3f)\\
\sum_{t=1}^{T} (V^t - W^t) = 0, \forall t \in \{1,\cdots,T\} & (4-4-3g)\\
\sum_{t=1}^{T} (U^t + V^t) \leqslant 1, \forall t \in \{1,\cdots,T\} & (4-4-3h)\\
\sum_{t=1}^{T} (V^t - W^t)t \leqslant 0, \forall t \in \{1,\cdots,T\} & (4-4-3i)\\
V^t + W^t \leqslant 1, \forall t \in \{1,\cdots,T\} & (4-4-3j)\\
F_1^1 = -(U^1 I_{2a}^1 + V^1 I_1^1) & (4-4-3k)\\
U^t, V^t, W^t = 0 \text{ or } 1 & (4-4-3l)\\
(\eta_1 + K^t)X^t \leqslant U^t(I - I_1{}^t - \theta_1), \forall t \in \{1,\cdots,T\} & (4-4-3m)\\
(\eta_{2a} + K^t)Y^t \leqslant V^t(I' - I_{2a}{}^t - \theta_{2a}), \forall t \in \{1,\cdots,T\} & (4-4-3n)\\
\eta_{2b}Z^t \leqslant W^t(I - I' - I_{2b}^t - \theta_{2b}), \forall t \in \{1,\cdots,T\} & (4-4-3o)\\
0 \leqslant X^t, Y^t, Z^t \leqslant 5, \forall t \in \{1,\cdots,T\} & (4-4-3p)
\end{cases}
$$

约束条件的具体含义为：

约束条件（4－4－3d）~（4－4－3f）：表示在 ERP 项目整个投资过程中，3 种投资策略只能选择一次。

约束条件（4－4－3g）：表示在 ERP 项目整个投资过程中，一旦决定采用投资策略 $2a$，那么在投资决策期 T 到来前，必须决定采用投资策略 $2b$；或者都不选择。

约束条件（4－4－3h）：表示 ERP 项目整个投资过程中，在每一个投资决策点投资策略 1 和投资策略 2 中只能选择一个。如果选择了投资策略 1，那么就不能再选择投资策略 2 了，或者都不选择。

约束条件（4－4－3i）：表示投资策略 $2a$ 必须在投资策略 $2b$ 之前实行。

约束条件（4－4－3j）：表示在项目投资的任何一个决策点，因为投资策略 $2a$ 是为投资策略 $2b$ 提供了前提条件，即投资策略 $2a$ 的实行拥有增长期权，所以不能同时选择这两种策略。

（4－4－3m）～（4－4－3o）：是采用每种投资策略的费用约束条件。即投资总成本不能超出总的费用预算。

2. 实物期权价值 *ROV* 求解

通过求解随机混合整数规划方程，求解出最大的 NPV_{option}，然后求出在 $t=1$ 决策点采用投资策略 1 立即投资的项目净现值 NPV_{static}，则 ERP 项目投资整个的实物期权价值为

$$ROV=\max(NPV_{\text{option}}-NPV_{\text{static}},\ 0)$$

三、投资决策分析模型的求解算法

（一）求解 0－1 整数规划的一般方法

0－1 型整数规划是一种特殊形式的整数规划，它的决策变量 x 仅取两个值 0 或 1，故 x 称为 0－1 变量，或称二进制变量。0－1 型整数线性规划的数学模型一般是这样的：

目标函数
$$\max(\text{或}\ \min)Z=\sum_{j=1}^{n}C_jX_j \tag{4-4-4}$$

$$\text{s. t.}\begin{cases}\sum_{j=1}^{n}a_{ij}x_j\leqslant(\text{或}\geqslant)b_i,(i=1,2,\cdots,m)\\X_j=0\ \text{或}\ 1,(j=1,2,\cdots,n)\end{cases} \tag{4-4-5}$$

对于 0－1 型整数规划问题，由于每个变量只取 0，1 两个值，人们自然会想到用穷举法来解，即排出全部决策变量取值为 0 或 1 的每一种组合，算出目标函数在每一组合（点）上的函数值，找出最大（最小）值可求得问题的最优解，这样，就需要比较目标函数在 2^n 个组合（点）上的取值大小，对于变量个数 n 较大时，这种方法即使用现代的大型计算机来计算也是不可取的。因此，常设计一种算法，只需比较目标函数在一小部分排列组合（点）上取值的大小，而根据一定的判别法则舍去不包含最优解的排列组合，就能求出问题的最优解。这样的方法称为隐枚举法。

1. 隐枚举法 Ⅰ

过滤隐枚举法是一种特殊的分枝界定法。这种方法是从某一可行解（决策变量组合）出发，确定一个目标值。然后，通过对决策变量的改进，形成新的变量组合。当新的变量组合的目标值小于先前的目标值并满足所有约束条件要求时，就用新目标值替代先前的目标值，否则，舍去这组变量组合。重复这种方法，通过隐含枚举，直到可行域内的所有可能的变量组合皆被筛选过。隐枚举法的特点是只检验变量组合的一部分，就能求得问题的最优解或满意解，与穷举法相比，大大减少了枚举次数。

该法的主要步骤为：

1）先通过试算获得一个初始可行解，求得对应此可行解的初始目标函数值 $\min z$（或者 $\max z$），称 $\min z$（或者 $\max z$）为此整数规划问题的一个初始闭值（门槛值）。

2）然后按照决策变量的字典序列给出第二个解（不一定是可行解），计算目标函数值 Z，若 $Z>\min z$，（或者 $Z<\max z$）则不必判断是否满足约束条件（是否可行解），阈值仍为 $\min z$ 或 $\max z$；若 $Z<\min z$，（或者 $Z>\max z$）则判断此解是否可行，如果是可行解，则阈值变为 z，若是非可行解，则闭值仍为 $\min z$（或者 $\max z$），若 $z=\min z$（或者 $\max z$），则阈值仍可取为 $\min z$（或者 $\max z$）。

3）接下来返回 2）继续重复该步骤，便可求得目标函数 z 最小或者最大时的可行解。

2. 隐枚举法 Ⅱ

隐枚举法Ⅱ此类解法的特点是先把数学模型改造为标准型，然后按一定顺序检验解集中各解的可行性，力争只检验较少的解便找到最优解。此类解法对标准型的要求基本相同，但在确定检验顺序上有不同的处理，大致分为两种：一种是借用求解整数规划的分枝定界法的思路，将检验的解点排列成树枝状，称为隐枚举树；另一种是通过适当编排解集中各变量分别取值 0 或 1 的各种组合的检验顺序，使之符合相应的目标函数值从小到大或从大到小的顺序，现将此类方法归纳后简述如下。

（1）对标准型要求

1）标准型。

目标函数　　　　$\min Z=\sum_{j=1}^{n}C_jX_j$

$$\text{s. t.}\begin{cases}Q = \pm b_i \pm \sum_{j=1}^{n} a_{ij}X_j \geqslant 0,(i = 1,2,\cdots,m)\\X_j = 0 \text{ 或 } 1,(j = 1,2,\cdots,n)\end{cases} \tag{4-4-6}$$

① $C_j>0$，$(j=1,\ 2,\ \cdots,\ n)$

② 约束条件均为“>0”的形式。

③ 目标函数均为求极小化。

2）转化方法。

① 对于 $C_j<0$，可令 $X_j=1-X'_j$，则 X'_j，的系数为正，仅改变目标函数中常数项之值。

② 对于求极大化问题，可令 $\max Z=-\min(-Z)$，先求出 $\min(-Z)$ 之值，改变符号，即得 Z 值。

③ 对于非“$\geqslant 0$”形式的约束：

（A）当遇到 $\sum_{j=1}^{n} a_{ij}X_j \leqslant b_i$形式，可变为 $Q_i=b_i-\sum_{j=1}^{n} a_{ij}X_j \geqslant 0$。

（B）当遇到 $\sum_{j=1}^{n} a_{ij}X_j \geqslant b_i$形式，可变为 $Q_i=-b_i+\sum_{j=1}^{n} a_{ij}X_j \geqslant 0$。

（C）当遇到 $\sum_{j=1}^{n} a_{ij}X_j=0$ 形式，可变为 $\begin{cases}Q_i = b_i - \sum_{j=1}^{n} a_{ij}X_j \geqslant 0\\Q_i = -b_i + \sum_{j=1}^{n} a_{ij}X_j \geqslant 0\end{cases}$。

（2）求解方法

从各变量取值全为 0 开始，通过使某个变量从 0 到 1 的转换使目标函数值从最小开始逐渐增加，并同时使解点与可行解的距离缩短而逐步过渡到可行解。在试算中用 B 表示与可行解的距离。

$$B=-\sum_{i=1}^{m} Q_i(Q_i<0)$$

当 $B=0$ 时即为可行解。因为检验的顺序是从 Z 值最小的解点开始并按照 Z 值递增的顺序，故在检验中发现的第一个可行解即为最优解。

（3）求解模型的优化算法

投资决策分析模型是一个随机 0－1 整数规划问题，模型的约束条件很有特点。如：约束条件式（4－4－3d）~式（4－4－3f）表示每一个决策阶段 t 中的 3 个随机决策变量（U^t_n，V^t_n，W^t_n）中只有一个决策变量为 1，其余都为 0；

约束条件式（4－4－3g）~式（4－4－3j）限制所有随机决策变量组合中至多有两个1。由此可见，这些约束条件将随机决策变量组合限制在一个很有限的范围内。因此我们设计了一个优化算法来求解模型。

隐枚举法和优化算法的特点对照如表4－4－1所示。

表4－4－1　隐枚举法和优化算法特点对照表

求解方法	优　点	缺　陷
隐枚举法Ⅰ	方法简单易懂，数学模型无须转化为标准型，减少了人工处理的工作量，便于计算机编程	它需要检验的方案较多，为建立过滤条件需要通过试算找到一个可行解，但无法预知获取一个可行解所需的试算次数 难以确定所建立的过滤条件有效性，（当找到的第一个可行解的目标函数值与最优值相差较大时，由此目标函数值所确定的过滤条件较差，即使在计算过程中不断改进过滤条件，计算量仍然比较大）
隐枚举法Ⅱ	所需检验的方案较少	检验之前必须通过人工处理将数学模型标准化，这一工作计算机很难执行；当问题较复杂时，人工处理的工作量很大，且易出差错 解法有效性的关键在于检验前必须排出一个能体现各解点 Z 值大小顺序的对各变量取值0或1的各种组合的检验顺序，当变量个数较多的时候，这是相当困难的
优化算法	不需找通过试算出一个可行解，只需将所有目标函数值按大小排序，本方法检查变量组合较少	如果目标函数值较多，排序所花费的时间较长

（二）随机变量的离散化

Latin 超立方体采样提供了一个非常有效而实用的小样本采样技术，它广泛地应用于具有随机输入变量的复杂分析模型的统计和概率分析，它给出无偏的或偏度很小的系统参数的估值，其方差较之简单的随机采样也显著减小。

Latin 超立方采样方案的基本理论背景可简述如下：

设：
$$y=f(x) \tag{4-4-7}$$

代表输出变量，$f(\cdot)$ 是一个确定性的分析模型，$\boldsymbol{x}=(x_1, x_2, \cdots, x_k)^{\mathrm{T}}$ 代表输入变量向量，K 为输入变量数，每个输入变量 x_k（$k=1, 2, \cdots, K$）由合适统计参数的已知分布函数 $F_{xk}(x)$ 描述。输入变量的样本 $\{x\}_n$，$n=$（1, 2, …, N）（N 是等于模拟数的样本数），按下面方式选取：

将每个输入变量 x、k 的已知分布 F（x）、k（x）的范围分割成 N 个非搭接的区间 S_{kn}，每个区间由概率 P_{kn} 表征

$$P_{kn}=P(x_k \in S_{kn}) \tag{4-4-8}$$

且有

$$\sum P_{kn} = 1(k = 1,2,\cdots,k) \tag{4-4-9}$$

在等概率区间的情形，有 $P_{kn}=1/N$。采样时每个区间由其代表性参数代表，此代表性参数在区间中随机选取或在区间重心处选取。

随机选取时，首先在 0 和 1 间生成 N 个随机数，然后将它们用下式变换为区间中的随机数：

$$U_n=\frac{U}{N}+(n-1)/N \tag{4-4-10}$$

式中，$n=1, 2, \cdots, N$，U 是范围（0, 1）中的一个随机数，U_n是第 n 个区间中的随机数。由式（4-4-10）显见，在 N 个区间的每一个区间中，仅有一个生成的值。

$$(n-1)/N<U_n<n/N \tag{4-4-11}$$

式中，$(n-1)/N$ 和 n/N 是第 n 个区间的下界和上界。求得约束随机值 U_n后，要求的随机变量为：

$$x_{nk}=F_{xk}^{-1}(U_n),\ (k=1, 2, \cdots, K) \tag{4-4-12}$$

式中，$F_{xk}^{-1}(\cdot)$ 是 $F_{xk}(\cdot)$ 的逆。

在区间重心处选取代表性参数时，代表性参数

$$x_{nk}=F_{xk}^{-1}\left(\frac{m_{nk}-0.5}{N}\right),\ (k=1, 2, \cdots, K) \tag{4-4-13}$$

式中，m_{nk}是输入变量 x_k 用于第 n 个模拟的区间秩数。对于一次特殊的模拟，作为采样区间 S_{kn}的选择是随机的，每个输入变量 x_k的 N 个观测值与代表整数 1, 2, …, n 的一个随机排列的整数序列（区间的序数）相联系。这些排

列应是相互独立的。将它们依次放在序数随机排列的表中，表中有 N 行和 K 列，用于第 n 次模拟的区间序数由表中第 n 行表示。

（三）Benders 分解法简介

Benders 分解法开始是由数学家 Benders J. F 在 1962 年提出解混合整数规划的，Benders 分解解法主要是求解混合整数规划问题，亦即连续变量与整数变量同时出现的极值问题，但是它的实际应用范围广泛。这种方法把原来的大系统优化问题分解为独立的子问题求解，而一个迭代的协调过程使得子问题的解逐渐逼近原始问题的最优解。但是由于带有很大数目的约束问题，相应的极点数 P 和极线 R 是相当大的。故可采用类似 Dantzig-Wolfe 分解原理中应用列生成法的思想来克服这个困难。由于只有有限个极点和有限条极线，Bender 算法在有限步就会收敛。

可以把这个算法看成是二级算法。低级子问题的最优对偶解只提供了原问题的 X 分量，而高级子问题直接提供了原问题解的 Y 分量。“奔德斯割”包括“可行奔德斯割”（Feasible Benders Cut）和“不可行奔德斯割”（Infeasible Benders Cut）。每一次主从迭代中，子问题求解的情况通过主问题中的“奔德斯割”集合的变化情况反映出来：事实上，主问题中的“奔德斯割”就是由子问题的对偶解所构成的。因此，实际计算中如果子问题采用的是极小化目标函数形式，正确获取它的对偶信息将对整个算法的成功起到关键的作用。

Geoffrion1972 年对下述更广泛的非线性规划提出了广义 Benders 分解方法，可以较有效的解决许多非线性规划问题，如果假设中的价格函数 P 为非线性函数。那么相应的子问题为非线性函数可以采用广义 Benders 分解方法求解。

（四）整个模型的求解过程

Benders 分解法是求解随机混合整数规划模型的一种有效的方法。它将模型分解成主问题和子问题，主问题是一个 0 – 1 目标整数规划。它是原问题的松弛，其目标最优值是原问题目标最优值的一个下界（Lower Bound）。通过解这个目标整数规划，产生一个试探性解 $\{U_r^t, V_r^t, W_r^t\}$（这个解是第 r 次迭代中主问题的解），传递给子问题。一旦 $\{U_r^t, V_r^t, W_r^t\}$ 固定下来了，从而产生的子问题可以当作是一系列独立的子问题（每个子问题是针对每个时间段 t 的），这是因为没有约束跨越时间段了。于是，利用主问题传来的固定投资方案，就可以解选型子问题。在每轮迭代中，子问题的解产生一个或多个约束（即所谓“割”cuts)，加到主问题上，进行下一轮迭代。这个过程不断持续，直到找到一个可行解，使得这个解与下界足够接近，即认为找到了最优解。这样就简化了计算量。求解过程如图 4－4－4 所示。

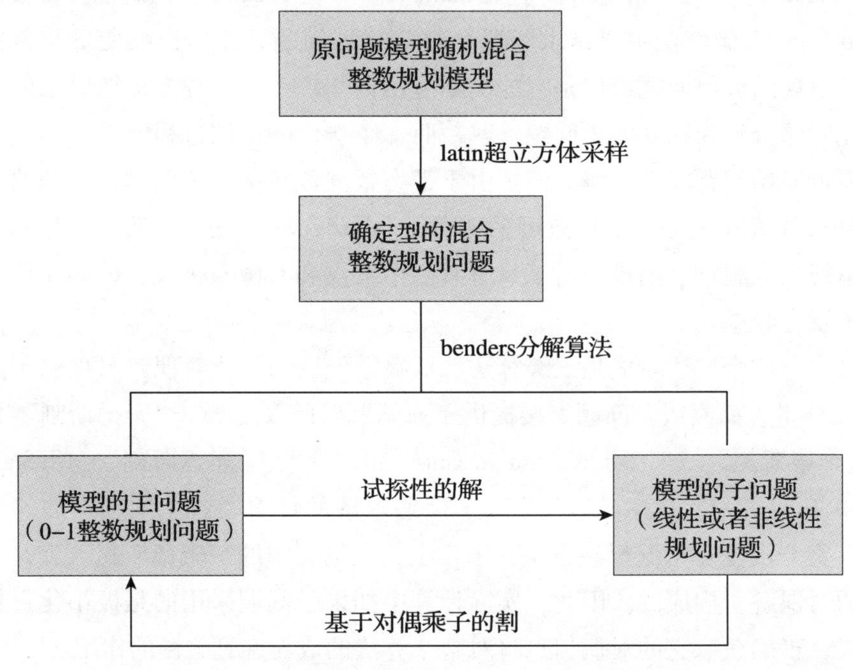

图 4－4－4　模型整体求解过程流程图

1. 初始问题转化为等价的确定型问题

采用 Latin 超立方体分层采样技术将原来的随机混合整数规划问题转化为等价的确定型的混合随机整数规划问题。Latin 超立方体分层采样技术中所选取的 S 是情节树（Scenario Tree）的情节数量。由于 K 的对数成条件异方差高斯过程。采用 Latin 超立方体分层采样技术将每一个随机变量的积累分布分解成 N 个等概率的区间 S，然后随机变量可以在每个区间内任意取值。这个值代表区间内的任何一个值。这种采样方法比蒙特卡罗模拟法采样次数要少。

具体方法如下：

第一步：将随机变量 $\tilde{\varepsilon}_k^t$ 和 r^t 分成 N 个等概率的区间 S，其中随机变量 $\tilde{\varepsilon}_k^t$，

r^t 都是服从 N（0，1）的随机数。

第二步：从每个区间内任意选取一个值 U_n，$U_n = U/N + (n-1)/N$，U 是范围在（0，1）中均匀分布的一个随机数。

第三步：$\tilde{\varepsilon}_k^t = F_x^{-1}(U_n)$，$r^t = F_x^{-1}(U_n)$，$F_x^{-1}(\cdot)$ 是 $F_x(\cdot)$ 的逆，是标准正态分布函数的反函数；

第四步：分别将随机数代入式（4-4-6）求出 G_n^t，将 $\tilde{\varepsilon}_k^t$ 代入式（4-4-13）求出 K_n^t。

第五步：如果 $G_n^t \leqslant G_{\min}$，那么令 $P_n^t = 0$，或者如果 $K_n^t \geqslant K_{\max}$，那么也令 $P_n^t = 0$

（这一步表示如果当企业产品未来的市场需求量低于 $G_{\min}$ 时，企业将暂时不投资，待企业产品需求增长后再投资ERP系统或者如果当ERP咨询培训费用超过 $K_{\max}$ 时，企业将暂时不投资，等待ERP咨询培训费下降后再投资建设ERP系统，体现出了ERP项目中存在的放弃期权和等待期权）。

原模型转化为等价的确定性的混合整数规划问题，如图4-4-5所示。

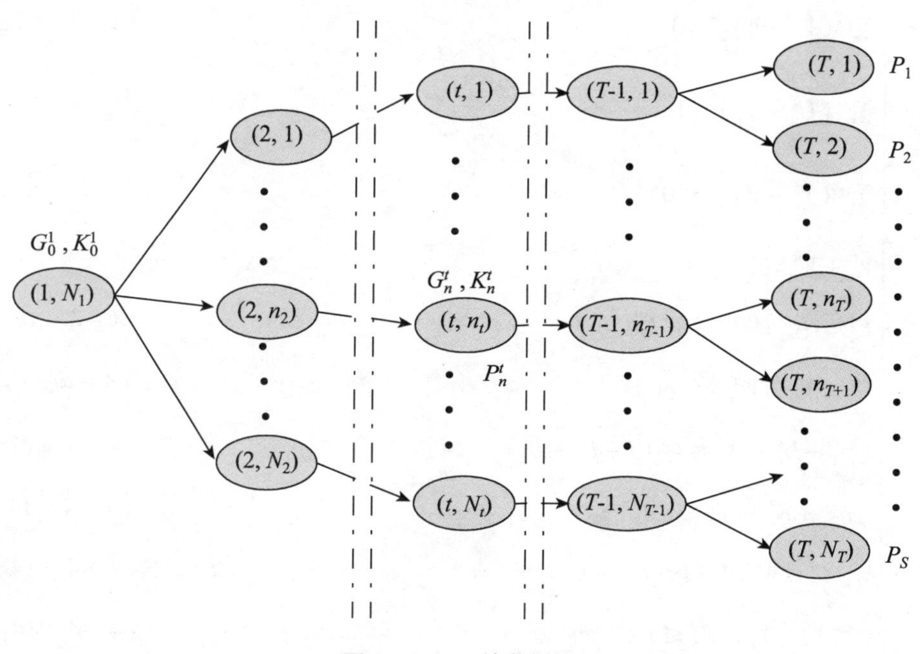

图4-4-5　情节树图

$$\max \sum_{t=1}^{T}\left(\sum_{n=1}^{N_t} P_n^t \frac{F_n^t}{(1+\gamma)^t}\right) \tag{4-4-14a}$$

$$F_n{}^t = V_n{}^t L - [U_n{}^t(I_1{}^t + \theta_1) + V_n{}^t(I_{2a}{}^t + \theta_{2a}) + W_n{}^t(I_{2b}{}^t + \theta_{2b})] - (\eta_1 X_n^t + \eta_{2a} Y_n^t + \eta_{2b} Z_n^t + X_n^t K_n^t + Y_n^t K_n^t) + \nu_1 X_n{}^t [V(C_n^t, t) + \delta V(D_n^t, t) - E] + \nu_2 (Y_n^t + Z_n^t)[V(C_n^t, t) + \delta V(D_n^t, t) - E]$$

$$\forall t \in \{2, \cdots, T\},\ \forall n \in \{1, \cdots, N_t\} \tag{4-4-14b}$$

$$I_*^t = A \times e^{-\lambda_* t} + B_* \tag{4-4-14c}$$

$$\text{s.t.}\begin{cases}
\sum_{t=1}^{T} U_n^t \leqslant 1 & (4-4-14d)\\
\sum_{t=1}^{T} V_n^t \leqslant 1 & (4-4-14e)\\
\sum_{t=1}^{T} W_n^t \leqslant 1, & (4-4-14f)\\
\sum_{t=1}^{T} (V_n^t - W_n^t) = 0 & (4-4-14g)\\
\sum_{t=1}^{T} (U_n^t + V_n^t) \leqslant 1, & (4-4-14h)\\
\sum_{t=1}^{T} (V_n^t - W_n^t)t \leqslant 0 & (4-4-14i)\\
V_n^t + W_n^t \leqslant 1 & (4-4-14j)\\
F_1^1 = -(U^1 I_{2a}^1 + V^1 I_1^1) & (4-4-14k)\\
U_n^t,\ V_n^t,\ W_n^t = 0 \text{ or } 1 & (4-4-14l)\\
(\eta_1 + K_n^t)\ X_n^t \leqslant U_n^t(I - I_1{}^t - \theta_1) & (4-4-14m)\\
(\eta_{2a} + K_n^t)\ Y_n^t \leqslant V_n^t(I' - I_{2a}{}^t - \theta_{2a}) & (4-4-14n)\\
\eta_{2b} Z_n^t \leqslant W_n^t(I - I' - I_{2b}{}^t - \theta_{2b}) & (4-4-14o)\\
0 \leqslant X_n^t,\ Y_n^t,\ Z_n^t \leqslant 5 & (4-4-14p)
\end{cases}$$

约束条件中：$\forall t \in \{1, \cdots, T\}$，$\forall n \in \{1, \cdots, N_t\}$ 节点 $(t, n) \in$ 节点

$(T,\ n)$

2. 等价的确定型问题的分解和求解

用 Benders 分解法将等价的确定性混合随机规划模型分解成主问题和子问题。

主问题为

$$\min -\sum_{t=1}^{T}\frac{1}{(1+\gamma)^{t}}\{V^t(L-I_{2a}^t-\theta_{2a})-U^t[I_1^t+\theta_1]+W^t[I_{2b}^t+\theta_{2b}]\}+\theta$$

$$\text{s.t. } \theta \geqslant \sum_{t=1}^{T}\sum_{n=1}^{N_t}p_n^t\left[\frac{\hat{U}^t(I-I_1^t-\theta_1)}{(\eta_1+K_n^t)}\omega_{1n(r)}^t+\frac{\hat{V}^t(I'-I_{2a}^t-\theta_{2a})}{(\eta_1+K_n^t)}\omega_{2n(r)}^t+\right.$$

$$\left.\frac{\hat{W}^t(I-I'-I_{2b}^t-\theta_{2b})}{\eta_3}\omega_{3n(r)}^t+5\omega_{4n(r)}^t+5\omega_{5n(k)}^t+5\omega_{6n(r)}^t\right]$$

$r=(1,2,\cdots,K)$

$U^t,\ V^t,\ W^t\in\{0,\ 1\},\ \forall t=\{1,\ \cdots,\ 4\}$

子问题为

$$E[f(\hat{U}^t,\hat{V}^t,\hat{W}^t)]=\sum_{n=1}^{N_t}f(\hat{U}^t,\hat{V}^t,\hat{W}^t,K_n^t)$$

$$f(\hat{U}^t,\hat{V}^t,\hat{W}^t,K_n^t)=\min\sum_{t=1}^{T}P_n^t\frac{1}{(1+\gamma)^{t}}(\alpha_n^tX_n^t+\beta_n^tY_n^t+\chi_n^tZ_n^t)$$

$n=(1,\ \cdots,\ N_t)$

$\alpha_n{}^t=\eta_1+\nu_1[V(C_n^t,\ t)+\delta V(D_n^t,\ t)-E]+K_n{}^t$

$\beta_n{}^t=\eta_2+\nu_2[V(C_n^t,\ t)+\delta V(D_n^t,\ t)-E]+K_n{}^t$

$\chi_n{}^t=\eta_3+\nu_2[V(C_n^t,\ t)+\delta V(D_n^t,\ t)-E]$

$$\text{s.t. }\begin{cases}(\eta_1+K_n^t)X_n^t\leqslant U_n^t(I-I_1{}^t-\theta_1),\ \forall t\in\{1,\ \cdots,\ T\},\ \forall n\in\{1,\ \cdots,\ N_t\}\\(\eta_2+K_n^t)Y_n^t\leqslant V_n^t(I'-I_{2a}{}^t-\theta_{2a}),\ \forall t\in\{1,\ \cdots,\ T\},\ \forall n\in\{1,\ \cdots,\ N_t\}\\\eta_3Z_n^t\leqslant W_n^t(I-I'-I_{2b}{}^t-\theta_{2b}),\ \forall t\in\{1,\ \cdots,\ T\},\ \forall n\in\{1,\ \cdots,\ N_t\}\\0\leqslant X_n^t,\ Y_n^t,\ Z_n^t\leqslant 5,\ \forall t\in\{1,\ \cdots,\ T\},\ \forall n\in\{1,\ \cdots,\ N_t\}\end{cases}$$

子问题的对偶问题是

$$DF\ (\hat{V}^t,\ \hat{U}^t,\ \hat{W}^t,\ \hat{G}^t) = \max \sum_{t=1}^{T} p_n^t \frac{1}{(1+\gamma)^t}\left[\frac{\hat{U}^t(I - I_1^t - \theta_1)}{(\eta_1 + K_n^t)}\omega_{1n(r)}^t + \frac{\hat{V}^t(I' - I_{2a}^t - \theta_{2a})}{(\eta_1 + K_n^t)}\omega_{2n(r)}^t + \frac{\hat{W}^t(I - I' - I_{2b}^t - \theta_{2b})}{\eta_3}\omega_{3n(r)}^t + 5\omega_{4n(r)}^t + 5\omega_{5n(k)}^t + 5\omega_{6n(r)}^t\right]$$

$$\text{s. t.} \begin{cases} \omega_{1n}^t + \omega_{4n}^t \leqslant \alpha_n^t \\ \omega_{2n}^t + \omega_{5n}^t \leqslant \beta_n^t \\ \omega_{3n}^t + \omega_{6n}^t \leqslant \chi_n^t \qquad \forall t \in \{1,\ \cdots,\ T\},\ \forall n \in \{1,\ \cdots,\ N_t\} \end{cases}$$

1）初始化 $r=0$，上限 $+\infty = UB$，下限 $-\infty = LB$，取初始可行解 ${U_0}^t$，${V_0}^t$，${W_0}^t$。

2）对于给定的$\hat{U}^t$，$\hat{V}^t$，$\hat{W}^t$，利用改进单纯形法和对偶理论（互补松弛性定理），求解每个样本 $\forall t \in \{1,\ \cdots,\ T\}$，$\forall n \in \{1,\ \cdots,\ N_t\}$ 对应的子问题和对偶问题，分以下两种情况进行讨论：

① 若 $\exists n$，子问题不可行，对偶问题无界，则对主问题增加约束条件。

$$\sum_{t=1}^{T} p_n^t \left[\frac{\hat{U}^t(I - I_1^t - \theta_1)}{(\eta_1 + K_n^t)}\omega_{1n(r)}^t + \frac{\hat{V}^t(I' - I_{2a}^t - \theta_{2a})}{(\eta_1 + K_n^t)}\omega_{2n(r)}^t + \frac{\hat{W}^t(I - I' - I_{2b}^t - \theta_{2b})}{\eta_3}\omega_{3n(r)}^t + 5\omega_{4n(r)}^t + 5\omega_{5n(k)}^t + 5\omega_{6n(r)}^t\right] \leqslant 0$$

即添加割平面去掉不可行解，$r=r+1$，转向 4；

② 若 $m\forall$，子问题可行，最优解记为

$$\hat{S}^k = \left\{(\hat{X}^t,\hat{Y}^t,\hat{Z}^t)\ \middle|\ \hat{X}^t = \sum_{n=1}^{N_t} p_n^t \hat{X}_n^t; \hat{Y}^t = \sum_{n=1}^{N_t} p_n^t \hat{Y}_n^t; \hat{Z}^t = \sum_{n=1}^{N_t} p_n^t \hat{Z}_n^t; t = 1,2,3,4\right\},$$

其对偶解记为：$\hat{\omega}_{2n}^t$，$\hat{\omega}_{2n}^t$，$\hat{\omega}_{3n}^t$，$\hat{\omega}_{4n}^t$，$\hat{\omega}_{5n}^t$，$\hat{\omega}_{6n}^t$

$$ZU = -\sum_{t=1}^{T}\frac{1}{(1+\gamma)^{t}}\ \{V^{t}(L-I_{2a}^{t}-\theta_{2a})+U^{t}\ [-I_{1}^{t}-\theta_{1}]+W^{t}\ [-I_{2b}^{t}-\theta_{2b}]\}$$

$$+E\ [f\ (\hat{V}^{t},\ \hat{U}^{t},\ \hat{W}^{t})]\ UB=\min\ \{ZU,\ UB\}$$，转向3；

3）若 $UB-LB\leqslant\varepsilon$（$\varepsilon\leqslant 0$，为允许的最大差值），$S^{*}=\hat{S}^{r}$，算法停止，否则 $r=r+1$ 对主问题添加割平面

$$\theta \geqslant E[f(\hat{U}^{t},\hat{V}^{t},\hat{Z}^{t}) = \sum_{t=1}^{4}\sum_{n=1}^{N_t}p_n^{t}\left[\frac{\hat{U}^{t}(I-I_1^{t})}{(\eta_1+K_n^{t})}\omega_{1n(r)}^{t}+\frac{\hat{V}^{t}(I'-I_{2a}^{t})}{(\eta_1+K_n^{t})}\omega_{2n(r)}^{t}+\right.$$

$$\frac{\hat{W}^{t}(I-I'-I_{2b}^{t})}{\eta_3}\omega_{3n(r)}^{t}-3.5\omega_{4n(r)}^{t}-3.5\omega_{5n(k)}^{t}-3.5\omega_{6n(r)}^{t}+4.5\omega_{7n(r)}^{t}+$$

$$\left.4.5\omega_{8n(r)}^{t}+4.5\omega_{9n(r)}^{t}\right]$$

转向4；

4）利用求解整数规划的方法求解主问题，最优解为（$\hat{U}_k^{t}$，$\hat{V}_k{}^{t}$，$\hat{W}_k{}^{t}$，$\hat{\theta}$），$ZL=Z$（$\hat{U}^{t}{}_{k}$，$\hat{V}_k$，$\hat{W}_k$，$\hat{\theta}$），$LB=\max\ \{ZL,\ LB\}$，返回到2）。

本节在前两节分析的基础上，结合ERP系统的投资特点，基于实物期权，采用多段随机规划方法建立了一个ERP项目投资决策模型，并且设计了合理的模型求解算法。

（1）模型很好地考虑了项目投资过程中未来收益的不确定性和投入成本中咨询费用的不确定性，主要解决了如何选择投资策略、如何选择投资时机、如何选择投资规模这三个问题。

（2）模型是一个随机混合整数规划方程组，求解算法采用了Latin超立方采样技术将不确定性问题转化为定价的确定性问题，然后采用Benders分解法求解模型。算法借助计算机程序和ILOG软件包可以很快地解出模型的最优近似解，如图4－4－6所示。

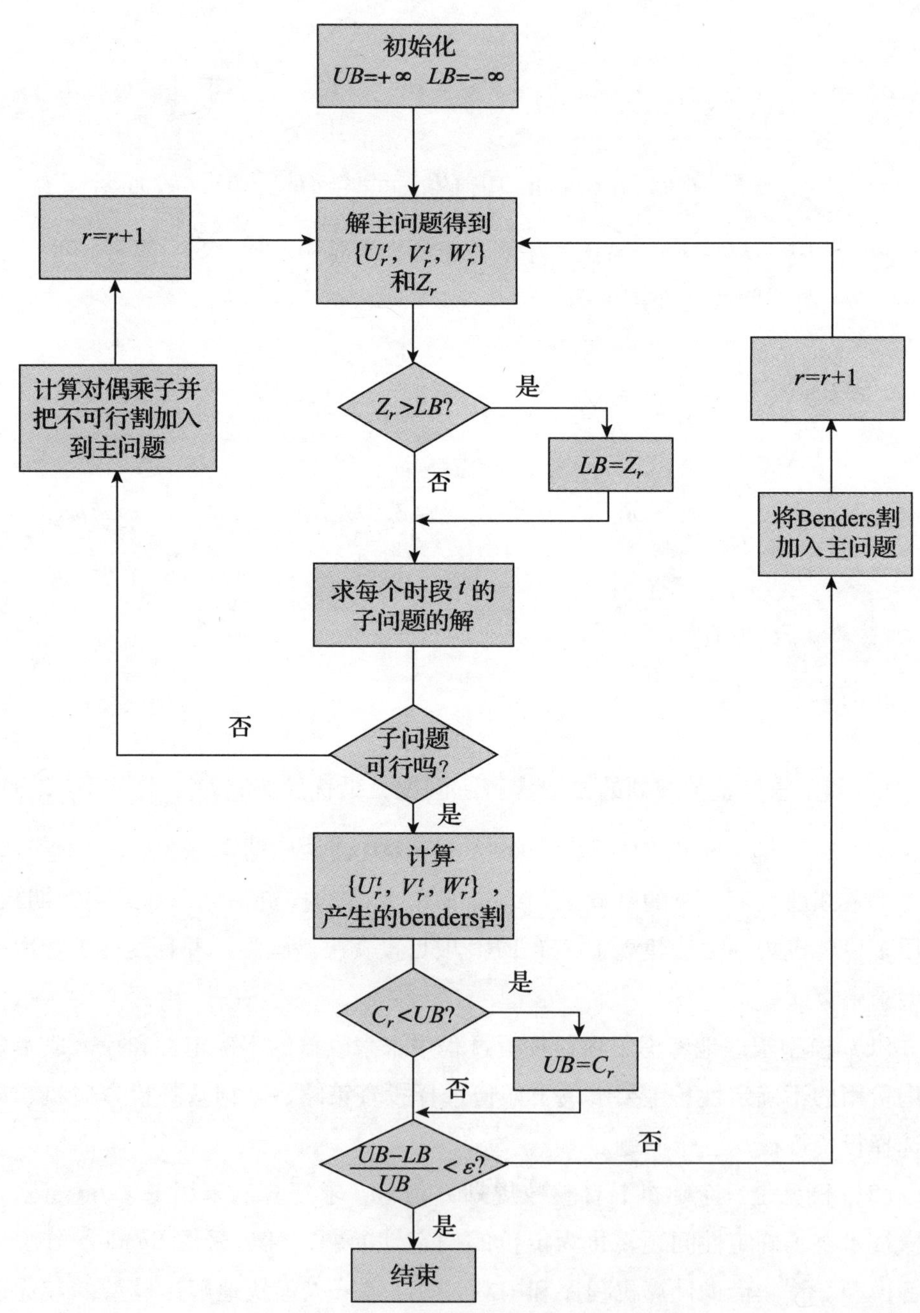

图 4-4-6　Benders 分解算法流程图

第五节 神州电信公司案例分析

本节主要结合神州电信公司实际的 ERP 项目投资背景，选取合理数据，运用随机混合整数规划投资决策模型，编写 VC ++ 计算机程序并且利用 ILOG 软件包进行案例求解，求解得出了最佳的投资策略和相应的投资时机，确定了最优的投资规模，通过与企业采用的传统的净现值决策方法比较，结果表明模型能够为企业 ERP 项目投资决策提供一种科学实用的决策方法。

一、神州电信公司简介

神州电信公司是于 1993 年 4 月成立的高科技企业，主要从事通信及信息领域的产品研发、生产、销售和服务，其主要产品为交换机、接入设备和移动通信终端设备，1998 年 8 月 7 日，集团公司在上海证券交易所成功上市。神州电信公司作为集团有限公司全资子公司，年销售额占集团公司销售额的一半以上。神州电信公司的主打交换机和接入设备因技术、可靠性以及对中国电话网络、业务的良好适应，已经成为我国电话网络的主流设备之一，并向海外拓展，已经进入伊朗、巴基斯坦、俄罗斯等国际市场。经过多年的发展，神州电信公司已经成为国内通信市场的骨干设备制造商之一。

由于国内通信设备市场的外部环境发生了巨大变化，企业在 2002 年利润急剧下降，2003 年出现亏损，2003 年的年销售额不及企业全盛时期的一半。究其原因，一方面，国内通信设备市场的外部环境发生了巨大变化，另一方面，企业管理水平跟不上自身快速的发展。神州电信公司在快速发展的同时暴露出很多管理方面的问题：①用户供货期越来越短，供货及时率不高，库存需降低。②计划性不强。③信息集成性差。④生产订单可行性较差（物料准备、能力等)，仍然存在手工制作生产订单、领料单，查询生产在产信息、库存难。⑤管理成本高。⑥合同执行跟踪难。

企业为了解决这些管理方面的问题，提高企业管理水平，实现企业长远的发展战略规划，决定引进先进的 ERP 管理信息系统。

公司原有的信息系统：

1995 年公司购买了财务管理软件系统，1996 年年初开始自行开发 MIS 系统，1997 年陆续有采购、库存、人事、售后服务、质量、生产等功能模块在公司应用。统一了物料的编码，减少了部门的一些手工劳动，提高了工作效率、工作质量及统计的准确性，对部门管理水平的提高起到了积极的作用，得到了使用部门的肯定，自行开发的管理软件，开发时基于各部门的要求，只是用计算机代替部分手工作业。随着公司规模的扩大，企业管理的难度不断加大，市场对企业的管理水平要求越来越高，公司自行开发的管理软件已不能适应企业发展的要求，需使用更加有效的管理软件。

原系统没有采用先进的管理思想和管理模式。神州电信公司已深刻地感到企业的发展需使用更加有效的管理软件——ERP。1999 年 9 月，神州电信公司着手 ERP 的选型工作。

二、ERP 项目投资过程中的问题

神州电信公司高层领导深刻地认识到 ERP 项目是一项高风险的投资项目，国内很多企业因为缺乏对 ERP 系统正确的认识，盲目投资，在实施过程中缺乏有效的风险管理，最终造成系统上线失败，给企业造成了极大的损失。神州电信公司的决策者们在 ERP 项目投资决策阶段遇到了很多难题，如：如何评测 ERP 系统上线后给企业带来的收益、系统选型、ERP 系统投资策略的选择、ERP 系统投资时机的选择等。

（一）ERP 投资收益的评测问题

神州电信公司为了改善自身在快速发展时遇到的管理方面的问题，实现企业长远的发展战略规划，决定引进先进的 ERP 系统。但是 ERP 系统上线后究竟能给企业带来多少收益；在 ERP 投资收益中，企业更看重的是 ERP 系统给企业带来的无形收益，但是这些无形收益应该如何定量地去估计；ERP 系统的成功引进是否能够解决原来存在的管理方面的问题。这些疑问在决策阶段始终困扰着神州电信公司的 ERP 项目投资决策者们。为了解决这个问题本章运用构建的 ERP 价值创造系数模型，采用模糊综合评判法，能够对 ERP 项目无形收益进行有效的量化。

（二）ERP 投资决策选择问题

神州电信公司的高层管理者在 1999 年 6 月经过研究决定投资 ERP 项目，但是企业管理者在投资时间上产生了分歧。究竟是现在就投资比竞争对手抢先一步引进 ERP 系统，还是等待 ERP 系统技术软件更加成熟、价格降低后再引进。虽然目前企业的信息系统还可以支持企业正常的需求，但是，最后企业决策者决定在 2002 年 6 月前引进 ERP 系统。

1. 在投资策略的选择上遇到的难题

企业有两种投资策略可供选择：

策略 1：购买领先 ERP 厂商的综合软件包系统，这些系统包括了主要商业功能（财务，生产，人力资源，市场，销售）的信息需求，然后设计，安装，实施这些组件。但是国内、国外有许多 ERP 供应商，所提供的软件功能有所差别，购买的软件是否能满足企业的需求，是实施 ERP 的一项重要工作。因此 ERP 的选型工作尤其重要。

策略 2：

a）选择购买一些最佳组件，这种方法先为企业主要的职能部门提供最新的和最好的软件解决方案，然后在这些部门进行试运行，供用户使用。

b）进一步为其他部门选择运用最佳组件，自行开发设计中间件（连接应用程序的软件工具），实现系统综合的集成。

但是这两种策略各有利弊：

1）第一种策略比第二种策略的投入的人力、物力小，开发周期较短，容易实现系统的集成，便于采用先进的管理思想和管理模式。

2）第二种策略的相对于第一种策略的优势在于：实施成功率高，实施风险较小且企业退出投资容易，安装的 ERP 系统可以满足企业特殊的业务需求。

2. 企业在系统选型中遇到的难题

系统选型是 ERP 系统投资决策中重要的一步。市场上 ERP 软件的类型众多，国内、国外的 ERP 软件供应商提供的 ERP 软件系统各有特色。神州电信公司比较了国内 ERP 软件与国外 ERP 软件的优缺点并且考察了软件供应商的实力及发展前景，考察了软件供应商的产品应用状况，决定选择 SAP、ORACLE、金蝶为候选 ERP 软件供应商进行招标，最后确定软件供应商。

企业在软件选型中将未来选择安装的 ERP 系统的软件级别定位在 3.5 ~ 4.5 级之间。

（三）神州电信公司 ERP 项目实际投资决策方法

神州电信公司在 ERP 投资决策过程中，选用传统的净现值方法作为项目经济评价方法，采用聘请第三方咨询公司作为非经济评价方法。在 ERP 项目的投资收益评测方面更多的是通过考察国内应用 SAP 的厂家：三菱电梯、先进半导体、贝尔、康佳等；国内应用 ORACLE 的厂家：上海日立、杭州摩托罗拉、美的、顺德特变电等来估算出企业未来可能获得的收益。但是这些决策评价方法具有以下弊端：

1）企业采用考察估算收益，一般会高估 ERP 系统上线后给企业带来的收益。

2）NPV 方法往往没有考虑到企业在 ERP 项目投资过程中存在的决策柔性和期权，并不适合具有高风险以及投资成本和未来收益不确定性很高的 ERP 项目投资。因此，神州电信公司在 ERP 投资决策过程中并没有利用企业拥有的决策柔性来规避 ERP 项目的风险，在投资决策选择经济评价方面还缺乏一种科学有效的方法。

三、神州电信公司 ERP 项目投资方法比较

（一）案例随机规划投资决策

本章提出的基于实物期权的随机规划决策模型给企业 ERP 投资决策提供了一种有效的经济评价方法，模型考虑到了 ERP 项目投资过程中决策管理的灵活性、项目投资的收益性和成本具有的不确定性。现将模型应用于本案例中：

1. 模型描述

经过 ERP 软件的市场调研，ERP 软件系统级别系数 X 与投入的软件价格呈正比关系，即

$$P(X)=\eta X$$

假设：t^* 表示决定实施投资策略 2b，并且投入的软件级别为 Z^{t^*}，Z^{t^*} 表示企业决定投入 ERP 软件系统中间件的软件级数，中间件应该和 ERP 所选取的最佳组件相匹配，本算例中设 π 为软件匹配系数。则

$Z_n^{t*}=\pi Y_n^t$，$\forall t\in\{1,\ \cdots,\ T\}$，$\forall n\in\{1,\ \cdots,\ N_t\}$，则企业的随机规划投资决策分析模型为

$$\min -\sum_{t=1}^{T}\left(\frac{F^t}{(1+\gamma)^t}\right) \tag{4-5-1a}$$

$$F^t=V^tL-(U^t\mathrm{I}_1{}^t+V^t\mathrm{I}_{2a}{}^t+W^t\mathrm{I}_{2b}{}^t)-[\eta_1X^t+\eta_2Y^t+\eta_3Z^t+X^tK^t+Y^tK^t]+\nu_1X^t[V(C^t,\ t)+\delta V(D^t,\ t)-E]+\nu_2(Y^t+Z^t)[V(C^t,\ t)+\delta V(D^t,\ t)-E]\quad \forall t\in\{2,\ \cdots,\ T\} \tag{4-5-1b}$$

$$I_*^t=A\times \mathrm{e}^{-\lambda_* t}+B_* \tag{4-5-1c}$$

$$\text{s.t.}\begin{cases}\sum_{t=1}^{T}U^t\leqslant 1,\forall t\in\{1,\cdots,T\} & (4-5-1\text{d})\\ \sum_{t=1}^{T}V^t\leqslant 1,\forall t\in\{1,\cdots,T\} & (4-5-1\text{e})\\ \sum_{t=1}^{T}W^t\leqslant 1,\forall t\in\{1,\cdots,T\} & (4-5-1\text{f})\\ \sum_{t=1}^{T}(V^t-W^t)=0,\forall t\in\{1,\cdots,T\} & (4-5-1\text{g})\\ \sum_{t=1}^{T}(U^t+V^t)\leqslant 1,\forall t\in\{1,\cdots,T\} & (4-5-1\text{h})\\ \sum_{t=1}^{T}(V^t-W^t)t\leqslant 0,\forall t\in\{1,\cdots,T\} & (4-5-1\text{i})\\ V^t+W^t\leqslant 1,\forall t\in\{1,\cdots,T\} & (4-5-1\text{j})\\ F_1^1=-(U^1I_{2a}^1+V^1I_1^1) & (4-5-1\text{k})\\ U^t,V^t,W^t=0\text{ or }1 & (4-5-1\text{l})\\ \eta_1X^t\leqslant U^t(I-I_1^t-X^tK^t),\forall t\in\{1,\cdots,T\} & (4-5-1\text{m})\\ \eta_2Y^t\leqslant V^t(I'-I_{2a}^t-Y^tK^t),\forall t\in\{1,\cdots,T\} & (4-5-1\text{n})\\ \eta_3Z^{t*}\leqslant W^t(I-I'-I_{2b}^t),\forall t\in\{1,\cdots,T\} & (4-5-1\text{o})\end{cases}$$

$Z_n^{t*}=\pi Y_n^t$，$\forall t\in\{1,\ \cdots,\ T\}$，$\forall n\in\{1,\ \cdots,\ N_t\}$，$\pi$ 为软件匹配系数，t^* 表示决定实施投资策略 2b，并且投入的软件级别为 Z^{t*}。

$$3.5\leqslant X^t,\ Y^t,\ Z^t\leqslant 4.5,\quad \forall t\in\{1,\ \cdots,\ T\} \tag{4-5-1p}$$

2. 模型求解

利用 Latin 分层超立方体采样将上述问题随机整数混合整数规划问题转为等价的确定型的混合整数规划问题。选取树形为 $\{1\times2\times2\times2\}$ 情节树，其情节数 为 $N=2^3$。则采用样本为 8 个，他们的采样值和相应的概率为：$\{G_n^t$，K_n^t，$p_n^t\}$，$\forall t\in\{1, \cdots, T\}$，$\forall n\in\{1, \cdots, N_t\}$，$N_T=2^3$。原模型转化为等价的确定性的混合整数规划问题如图 4-5-1 所示。

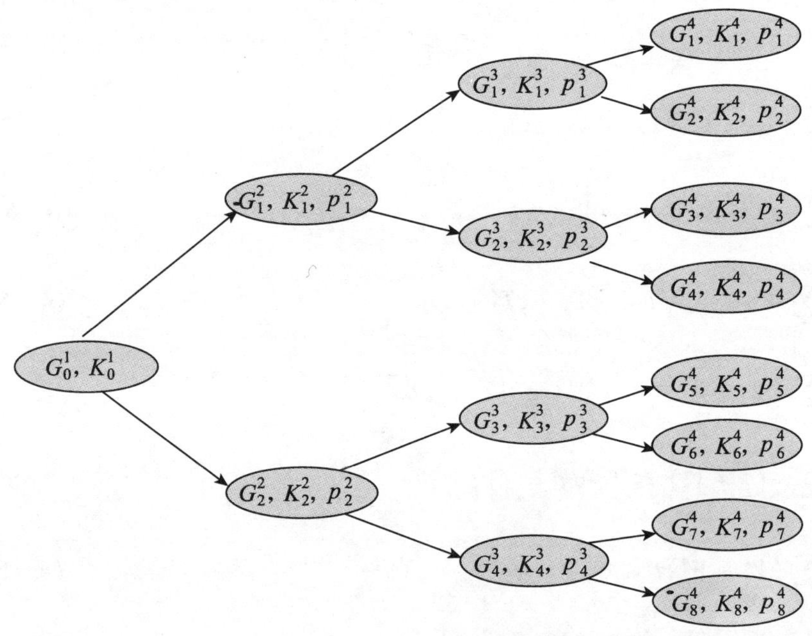

图 4-5-1　Latin 分层超立方体采样情节树

$$\min -\sum_{t=1}^{4}\left(\sum_{n=1}^{N_t} P_n^t \frac{F_n^t}{(1+\gamma)^t}\right) \tag{4-5-2a}$$

$$\begin{aligned} F^t = {} & V_n{}^t L_n - (U_n{}^t I_1{}^t + V_n{}^t I_{2a}{}^t + W_n{}^t I_{2b}{}^t) - [\eta_1 X_n^t + \eta_2 Y_n^t + \eta_3 Z_n^t + X_n{}^t K_n{}^t + Y_n{}^t K_n{}^t] + \\ & \nu_1 X_n^t\ [V(C_n^t,\ t) + \delta V(D^t,\ t) - E] + \nu_2\ (Y_n^t + Z_n^t)][V(C_n^t,\ t) + \delta V(D_n^t,\ t) - E] \\ & \forall t\in\{2, \cdots, T\},\ \forall N\in\{2, \cdots, N_t\} \end{aligned} \tag{4-5-2b}$$

$$I_*^t = A\times e^{-\lambda_* t} + B_* \tag{4-5-2c}$$

$$
\text{s. t.}\begin{cases}
\sum_{t=1}^{T} U_n^t \leqslant 1 & (4-5-2d)\\
\sum_{t=1}^{T} V_n^t \leqslant 1 & (4-5-2e)\\
\sum_{t=1}^{T} W_n^t \leqslant 1, & (4-5-2f)\\
\sum_{t=1}^{T} (V_n^t - W_n^t) = 0 & (4-5-2g)\\
\sum_{t=1}^{T} (U_n^t + V_n^t) \leqslant 1, & (4-5-2h)\\
\sum_{t=1}^{T} (V_n^t - W_n^t)t \leqslant 0 & (4-5-2i)\\
V_n^t + W_n^t \leqslant 1 & (4-5-2j)\\
F_1^1 = -(U^1 \mathrm{I}_{2a}^1 + V^1 \mathrm{I}_1^1) & (4-5-2k)\\
U_n^t, V_n^t, W_n^t = 0 \text{ or } 1 & (4-5-2l)
\end{cases}
$$

$$(\eta_1 + K_n^t)\ X_n^t \leqslant U_n^t(I - I_1{}^t),\ \forall t \in \{1, \cdots, T\},\ \forall n \in \{1, \cdots, N_t\} \tag{4-5-2m}$$

$$(\eta_{2a} + K_n^t)\ Y_n^t \leqslant V_n^t(I' - I_{2a}{}^t),\ \forall t \in \{1, \cdots, T\},\ \forall n \in \{1, \cdots, N_t\} \tag{4-5-2n}$$

$$\eta_{2b} Z_n{}^{t*} \leqslant W_n^t(I - I' - I_{2b}{}^t),,\ \forall t \in \{1, \cdots, T\},\ \forall n \in \{1, \cdots, N_t\} \tag{4-5-2o}$$

$Z_n^{t*} = \pi Y_n^t$，$\forall t \in \{1, \cdots, T\}$，$\forall n \in \{1, \cdots, N_t\}$，$\pi$ 为软件匹配系数。

t^* 表示决定实施投资策略 2b，并且投入的软件级别为 Z^{t*}。

$$3.5 \leqslant X_n^t,\ Y_n^t,\ Z_n^t \leqslant 4.5,\ \forall t \in \{1, \cdots, T\},\ \forall n \in \{1, \cdots, N_t\} \tag{4-5-2p}$$

约束条件中：$\forall t \in \{1, \cdots, T\}$，$\forall n \in \{1, \cdots, N_t\}$ 节点 $(t, n) \in$ 节点 (T, n)

3. 参数的选取和计算机仿真求解分析

中国电信服务市场预测图如图 4－5－2 所示。

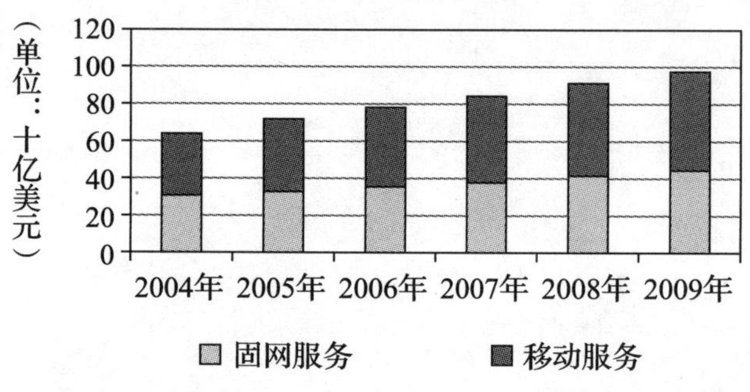

数据来源：IDC，2005

图 4－5－2 中国电信服务市场预测图

固网的交换机、接入设备生产量和销售量按线（单位）来计算，通过与神州电信公司 ERP 项目实施和咨询专家访谈，得到

b＝30 元/线（单位产品成本节省）

p＝100 元/线（单位产品净利润）

神州电信公司国内固网设备的市场占有率一般为 7.4%，销售价格在 300 元左右，则神州电信公司每年预计销售量＝国内市场每年总的销售收入×市场占有率，如表 4－5－1 所示。市场对神州电信公司每年的需求量＝每年预计销售/销售价格，如表 4－5－1 所示。

表 4－5－1 G 列表

年份	2000	2001	2002	2003	2004	2005	2006	2007	2008	2009
销售量/亿元	8.119	5.567	4.414	2.689	2.0789	2.5968	2.8869	2.9452	3.3694	3.505
需求量/线	270638	185586	147165	89633	69297	86560	96230	98174	112313	11685

数据来自神州电信公司上市公司年度财务报表和 IDC 中国电信固网市场需求预测。根据权威机构的市场预测数据，取市场需求的波动率：$\sigma=0.3$。

ERP 沉淀成本取值表如表 4－5－2 所示。

表 4－5－2　ERP 沉淀成本的取值表

（单位：万元）

决策点	1	2	3	4
I_1	586	556	540	530
I_{2a}	397	385	375	368
I_{2b}	159	142	136	129

由于 VCI 的改变量 δ 的取值不是案例分析研究重点，所以没有采取第四章中介绍的 ERP 价值系数模型评价方法进行量化取值，而是根据 ERP 实施专家的评测选取。一般 δ 的取值范围为 10% ~15%，本案例选取 10%。

咨询培训费用等的取值：

$K_0{}^1=2.33$ 百万元 $G_0{}^1=66.35$ 万元 $\mu_k=\ln 2.62$，$\rho_k=0.0012$，$\sigma_k=\ln 0.5$

$\gamma=5\%$，，$\eta_1=72$ 万元，$\eta_2=65$ 万元，$\eta_3=53$ 万元，$E=20$ 万元/年

$L=90.2$ 万元，$\alpha^*=0.52$，$r_f=0.82$

费用预算约束：$I=1200$ 万元，$I'=800$ 万元。

本章首先编写了 VC＋＋程序选取了随机数，并且利用 $P2z$ 正态分布函数曲线，查出了服从 $N(0,1)$ 的随机数，然后计算出相应的 $\{G_n^t, K_n^t, P_n^t\}$，完成 latin。

选取 $G=6$ 万线，如果 $G_n^t \leqslant G$，那么令相应的 $P_n^t=0$ 超立方体采样部分，初始参数选取：$\{G_n^t, K_n^t, P_n^t\}$ 的值如图 4－5－3 所示。

鉴于随机混合线性规划约束条件的特殊型可以观测到 $\{U^t, V^t, W^t\}$ 的所有解的组合如表 4－5－3 所示。

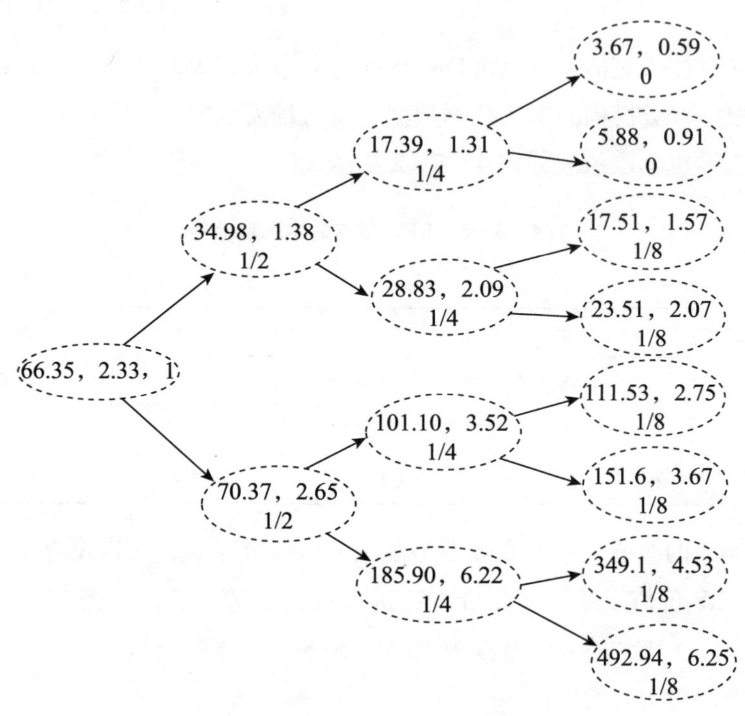

图 4-5-3　G，K 的采样值图

表 4-5-3　决策变量组合表

决策变量 组合数	U^1	V^1	W^1	U^2	V^2	W^2	U^3	V^3	W^3	U^4	V^4	W^4
1	1	0	0	0	0	0	0	0	0	0	0	0
2	0	0	0	1	0	0	0	0	0	0	0	0
3	0	0	0	0	0	0	1	0	0	0	0	0
4	0	0	0	0	0	0	0	0	0	1	0	0
5	0	1	0	0	0	1	0	0	0	0	0	0
6	0	1	0	0	0	0	0	0	1	0	0	0
7	0	1	0	0	0	0	0	0	0	0	0	1
8	0	0	0	0	1	0	0	0	1	0	0	0
9	0	0	0	0	1	0	0	0	0	0	0	1
10	0	0	0	0	0	0	0	1	0	0	0	1
11	0	0	0	0	0	0	0	1	0	0	0	0

因此选取初始可行解组合 1，{1，0，0，0，0，0，0，0，0，0，0，0}，利用 ILOGcplex 软件包求解相应子问题和对偶问题，求得对偶问题无界，因此对主问题增加约束条件

$$66.35U_n^1\omega_{1n}^1-3.5\omega_{2n}^1+4.5\omega_{5n}^t\leqslant 0$$

利用 ILOGHybrid20 软件平台，然后求解 0 - 1 整数规划主问题。

经过 5 次迭代，将组合 8 代入求解子问题 $ZU=-242.56$，其中 $I_{2a}^2=385$，$I_{2b}^3=136$，如表 4 - 5 - 2 所示。取 $Ub=\min\{-242.56, -238.21\}$，经检验 $Ub-Lb=242.56-(238.8)\leqslant 15$，$\varepsilon=15$，所以停止计算，原问题的最优近似解为采用投资策略组合 8，$\hat{Y}^2=3.99$，$\hat{Z}^3=4.47$

解的实际意义为：由于收益和咨询费用的不确定性，决策者在第一年内暂不投资，先等待；在第二年年初实施投资策略 2a，且决定投入的 ERP 系统软件级别系数为 3.99；然后在第三年年初决策者实施投资策略 2b，投入的软件级别系数为 4.47，这样整个 ERP 投资项目的包含实物期权的项目净现值最大，为 242.56 万元。

（二）净现值决策评价方法

1．求解 NPV_{static}

NPV_{static}是在 $t=1$ 决策点，没有考虑 ERP 项目投资中的管理柔性下采用投资策略 1 立即投资的项目的净现值 NPV_{static}。

V 表示 ERP 系统上线后给企业带来的总收益的净现金流量，V 是企业通过咨询 ERP 实施咨询专家以及参考 IDC 电信市场需求预测估算而来的。

$V=989.5$ 万元。

M 表示 ERP 系统上线后到寿命期结束使用总的运行维护费用总的净现值。

$M=9\times 20$ 万元。

I_a 表示采用投资策略 2a 所需要投入的总成本 = 咨询费用 + 软件价格成本 + 项目成本 $I_1=786$ 万元。

无风险利率取 $r=0.05$；

τ 表示采用投资策略 1 时 ERP 系统建成所需的时间 $\tau=1$ 年。

$$NPV_{static} = \frac{V}{(1+r)} - \frac{I_1}{(1+r)} - \frac{M}{(1+r)^2}$$

$$= (942.4 - 748.5 - 163.2) \text{ 万元}$$

$$= 30.7 \text{ 万元}$$

则 ERP 项目投资整个的实物期权价值为

$$ROV = \max\ (NPV_{option} - NPV_{static},\ 0) = 211.8 \text{ 万元}$$

可见如果采用投资方案组合 8 投资比在 t = 1 决策点采用投资策略 1 立即投资，则项目的净现值大，因为如果采用投资方案组合 8 企业考虑到了决策柔性，企业利用了项目投资中的等待期权，学习期权，放弃期权和改变规模的期权等实物期权。

2. 投资方案组合 8 的项目的净现金值 NPV

神州电信公司如果采用传统的 NPV 项目投资决策经济评价方法对投资方案组合 8 进行投资评价，ERP 项目的净现金流量图如图 4-5-4 所示。

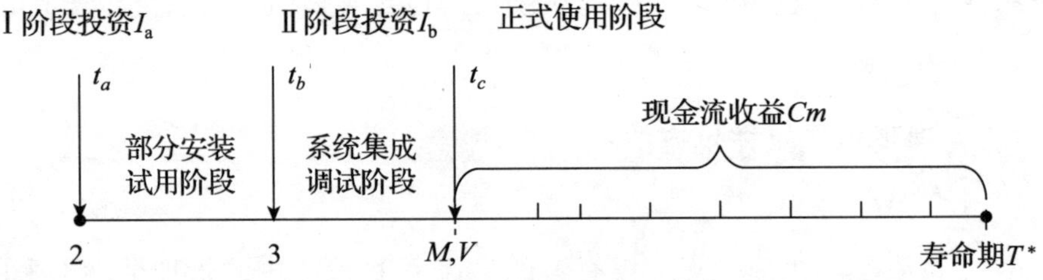

图 4-5-4　净现金流量图

图 4-5-4 中：

V 表示采用投资方案组合 8 时，ERP 系统上线后给企业带来的总收益的净现金流量，V 是企业通过咨询 ERP 实施咨询专家以及参考 IDC 电信市场需求预测估算而来的。$V = 939.2$ 万元。

M 表示 ERP 系统上线后到寿命期结束使用总的运行维护费用。

$M = 7 \times 20$ 万元。

I_a 表示采用投资策略 2a 所需要投入的总成本 = 咨询费用 + 软件价格成本 + 项目成本

$I_a = 486$ 万元。

I_b 表示采用投资策略 2b 所需要投入的总成本 = 软件价格成本 + 项目成本 $I_b = 287$ 万元。

无风险利率取 $r = 0.05$；

τ_1 表示投资策略 2a 最佳组件试用所需完成时间 $\tau_1 = 1$ 年；

τ 表示采用投资策略 2 时 ERP 系统建成所需的时间 $\tau = 2$ 年。

$$NPV = \frac{V}{(1+r)^3} - \frac{I_a}{(1+r)^1} - \frac{I_b}{(1+r)^{(\tau_1+1)}} - \frac{M}{(1+r)^{(\tau+1)}} = -56.78 \text{ 万元}$$

（三）决策评价方法比较

1．方法比较

随机规划模型求解出来的 NPV_{option} 大于传统净现值方法得出的 NPV 。

2．结果说明

1）模型考虑到了 ERP 项目投资过程中的决策管理的灵活性，项目投资的收益和成本具有的不确定性给企业带来的复合期权、放弃期权和学习期权，采用投资方案组合 8，会使企业获得最大的包含项目实物期权价值的净现值流量，所以企业应该采用这种最优策略。但是如果采用传统的净现值方法作为企业 ERP 投资的经济评价方法，由于这种方法没有考虑到项目投资过程中存在的不确定性和期权价值，所以求解值为负，那么企业将不会选择在第一年内暂不投资，先等待，在第二年年初实施投资策略 2a，第三年年初决策者实施投资策略 2b，这样一种投资最佳策略，企业将会失去最佳的投资机会。

2）在求解随机规划投资决策模型中，量化了 ERP 上线后给企业带来的无形收益，并且考虑到了投资成本中咨询培训费用的不确定性，决策模型更加符合现实投资环境。

① 以前的信息系统投资收益研究中，几乎很少考虑到信息系统给企业带来的无形收益。实际投资中很多企业也是更多地看重 ERP 系统成功实施后会给企业带来了一种先进的管理方法和理念，从而提升企业的价值创造能力和市场竞争力。但是这些无形收益的评测相当困难。传统的经济评价方法中，由于没有一种有效收益评测和量化的方法，企业仅仅只是大体地估算了 ERP 系统给企业带来的收益。这样往往会高估 ERP 给企业带来地收益。本章提出

的随机规划模型很好地考虑了ERP项目投资中未来收益和投资成本的不确定性，模型中采用ERP价值创造系数模型对ERP投资收益中的无形收益进行了有效的量化。

② 随机模型充分地考虑到了ERP投资中的决策柔性，求解出的最佳投资策略、投资时机以及投资规模，给企业ERP项目投资者提供了一种科学有效的决策方法。使企业能够更好地把握投资时机，选择合适的ERP软件产品，为企业带来更大的投资回报。

3）模型中企业通过选择最佳的投资时机、投资策略、投资规模，利用了项目中存在的实物期权，同时也规避了企业在ERP项目投资实施过程中所遇到的风险。

第五章 基于清洗的ERP中生产管理模块的数据质量改进

在信息化时代，数据是企业生产和运行的基础，其质量好坏直接影响着企业的生存和效益。据 Data Flux 和 SAS 研究表明，美国企业每年要花费将近 6000 亿美元，约 50% ~80% 的工作量用在数据质量问题上。错误的数据会导致错误的决策，因此，在进行信息系统建设时，企业越来越重视数据质量问题。[60]

据不完全统计，我国目前已有近三千家企业购买了管理软件，而在这些软件系统的应用中存在三种状况：成功实现系统集成运行的只占 10% ~20%，且大多是外资企业；没有实现系统集成或实现部分集成应用的有 30% ~40%；而应用失败的占 50%。

造成信息系统实施失败的因素有很多，到目前为止，已有相当一部分文献针对企业的 ERP 系统实施成功的影响因素展开了分析。数据质量作为信息系统环境的重要组成部分，对 ERP 系统实施成功也起到一定的影响作用。Zhe Zhang 将信息系统的应用环境区分为三个组成部分：系统的适当性、数据质量和系统集成，同时提出假设 ERP 系统环境与 ERP 实施成功有关系，并通过分析得出 ERP 系统的适当性只在实施过程的选择阶段产生影响，而数据质量在实施阶段和优化阶段都产生影响。数据质量作为 ERP 实施成功的关键因素之一，也受到多种因素的影响，主要包括供应商/顾问的质量、系统质量、团队影响、个体影响、组织影响等。

当建立一个信息系统时，即使进行了良好的设计和规划，也不能保证在所有的情况下数据的质量都能满足用户的要求。而导致脏数据产生的原因包括：录入错误、未标准化的缩写、空缺字段、拼写错误、多数据源合并中出现的重复记录等。人们常常抱怨所谓的“数据丰富，信息贫乏”的一个原因是缺乏有效的数据分析技术，而另一个重要原因则是数据质量不高，如数据残缺不全、数据不一致、数据重复等，从而导致数据不能有效地被利用。根据“garbage in，garbage out”原理，为了支持正确的决策，必须要求所管理的数据可靠，准确地反映现实世界的实际情况。

任何企业 ERP 项目的运行，都是架构在数据的坚实基础上。有了高质量的数据，ERP 系统才能够将信息传播到整个企业，优化各种业务工作，提高管理水平，然而在实际应用中数据质量普遍较差。一方面是由于很多企业在实施 ERP 项目之前管理就比较粗放，另一方面是很多企业对数据质量与提高 ERP 应用成功率和企业管理水平的关系缺乏足够的认识。

通过分析得出数据质量对企业的运作层、战术层、战略层都产生着重要的影响，如图 5-0-1 所示。低质量的数据对企业会产生负面影响：降低客户满意度，不断增加运作成本，无效的决策，降低制定和执行战略的能力等，更微妙的是数据的低质量可能会伤害到员工的士气，孳生组织间的不信任，使得系统与企业的整合变得更加困难。电子数据存在的问题将导致系统的运作成本提高，根本无法作为生产和经营的依据，最终导致 ERP 项目的失败。

主要存在的数据问题：	数据的不准确：1%～5% 数据库间数据的不一致 为某一运作或决策无法获得必要数据
典型影响：	
运作层：	降低顾客满意度 增加成本 降低员工满意度
战术层：	降低决策质量 为实施数据仓库增加困难 业务流程改造困难 增加组织间不信任
战略层：	制定战略变得更加困难 执行战略变得更加困难 转移管理注意力

图 5-0-1 数据质量对企业造成的影响[1]

数据检测和清洗是解决数据质量问题的一个关键步骤，它的重要性是不言而喻的。然而目前在学术界，数据清洗并没有得到足够的关注，针对这方面的研究也很少，有些人甚至认为数据清洗是一个需要大量劳动力的过程，而且往往过于依赖特定的应用领域。

当然，对任何现实世界中的数据源，人工完成数据清洗是没有问题的。一些单位每年要花费上百万元来查找数据错误，手工清洗费时、费力且易出错。对于少量数据的数据源来说，采用人工清洗就可以了，但对于规模较大的数据源，这种方法不可行也是不现实的，必须借助信息技术，采用自动清洗的方法。当然，在自动清洗的过程中，仍需要人员的参与。采用自动清洗的目的就是尽可能地减少人员的参与。

第一节　国内外研究和理论综述

本节描述了数据质量的理论基础，包括数据质量的定义、数据质量的分类、数据质量的评估和改进。同时对数据质量的改进方法进行了综述，主要包括定义、原理和框架，并对各种数据清洗算法进行了分析。

从国内外研究现状来看，存在以下不足：

1）关于数据质量维度研究的文献众多，但定量化的数据质量测度还有待于进一步探索；同时数据质量问题应根据数据库的不同特点采取不同的数据质量改进策略，而目前针对数据质量改进的方法有待进一步的探索。

2）大多数数据清洗工具都是针对特定的领域，其应用受到一定的限制。将来，特定领域的数据清洗仍是应用的重点，但较通用的清洗解决方案将会受到越来越多的关注。

3）大多是关于客户关系系统中数据清洗的应用，但专门针对 ERP 系统中源数据的数据质量评价、改进研究甚少，尤其是针对生产管理模块分析的几乎是一片空白。

4）针对特定系统的数据检测和清洗工具有待开发，如专门针对生产管理模块的特点来开发的数据检测和清洗工具，将有关的算法应用到生产管理模块的数据检测和清洗中。

一、数据质量

（一）数据质量的定义

数据是信息的载体，好的数据质量是各种数据分析如 OLAP、数据挖掘等能够得到有意义结果的基本条件。

目前对数据质量有不同的定义，Huang KT 的文献[61]认为数据质量是数据适合使用的程度。Kahn BK 等和 Faloutsos C 等的文献[62,63]认为数据质量是数据满足特定用户期望的程度。Aebi D 等的文献[64]认为，数据质量主要指一个信息系统在多大程度上实现了模式和数据实例的一致性，及模式和数据实例在多大程度上实现了准确性、一致性、完整性和最小性。

（二）数据质量的分类

我们可以将数据源中数据质量问题划分为单数据源质量问题和多数据源质量问题两大类，每一类又根据模式相关和实例相关两个方面进一步划分为单数[65]据源模式问题、单数据源实例问题、多数据源模式问题和多数据源实例问题。如图 5－1－1 所示，并列出了各类有代表性的数据质量问题。

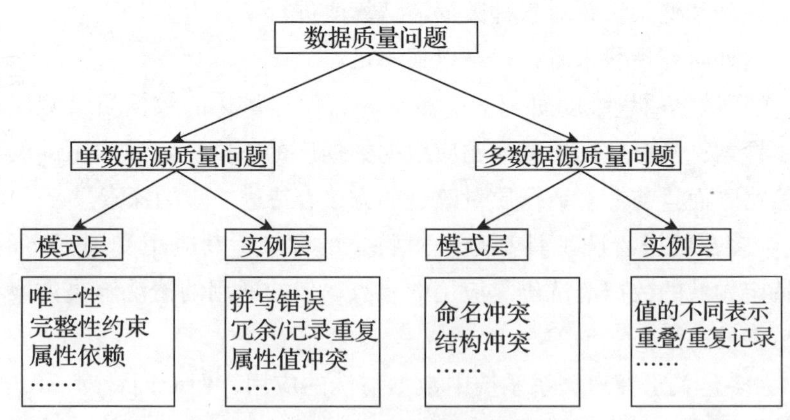

图 5－1－1　数据源中数据质量的分类

1. 单数据源问题

模式相关的数据质量问题是由于缺乏合适的数据模型或特定应用的完整性约束而引起的。模式相关的问题可以进一步细分为属性（字段）、记录、记录类型以及源数据四种不同范围的错误。属性出现的错误主要是数据错误，例如该库存信息中的现有库存低于安全库存；记录的错误主要是属性依赖性错误，例如 BOM 期量表中起始备货日期不等于累计期减去提前期的值；记录类型错误一般是指唯一键冲突的错误；源数据出现的错误是指参照完整性的冲突。

实例相关的问题是在模式层次上无法避免的问题。典型的实例相关的问题包括：①空缺值，在一些记录的属性上没有记录值，这往往由于在数据输入时没有合适的数据或者采用缺省值等而引起。②拼写错误。③缩写错误，如将 Data Mining 缩写为 DM；内嵌数据，一个字段包括多个数据，这经常出现在一些具有自由格式的字段中。④属性依赖冲突，如城市名与邮政编码应该相对应。⑤数据重复，如由于数据输入的错误导致有多条记录表示现实世界中的同一个实体。

2. 多数据源问题

在单数据源情况下出现的问题在多数据源情况下变得更加严重。在每个数据源中都有可能包含脏数据，而且每个数据源中的数据表示方法都不相同，还可能出现数据重叠或者矛盾冲突。因为在很多情况下，各个数据源都是为了满足某一个特定的需要而简单设计、配置和维护的，这在很大程度上导致了数据库管理系统、数据模型等的异构性。

在多数据源中存在的模式相关的问题主要是名字冲突和结构冲突。名字冲突表现在同一个名字表示不同的对象或不同的名字表示同一个对象；结构冲突的典型表现是在不同的源中同一对象用不同的表示方式。

除了模式相关的质量问题外，许多质量问题只出现在实例层次上，如单数据源中所出现的问题都将以不同方式出现在多数据源中，如重复记录、矛盾记录等。即使在具有相同属性名称和数据类型的情况下，各异构数据源中的数据也可能有不同的表示方式或不同的解释，信息的力度以及代表的时间点都有可能不同。

（三）数据质量的评估

目前还没有系统化的数据质量评估指标，现有的数据质量评估往往只针对系统中比较重要的指标，如一致性问题、准确性问题、完整性问题等。

数据质量评估是解决数据质量问题的一个源头性问题。尽管对数据质量的定义有着不同的看法，但一般认为数据质量是一个层次分类的概念，每个质量类最终分解成具体的数据质量维度。数据质量评估的核心在于如何具体地评估各个维度，目前方法主要分为两类：定性的分析策略和定量的分析策略。

定性分析策略的研究主要侧重于维度的定义，以及采取定性的分析方法（如发放调查问卷）来获得某一个具体维度的评估值，但缺乏客观、量化的分析。Ballou DP 等的文献[66]最早提出了数据质量的属性，主要包括准确性、一致性、完整性和及时性。Wand Y 的文献[67]指出数据质量是一个多维度的概念，作者从数据消费者的角度将与数据质量有关的118 个属性归纳为15 个维度，划分为4 个大类，如表5－1－1 所示。

Tayi GK 等的文献[68]提出了数据工程中数据质量的需求分析和模型，认为存在许多候选的数据质量衡量指标，用户应根据应用的需求选择其中一部分。指标分为两类：数据质量指示器和数据质量参数。前者是客观的信息，比如数据的收集时间，来源等；后者是主观性的，比如数据来源的可信度、数据的及时性等。Redman TC 的文献[69]指出了一些数据质量的评估指标。在进行数据质量评估时，要根据具体的数据质量评估需求对数据质量评估指标进行相应的取舍。

表 5－1－1　数据质量维度描述

类	含义	包含的维度
本质特性（Intrinsic data quality）	质量固有属性	Believability, accuracy, objectivity, reputation
应用相关特性（Contextual data quality）	与应用环境相关的属性	Value-added, relevancy, timeliness, completeness and appropriate ammount of data
表现特性（Representational data quality）	与计算机系统存储和表达信息相关的属性	Interpretability, ease of understanding, representational consistency, and concise representation
获取特性（Accessibility data quality）	信息必须可获取且安全	Accessibility, access security

Parssian A 等的文献[70]中提出应在本体的概念上来理解数据质量各个维度的含义，避免数据质量维度的定义缺乏统一的语义基础。数据新鲜度在分布式系统的数据利用中尤为重要，Parssian A 等的文献[71]中从数据抽取延误和原始数据更新频度两个因素进行了分析。

由于定性的分析缺乏客观性和可重现性，定量评估技术成为一个值得关注的方向，目前这个方面的研究主要集中在关系数据库中数据的质量评估技术。Misster P 等和 Yang WL 等的文献[72,73]中采取取样计算的方法，对关系数据库中数据质量的两个维度即精确度和完整度进行量化，并具体分析了四种常见的关系代数操作：选择、投影、笛卡儿积、连接等对数据质量的影响。Shankaranarayan G 等的文献[74]提出针对特定的领域可以通过源数据来定义质量视图，通过这个质量视图来指导具体的数据处理过程。

还有一些研究者为了更客观地评价数据质量，分别从不同对象的角度对数据质量进行评价，最后分析偏差，寻找原因。鲍玉斌的文献[75]中提出了 AIMQ 方法对数据质量进行测度，将问卷的访问者分为两类：数据用户和数据管理者，最后对评价结果进行偏差分析，并提出改进方案。

需要指出的是数据质量的各个指标之间并不是相互独立的，它们之间存在着相关性。假如在某一应用领域一个指标被认为比其他指标更重要时，提高该指标意味着对其他指标将产生负面影响。常见需要做出指标之间权衡的有：及时性与准确性之间，完整性和一致性之间。

可以看到数据质量的评估已经开始引起大家的重视，但在定量评估方面，还有待进一步的探索和研究。

（四）数据质量的改进

提高数据质量的策略多种多样，可以从不同的角度进行分类。数据质量提高策略可以分别从问题的发生时间或质量问题解决依赖的知识两个角度来划分。首先从问题的发生时间来看，数据质量的提高主要分两个角度来考虑：一类是从预防的角度，即在数据生命周期的任何一个阶段，都有严格的数据规划和约束来防止脏数据的产生；另一类是事后诊断，即由于数据的演化或集成，会有脏数据的逐渐涌现，必须采取特定的算法检测出现的脏数据。从数据质量问题解决依赖的知识来看，数据质量提高策略分为两类：一类提高不依赖特定业务规则，是应用独立的，如数据拼写错误、分布异常、某些缺失值处理等，这类问题的解决不依赖于特定的业务规则，可以从数据本身寻找特征来解决；另一类解决方法与特定业务规则有关，是应用依赖的，这些相关的领域知识是消除数据逻辑错误的必需条件。

张云涛，龚玲的文献[76]中将全面质量管理理论应用到数据领域，提出了全面数据质量管理方法（Total Data Quality Management，TDQM）。全面数据质量管理是将产品质量管理的理念引入信息产品领域，分为四个阶段：定义、测度、分析和改进。这些阶段是相互执行的，构成了一个循环。图 5－1－2 为全面数据质量管理进程图。

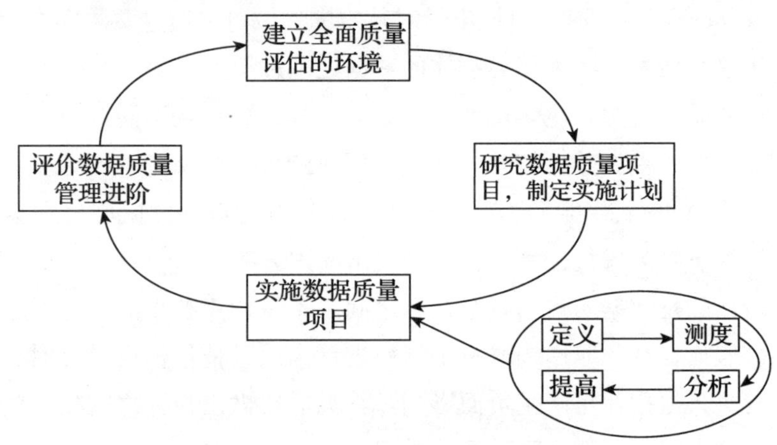

图 5－1－2　全面数据质量管理进程图

二、数据清洗

（一）数据清洗的定义

数据清洗有数据净化（Data Cleaning），数据清洗（Data Cleansing）和数据清理（Data Scrubbing）三种说法，尽管在英文中三者的具体含义有微小差别，但对于三种中文译法，研究者一般都将其看做是一个意思。数据清洗的目的是检测数据中存在的错误、不一致数据和重复记录，并消除或改正它们，从而提高数据的质量，保证应用于数据仓库前端的决策支持系统产生正确的决策分析结果，因此数据清洗过程也被定义为一个评价数据正确性并改善质量的过程。数据的正确性是由准确性、及时性、完整性和一致性等方面定义的。因此数据清洗过程就是评价数据的正确性并提高数据的质量。Hemandez MA 等的文献[77]中将数据清洗问题叫做“脏数据”的处理。Fallside DC 等的文献[78]中指出数据清洗是在数据中消除错误和不一致，并解决对象识别问题的过程。

从广义上讲，数据清洗是将数据库精简以祛除重复记录，并使余下部分转换成标准可接收格式的过程；而狭义上的数据清洗是特指在构建数据仓库和实现数据挖掘前对数据源进行处理，使数据实现准确性、完整性、一致性、唯一性、适时性、有效性以适应后续操作的过程㊀。一般而言，凡是有助于提高信息系统数据质量的处理过程，都可认为是数据清洗。简单地说就是从数据源中清除错误数值和重复记录，即利用有关技术如数理统计、数据挖掘或预定义的清洗规则等，从数据源中检测和消除错误数据、不完整数据和重复数据，从而提高信息系统的数据质量。

目前数据清洗主要应用于三个领域：数据仓库（Data Warehouses，DW）、数据库中的知识发现（Knowledge Discovery in Databases，KDD）和数据/信息质量管理。

下面分别介绍在这三个应用领域中数据清洗的定义：

1. 数据仓库应用中数据清洗的定义

在数据仓库领域中，数据清洗一般是应用在几个数据库合并时或多个数据源进行集成时。同一个实体的记录在不同的数据源中以不同的格式表示或被错误地表示，合并后数据库中就会出现重复的记录。数据清洗过程就是要把这些重复的记录识别出来并消除它们，也就是所说的合并/清除问题，在 Low WL 等的文献[79]中一般称这样的过程为：记录连接、语义整合、实例识别或对象识别问题。在数据仓库环境下，数据清洗是 ETL（Extraction 抽取、Transition 转换、Load 加载）过程的一个重要部分，需要考虑数据仓库的集成性与面向主题的需要，包括数据的清洗及结构的转换。

2. KDD 应用中数据清洗的定义

在数据库中的知识发现领域，数据清洗被认为是 KDD 过程的第一个步骤，即对数据进行预处理的过程。各种不同的 KDD 和 DM 系统都是针对特定的应用领域进行数据清洗的。在 Guyon I 等的文献[80]中，信息的模式被用于发现“垃圾模式”（没有意义的或错误的模式），属于数据清洗的一种。Simoudis E 等的文献[81]中数据清洗被定义为一种使用计算机化的方法来检查数据库，检测丢失的和不正确的数据并纠正错误的过程。可见，KDD 应用中的数据清洗主要是提高数据的可用性，如去除噪声、无关数据、空值，考虑时间顺序和数据的变化等，其主要内容还是一样的。

㊀ 本章中生产管理模块的数据质量改进主要就是基于狭义上的数据清洗概念，为企业构建数据仓库提供高质量的源数据。

3. 综合数据质量管理中数据清洗的定义

数据质量管理是一个学术界和商业界都感兴趣的领域。全面数据质量管理解决整个信息业务过程中的数据质量及集成问题。在该领域中，没有直接定义数据清洗过程。Wand Y 等的文献[82]中所提出的应用于数据获取和数据使用周期质量的数据生命周期模型（包括数据的评价、分析、调整和丢弃），是从数据质量的角度，把数据清洗过程和数据生命周期集成在一起。

（二）数据清洗的原理

数据清洗的原理，就是通过分析“脏数据”的产生原因和存在形式，利用现有的技术手段和方法去清洗“脏数据”，将“脏数据”转化为满足数据质量或应用要求的数据，从而提高数据集的数据质量，如图 5－1－3 所示。数据清洗主要利用回溯的思想，从“脏数据”产生的源头开始分析数据，对数据集流经的每一个过程进行考察，从中提取数据清洗的规则和策略。最后在数据集上应用这些规则和策略发现“脏数据”和清洗“脏数据”。这些清洗规则和策略的强度，决定了清洗后数据的质量。

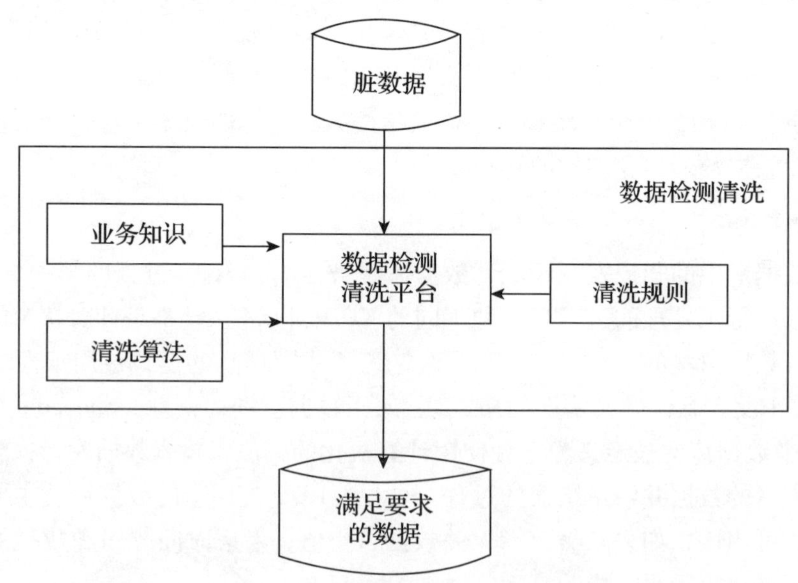

图 5－1－3　数据检测和清洗原理[㊀]

㊀ 根据相关文献整理得出的框架图。

众多文献中将数据清洗过程分为以下三个阶段：①数据分析、定义错误类型；②搜索、识别错误记录；③修正错误。

第一阶段，尽管已有一些数据分析工具，但仍以人工分析为主。

第二阶段，有两种基本的思路用于识别错误：一种是发掘数据中存在的模式，然后利用这些模式清理数据；另一种是基于数据的，根据预定义的清理规则，查找不匹配的记录。后者用得更多。

第三阶段，某些特定领域能够根据发现的错误模式，编制程序或借助于外部标准源文件、数据字典等在一定程度上修正错误；对数值字段，有时能根据数理统计知识自动修正，但经常需要编制复杂的程序或借助于人工干预完成。

（三）数据清洗的框架

为了使数据清洗具有一定的通用性，近年来，关于数据清洗的框架也有了一些研究。Fallside DC 等的文献[78]提出了一个数据清洗框架，该框架清晰地分离出了逻辑规范层和物理实现层。用户可以在逻辑层设计数据处理流程，确定清洗过程需要执行的数据转化步骤；在物理层实现这些数据的转化操作，并对它们进行优化。除了分离逻辑层和物理层以外，Galhardas H 等的文献[83]还提出了一种描述性语言，该描述性语言可以在逻辑层上指定数据清洗过程所需采取的数据转化操作，并指定何时可以弹出例外，要求用户的交互。该描述性语言还可以指定一些数据转化操作的参数，比如记录匹配操作所使用的距离函数等。在 Galhardas H 等的文献[83]研究的基础上，实现了一个可扩展的数据清洗工具 AJAX。

Raman V 等的文献[84]提出了一个关于数据清洗的交互式系统框架，该框架把数据转化和差异检测紧密地集成在一起。用户面对表单风格的界面，能够以直观的图形化方式逐步建立起整个数据转化过程。在此过程中，用户可以执行或者撤销转化操作，而且操作的结果马上就可以在屏幕上看到。后台进程以增量方式检测转化后数据中存在的问题，如果检测到，则及时报告给用户。用户利用系统提供的基本数据转化操作，无需书写复杂的程序就能够完成数据清洗任务，而且用户能够随时看到每一步转化操作后的结果，没有很长的延迟。因此，该系统框架具有较好的交互性。

复旦大学以周傲英教授为首的研究小组较早地认识到数据清洗研究的重要

价值，并已开始了数据清洗的研究工作，提出了一个可扩展数据清洗框架的定义，该清洗框架以术语模型、处理描述文件、共享库等概念和技术实现了模块功能的可定制、系统的开放性和可扩展性。

Winkler WE 的文献[85]针对现有数据工具存在的交互性差、不易扩展和源数据管理不完善等问题，该文在前人的研究成果基础上，提出了一种基于规则的交互式数据清洗系统框架。另外本章还将数据清洗与东南大学已开发的 SEUETL 工具相结合，使它们的转换功能和清洗功能相互补充，既有强大的转换功能，也有很好的清洗能力。

（四）数据清洗的算法

1. 缺失数据清洗算法

空值是数据清洗经常遇到的问题。一般的空值问题可分为两种：一是缺失值，二是空值。缺失值是指其值实际存在，但没有被存入所属字段，如成年人都有身份证，如果某个成年人身份证号属性值为空，就属于缺失值；空值是指因实际并不存在而空的值，如未成年人没有身份证，因此他们的身份证号属性为空。数据清洗所处理的是缺失值。处理方法有：

1）忽略其属性包括缺失值的记录。除非该条记录有多个属性存在缺失值，否则该方法不是很有效。并且当每个属性缺失值的百分比变化很大时，它的性能非常差。

2）某些缺失值可以从本数据源或其他数据源推导出来。由于原始外部数据不同，录入习惯不同，不同系统对记录属性的要求不同，导致同一实体对应的各个记录缺失程度不同，通过清洗可以得到一条相对完整的记录。

3）采用统计的方法来填补空缺值。主要有单一填补法和多重填补法。其中单一填补法是指对缺失值构造单一替代值来填补，常见的方法有取平均值、中间数、回归填补、最大期望填补、就近补齐等。多重填补法是指用多个值来填充，然后用针对完整数据集的方法对它们分析得出综合的结果，比较常见的有趋势得分法和预测均值匹配法等。单一填补法常常不能反映原有数据集的不确定性，会造成较大的偏差。多重填补法的优点在于通过模拟缺失数据的分布，可以较好地保持变量间的关系，其缺点就是计算复杂。

4）人工输入一个可接受的值。一般而言，该方法时间耗费较大，当数据集很大且有较多缺失值时，该方法效率很低。

5）大部分学者采用最近似的值替换缺失值的方法，包括神经网络、贝叶斯网络、粗集理论等，这些方法大都需要判断缺失记录与完整记录之间的记录相似性。

2. 异常记录检测算法

异常数据一般是由两种原因造成的：一是数据固有的变异性造成的，另外一种是由于度量或执行错误导致的，在数据清洗中对这两者都应给予关注。在数据清洗领域对异常数据的自动化发现主要采用数据审计的方法来解决，也称为数据质量挖掘（Data Quality Mining，DQM）。其基本步骤主要分两个环节来解决，第一步是数据概化，即采用数理统计的方法对数据分布进行概化描述，自动地获得数据的总体分布特征，以此作为进一步分析的基础；第二步针对某一特定的数据质量问题进行挖掘以发现异常。

对数据集进行的异常记录检测主要采用的方法包括：①采用数理统计的思想来检测数值型属性，计算属性值的均值和标准差，计算每一个属性的置信区间来识别异常属性和记录。②采用基于距离的聚类的方法来识别异常的记录。③采用基于模式的方法来发现不符合数据集中现存模式的异常记录。④采用关联规则的方法来发现数据集中不符合具有高置信度和支持度的规则的异常数据。

按 Bilenko M 等的文献[86]，所有记录中如果一个或几个字段间绝大部分遵循某种模式，其他不遵循该模式的记录就可认为是异常的。例如，如果一个整型字段 99% 的值在某一范围内（如 0 ~ 1），则剩下的 1% 的记录（该字段 >1 或 <0）可认为是异常。最容易发现的是数值异常（特别是单一字段的数值异常），可用数理统计的方法（如平均值、标准差、值域、信任区间等），这种方法也很成熟。

Bilenko M 等的文献[86]中将聚类、基于模式的方法、关联规则引入到数据清洗中，并做了一些实验测试其效果。尽管这些方法在其他领域（如数据仓库、决策支持系统）中能较好地使用，但在用于发现异常时，有许多不一样的要求，主要结论如下所示：

1）已有的聚类算法对直接检测异常作用不大。在对整个记录空间运用聚类算法时发现异常时，所产生的聚类能作为下述两种方法的检测空间。其主要缺陷是耗时，特别在记录条数多时，不适于检测异常。

2）在运用聚类算法的基础上（每个字段使用欧式距离，采用 K-mean 算法，$K=6$），使用给予模式的方法，仅检测到了少量记录（0.3%）满足超过 90% 字段的模式。

3）经典的（布尔型）关联规则难以发现异常，但数量型关联规则、率规则（Ratio-rules）、序数关联规则能较好地检测异常与错误。

Data Gliches[87]首先将数据根据距离划分为层（Layer），然后对每个层统计数据特征，根据定义的距离计算层中各个数据点与中心距离的远近来判断可能的异常。Lueebber D 等的文献[88]中提出采用数据审计的方法发现异常数据，它在很大程度上依赖于数据清洗算法能否准确分辨异常和非异常数据，为此它采用 C4.5 的决策树算法来发现偏差数据。

3. 相似重复记录的清洗算法

检测并合并消除数据集中的相似重复对象，这在源数据和数据仓库等环境下非常重要，因为在单数据源和多数据源情况下都存在着相似重复记录的可能。对重复源组检测和清除即可称之为合并/清洗问题，也称为记录实例辨识或对象辨识问题。

为了从数据集中消除重复记录，首要的问题就是如何判断两条记录是否是近似重复。其核心问题是字段的匹配，目前常用的算法有递归式字段匹配算法、Smith-Watermnan 算法、R-S-W 算法和编辑距离算法。识别重复记录的经典方法是基本近邻排序方法，其主要思想是：先选定某一个字段或根据已有字段生成一个新字段作为关键字，然后按照此关键字排序，将一个固定长度为 W 的窗口中的最后记录与前面的 W-1 条记录相比较。每次将窗口中最前面的一条记录移出，最后一条记录的下一条移入窗口，这 W 条记录作为下一轮比较对象，这种方法相对地提高了识别速度，只要进行 WN 次比较（其中 N 为总记录数），但仍存在一些缺陷，例如，关键字的选取非常重要。选取不当时容易造成识别遗漏，从而增加识别次数，这极大地影响了识别效率。人们提出了各种改进方法：Galhardas H 等的文献[89]中多次选取不同字段作为关键字，将每次识别出的记录合并（文中称为传递闭包：如果某关键字识别 A 与 B 相同，且另一关键字识别 A 与 C 相同，则记录 A、B、C 相同）作为所有重复记录。

以周傲英教授为首的研究小组提出了一种基于 N-Gram 的相似重复记录检

测的方法，该方法先计算各记录的 N-Gram 值，然后以各记录的 N-Gram 值为排序键进行排序，再通过采用一种高效的应用无关的 Pair-wise 比较算法，通过计算两记录中单词间的编辑距离来判断记录的相似与否，并采用一种改进的优先队列算法来准确地聚类相似重复记录。该方法在一定程度上有效地解决了相似重复记录的检测问题，但当数据量大、错误多、单词间互相影响时，该方法的初步聚类效果就会受到很大的影响。此外，该方法不适用于中文数据库环境。以周傲英教授为首的研究小组还提出了一种检测多语言数据重复记录的综合方法，该方法充分考虑了中文数据库的环境，有效地解决了多语言数据记录的初步聚类和记录比较问题。

Dasu T 等的文献[90]中提到了非线性 K-均值聚类算法，通过抽取应用相关的特征描述，应用非线性 K-均值聚类算法对相似重复记录进行聚类。但是该方法对噪声、孤立点处理能力不强。在孟坚的文献[91]中提到了多语言文本的相似重复记录检测，多语言一般包括中文、英文。对于英文来说，排序多是根据字符在字符集中的次序排列，而中文存在多种排列，要先建立中文识别的序值文件来解决中文的排列问题。

采用 R 树建立索引的方法首先依据 Fastmap 方法选取若干个字符串作为轴（Pivot），各个记录依据这若干个轴计算它在多维空间中的坐标，然后采用 R 树进行多维相似性连接来实现相似重复记录的识别。由于“维度灾难”决定了维度不能过高，使得这种方法不具有通用性。Trouve A 的文献[92]中提出了一种具有代表性的在线数据清洗方法，它是在有干净参照表的条件下进行数据清洗的方法，其基本思路是首先对干净的参照表数据建立一个 ETI（Error Tolerance Index）索引，每一个在线输入的数据根据这个索引迅速找到与之最匹配的干净记录，然后用它来取代，从而完成对输入数据的在线清洗。

Chaudhuri S 等的文献[93]中提出通过学习不同类型的字符串记录的相似性度量函数和相似度阈值来提高重复检测的精度，邱越峰，田增平等的文献[94]中将重复记录检测当做分类问题来解决，任何一对数据库记录可以根据其相似度划分到三个决策空间中：重复、不重复和可能重复，据此通过学习贝叶斯分类模型来解决重复记录检测问题。

北京大学的研究者们对数据清洗也做了一些相关研究，他们主要解决了针对客户关系管理中客户数据集成时重复记录的数据清洗问题。东南大学以董逸生教授为首的研究小组也对数据清洗做了一些研究，他们主要是针对数据仓库化过程中的数据清洗问题进行的研究。

现实的信息系统都是面向某一个具体应用的领域，都与特定的业务规则相联系，因此 Lee ML 等的文献[95]中提出了根据特定领域知识建立规则来识别相似重复记录的框架。这类方法能够根据业务规则，取得好的识别精度。这种方法的主要问题在于，为了识别相似重复记录，必须建立相应领域的规则库，对领域知识的要求比较高，人工定义的工作量比较大。

（五）数据清洗的实现

数据清洗的实现方式主要分为以下四种：

1）手工实现。通过人工检查，只要投入足够的人力物力财力，也能发现所有错误，但效率低下。在大量数据的情况下，几乎是不可能的。

2）通过专门编写的应用程序。这种方法能解决某个特定的问题，但不够灵活，特别是在清洗过程需要反复进行（一般来说，数据清洗一遍就达到要求的很少）时，导致程序复杂，清洗过程变化时工作量大；而且这种方法也没有充分利用目前数据库提供的强大数据处理能力。

3）解决某类特定应用领域的问题。如根据概率统计学原理查找数据异常的记录，对姓名、地址、邮政编码等进行清洗，这是目前研究得较多的领域，也是应用最成功的一类。如商用系统 Trillinm Software 等。

4）与特定应用领域无关的数据清洗。这一部分的研究主要集中在清洗重复记录上，如 Data Cleanser DataBlade Module、Integrity 系统等。

第二节　生产管理模块的数据质量分析

Oliver Wight 公司早在 1977 就指出了 MRPⅡ/ERP 系统运行中的数据评价问题，提出了著名的 ABCD 检测表，共 20 个问题。这 20 个问题按技术、数据准确性和系统使用情况分为 3 组，在表 5－2－1 中列出了其中针对数据准确性的评价表。通过这个评价表我们可以发现，对于 ERP 系统而言，提高数据准确性还有一段很长的路要走。

表 5-2-1　Oliver Wight 的评价等级表㊀

等级	目标	等级	目标
等级 A	BOM 的准确率达到 98% 以上	等级 C	BOM 的准确率达到 70% 以上
	库存记录准确率达到 95% 以上		库存记录准确率达到 70% 以上
	工艺路线准确率达到 95% 以上		工艺路线准确率达到 70% 以上
等级 B	BOM 的准确率达到 80% 以上	等级 D	BOM 的准确率低于 70%
	库存记录准确率达到 80% 以上		库存记录准确率低于 70%
	工艺路线准确率达到 80% 以上		工艺路线准确率低于 70%

ERP 业界流行一句话："三分软件、七分组织、十二分数据"，这充分体现了数据的重要性。ERP 系统是一个严密的管理系统，各种数据的准确性、完整性、及时性等直接影响系统的正常运行。不正确的数据将导致无效的系统，甚至是负效益的系统。一些常用的基础数据，如物料入库数据、物料出库数据、客户资料等，系统的大多数业务处理都依赖它们，对系统是至关重要的。因此，一定要确保基础数据的准确有效。

下面将对 ERP 系统生产管理模块的源数据进行分析㊁，将系统中的源数据进行分类，列举常见的脏数据的类型，分析影响生产管理模块数据质量的因素，并提出改进的框架，为后续的改进研究提供支持。

一、生产管理模块介绍

一般 ERP 系统要实现以下几个基本功能：生产（计划、制造）控制过程、物流（分销、采购、库存管理）的控制与管理、财务的会计核算与管理、人力资源和设备的管理等。这几大功能本身就是不可分割的集成体，它们之间有相应的接口来进行数据的传递，达到整合企业资源的目的。如图 5-2-1 所示，生产管理模块是企业物流、资金流和人力资源控制的核心。生产管理模块在

㊀ 此处为第 1 版的 ABCD 检测表中关于数据评价部分的内容，之后 Oliver Wight 又不断地改进，目前已发展到第 4 版。

㊁ 本章重点是对 ERP 中生产管理模块的基础数据进行分析，并提出了相应的检测程序和清洗方法，以此来提高系统中源数据的质量。其中源数据指的是表示原始信息的数据。

ERP 系统中起着连接库存管理、销售管理、采购管理、财务管理、人事管理和设备管理的桥梁作用。

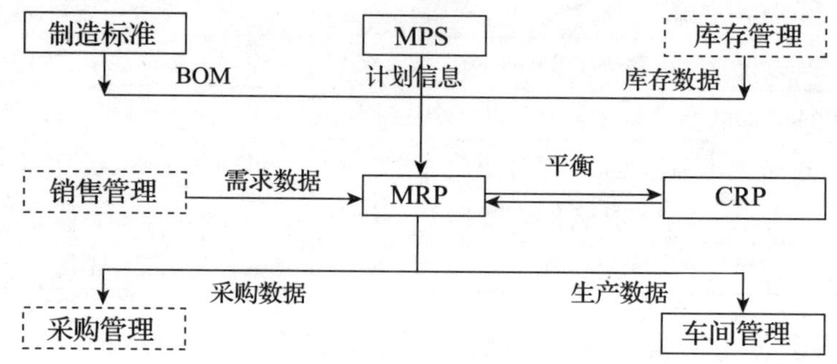

图 5-2-1　生产管理模块与其他模块的关系图

生产管理模块以计划为主线，通过加强对物料及资源的计划管理，达到缩短生产辅助环节、减少库存以及缩短生命周期的目的。可以说生产管理的主要内容是生产计划和生产调度。对很多企业来说，生产管理模块是整个 ERP 系统的核心内容之一。制造企业是 ERP 的起源地，制造业的信息处理具有信息量大、来源分散、关系复杂的特点，在系统运行过程中，任何噪声数据都会对系统运行造成巨大的影响。分析生产管理模块中的数据构成，根据其特点设置相应的数据质量评价标准，运用相关规则和算法对数据库中的脏数据进行检测和清洗，将有利于提高数据库中数据的质量。

生产管理模块的运转逻辑为：客户订单和销售预测确定企业的主生产计划，主生产计划确定零部件的分时间段的需要量，通过批量计划来提高它的生产效率。MRP 则把对最终产品的需求，通过 BOM 展开为对零部件和原材料的需求，这里的需求包括需求种类、时间和数量。经过资金占用情况和生产能力的反复平衡，进而推动采购计划、车间生产计划和外协计划，如图 5-2-2 所示。

从图 5-2-2 中可以发现，生产管理模块中产生的中间数据有：主生产计划和物料需求计划和能力需求计划；中间数据是根据基础数据所提供的资料结合一定的运算而形成的，基础数据的质量直接影响着主生产计划、物料需求计划和能力需求计划的质量。

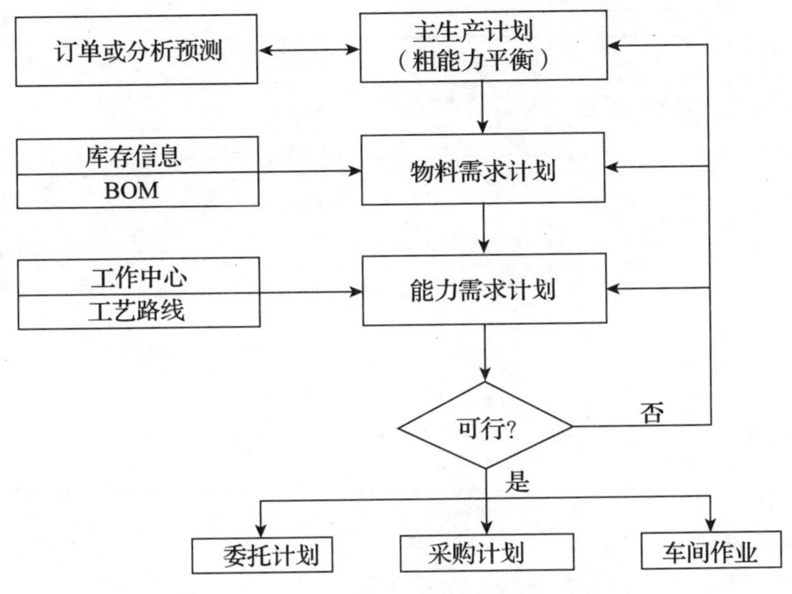

图 5-2-2　生产管理模块的运转逻辑

二、生产管理模块的数据环境

（一）原始表单

生产管理系统中涉及大量的表单，考虑到表单在数据库中的重要性，我们将选取销售订单、客户资料、库存信息、BOM 期量表、成品资料表、原材料资料表、工作中心、车间、工艺路线等九个重要表单来进行分析，每个表单所涉及的属性如表 5-2-2 所示。

表 5-2-2　关键数据表的属性

表单	属性
销售订单	{订单编号、客户编号、付款方式、成品编号、订购数量、单价、折扣、接单日期、预交日期}
客户资料	{客户编号、名称、客户地址、客户电话、传真、邮编、信用等级}
库存信息	{物料编码、所存储仓位代码、计划收到量、现有库存、安全库存、已分配量、操作员、备注、更改日期}

（续）

表单	属性
成品资料表	{编号、名称、描述、类别、单位、零售价}
原材料资料表	{编号、名称、描述、类别、单位、采购提前期、安全库存、零售价}
BOM 期量表	{编号、所在层次、低层码、父项编码、名称、用量、加工标准工时、提前期、累计期、起始备货时间}
工作中心	{工作中心代码、名称、所属车间代码、每日工时、是否为关键工作中心、费率}
车间	{车间代码、位置、描述}
工艺路线	{工序顺序、工作中心代码、名称、准备时间、加工时间、传送时间、平均批量、总工时}

（二）数据的分类

在 ERP 系统中，根据数据的易变性将原始表单分为两类：静态数据和动态数据，如图 5－2－3 所示。

图 5－2－3　ERP 系统中数据处理流程

1. 静态数据（或称固定信息）

静态数据一般是指生产活动之前要准备的数据，如 BOM 期量表、工作中心的能力参数、工艺路线、仓位代码等。我们所处的客观环境是不断变化的，因此所谓的静态也是相对的，就是说即使是静态数据，也要定期维护，保证其数据质量。

2. 动态数据（或称流动信息）

动态数据一般是指生产活动中发生的数据，它们是不断发生、经常变动的。如销售订单、库存记录、完工报告等。一旦建立，需要随时维护。

结合上述的分析，可以将基础数据划分为两类，静态数据和动态数据，分类结果如表 5-2-3 所示。

表 5-2-3　原始表单的分类

静态数据	动态数据
客户资料、成品资料表、原材料资料表、BOM；期量表、工作中心、车间、工艺路线	销售订单、库存信息

(三) 脏数据的常见形式

脏数据指的是系统中的不准确、不一致、不完整以及不及时的数据。脏数据的存在将导致系统中数据质量下降，提高数据质量策略之一就是检测和清洗系统中的脏数据。

在本章中我们将按照常见的数据质量评价维度[㊀]将脏数据分为不准确的数据、不一致的数据、不完整的数据和不及时的数据。

1. 不完整的数据

完整性一般是指数据的宽度、深度和规模满足相应需求的充分程度。数据的宽度和深度主要是从模式设计的角度来看，是否包含了应有的概念和属性；数据的规模主要是从实例层的角度而言，从字段的层次来看，若数据库中某条记录存在一个或一个以上的属性值为空，则认为该记录存在缺失值，不满足完整性的要求；从记录的层次来看，是否存在缺失的记录。本章主要关注的是实例层的问题，下面将从实例层的角度来对不完整数据进行分析，如表 5-2-4 所示。

表 5-2-4　不完整数据示例

编号	名称	描述	类别	单位	零售价
10001	速冻水饺	供应给大中型超市		箱	
10002	速冻粽子	供应给大中型超市	速冻食品		590

表 5-2-4 是成品资料表中的一些数据，表中给出了一些不完整数据的例子。在这个表中，由于种种原因，记录中的一些字段值为空值，如第一条记录

㊀ Ballou 和 Pazer 早在 1995 年提出的评价维度。

中的“类别”和“零售价”为空，第二条记录中的“单位”为空。这种现象在数据库中经常出现，不完整数据的存在不但会影响企业信息系统的正常运行，而且也会对企业的业务运作产生负面的影响，还会引起决策支持系统的错误，产生不正确的分析结果，特别是记录中关键字段的缺失，或者数字型字段出现空值，因此必须要解决数据库中数据的不完整问题。

除了上述字段缺失的情况外，还有可能会出现少录入的情况。例如一条销售订单由于各种原因未录入到数据库中，游离于系统外。

2. 不一致的数据

在企业的信息系统中包含着众多的关系模式，相同的属性有可能同时被多个关系模式所包含，这就需要设计时对不同表中的相同属性采用同样的命名、类型以及属性定义等。例如常见的参照完整性约束，指的是一个关系中的参照属性必须被参照关系中的主键属性所包含。如果不同关系表中的同一属性取值出现明显的不一致时，则表示系统中出现了不一致的数据。

表5-2-5和表5-2-6列出了单数据源和多数据源情况下常见的数据不一致情况。在本章中我们只讨论单数据源情况下数据质量的改进。

表5-2-5　单数据源中数据不一致的情况

背景：	销售订单={订单编号、客户编号、付款方式、成品编号、订购数量、单价、折扣、接单日期、预交日期}
	客户资料={客户编号、名称、客户地址、客户电话、传真、邮编、信用等级}
	成品资料表={编号、名称、描述、类别、单位、采购提前期、安全库存、零售价}
	订单关系中的客户编号参照了客户资料关系，成品编号参照了成品资料表，两者属于“多对一”的关系
模式层的不一致	客户资料中客户编号采用5位字符表示，而销售订单中的客户编号采用5位整型表示
实例层的不一致	销售订单=（A001，C001，1，D001，1000，100，9折，2007/01/25，2007/02/25）而在客户资料中找不到客户编号为C001的客户资料，不满足参照完整性的约束，在成品资料表中找不到编号为D001的成品资料

表5-2-6　多数据源不一致数据的情况

错误类型	数据源A	数据源B	错误说明
属性命名冲突	客户（名称，……，地址）	客户（姓名，……，住所）	地址和住所属性都表示客户的办公场所
属性类型冲突	客户（……，注册日期（时间型），……）	客户（……，注册日期（字符型），……）	相同的注册日期一个被定义为时间型，另一个被定义为字符型
属性定义冲突	客户（……，地址，……）	客户（……，省，市，街道，门牌，……）	地址信息在数据源A中使用“地址”属性，在数据源B中使用省、市、街道、门牌四个属性来描述
语义定义不一致	评估销售（月份，销售额，……）	评估销售（季度，销售额，……）	数据源A中的销售额指的是月度销售额，数据源B中的销售额指的是季度销售额

3. 不准确的数据

如果从字段的层次来定义，准确性是指一个记录的字段值v'与被认为正确的某个值v之间相一致或相接近的程度。从记录的层次来定义，准确性指的是相同的现实实体在数据库中只有一条记录与之相对应，而不存在多条记录与之相对应的情况。

根据上述的定义，可以将不准确数据分为两种形式：一种是指字段中存在错误；另一种是数据的重复录入，造成数据库中相似重复记录的存在。

(1) 异常数据

针对第一种错误类型，被称为异常数据。根据字段的数据格式分为以下三类：

1）连续型异常数据。主要是指连续型数值存在错误。例如，销售订单中订购数量的错误，或库存信息中现有库存数据的错误。

2）离散型异常数据。在信息系统数据库中，存在着大量的离散型数值，这些数据往往以一种离散的形式存在，如性别的取值为“0/1”，销售商信用水平的度量分为“优秀/良好/一般/较差”等几个等级，往往数据库中离散数据的错误将会导致企业作出错误的决策。例如销售商的信用等级原本是较低的，但由于错误的数据录入导致销售商的评级增高，从而给予了较高赊销额度，这种错误的决策将会给企业带来巨大的风险。

3）其他类型异常数据。在数据库中还涉及一些其他数据，如“日期”“电话号码”等，这些类型数据的异常值可通过常识来进行判断，如“2007/2/30”就属于异常数据值。

表5-2-7是销售订单表中的一些数据，表中给出了一些错误数据的例子。在这个表中，由于种种原因，记录中包含有一些错误数据。比如订单编号为A0018的“订购数量”应为“1400”而非“140”，单价折扣对应的应为“8折”而非“全价”，预交日期应为“2007/2/28”而非“2007/2/31”。

表5-2-7　异常数据表

订单编号	客户编号	付款方式	成品编号	订购数量	单价	折扣	接单日期	预交日期
A0001	C0010	1	D001	1000	100	8折	2007/1/21	2007/2/12
A0012	C0010	2	D002	1200	200	8.5折	2007/1/22	2007/2/15
A0018	C0010	2	D002	140（错误）	200	全价（错误）	2007/1/23	2007/2/31（错误）
A0020	C0010	3	D001	1200	100	8.5折	2007/1/24	2007/3/1

（2）相似重复记录

所谓的相似重复记录指的是一个现实实体可能由多个完全不同的记录来表示。产生相似记录的原因有很多方面：包括数据录入员的失误、不同的缩写形式、自由格式的文本以及数据的变迁等。

相似重复记录的判断是个复杂的问题。在关系数据库中判断两条记录是否重复，这需要通过记录的比较决定记录间的相似程度，即通过记录各字段值语法上的比较结果，决定两条记录语义上的等价性，这也称为记录的匹配问题。现实中的数据又是比较复杂的，两条记录是否描述的是同一实体有时还要根据实际情况来判断。表5-2-8给出了相似重复记录的实例。表中描述的对象是同一实体，但由于操作员的错误将相同客户信息又重新输入了一遍，从而产生了相似重复记录。

表5-2-8　相似重复记录实例

客户编码	客户名称	地址	电话	信用等级
C0011	众品食品厂	河南长葛	0371-2983938	A
C0129	众品食品厂	河南许昌	9999-9999999	B

相似重复的存在将造成以下问题：

1）损害信息的一致性。多条相似记录在数据库中以不同的主键来标识，它们的信息可能互为补充，但存在冗余，而且可能相互矛盾。当现实世界中的实体发生状态改变时，操作员会更新这些相似记录中的某个“代表记录”，而其余的记录往往得不到同步更新，这样会进一步损害信息的一致性。

2）资源浪费。相似重复记录不仅会造成数据库中的数据冗余，浪费存储空间，更坏的情况下可能使客户产生不满。例如，企业为了维持良好的客户关系，经常会给客户邮寄许多产品资料，如果信息系统中存在相似重复记录，则就会给客户邮寄多份重复资料，造成企业不必要的浪费，同时也给客户带来麻烦。

4. 不及时的数据

及时性是指一个属性值在时刻 T 以前是正确的，在时刻 T 是错误的，那么它在T时刻是过去状态，必须进行实时更新，及时性可以用过时的时间长度来度量。及时性的定量评价可采用0~1范围内的数据来表示，计算公式为：

$$\text{Timeliness} = \{\max[(1 - \text{currency/shelf} - \text{life}),\ 0]\}^{\delta} \qquad (5-2-1)$$

其中currency是通过最后更新数据的时间来测度，对应的是数据被更新的最后时间点；shelf-life代表的是数据的保质期，易变性强的数据对应的shelf-life值则非常小，相反易变性弱的数据对应的shelf-life值则非常大；δ 是一个参数，用于控制Timeliness与currency/shelf - life比率的敏感性。

对于静态数据而言，其变动频率很小，一般不需要对及时性进行特殊的关注；但对于动态数据而言，其变动频率较大，数据是否及时会直接影响到企业的运行和决策。ERP系统中经常存在着这样的情况：取消的销售订单依然在执行，成品退库的信息未及时录入到系统中，导致成品实际已经退回入库，但系统中却没有此产品退库的记录。

不及时数据主要是由于数据更新的不及时、各部门之间协调沟通不畅所造成，很难通过清洗的方式来发现数据中的问题。企业可以采用以下方式来提高数据的及时性：

1）取消的销售订单首先及时通知销售部门将订单数据进行修改，同时告知生产部门对生产计划进行调整，通知财务部门对取消的销售订单进行相应的会计处理；

2）对于退库的产成品，需要库存部门及时对产成品进行入库登记，同时通知销售部门、财务部门、生产部门对销售数据、会计数据、生产计划进行修改，从而保证系统中数据的及时、一致。

根据上述的四种分类，表5-2-9列出了ERP系统中生产管理模块中脏数据的常见形式。

表5-2-9　生产管理模块中脏数据的常见形式

表单	不完整数据	不一致数据	不准确数据	不及时数据
销售订单	订购数量字段缺失 预交日期未录入 销售订单缺失	客户编号不存在 成品编号不存在	订购数量值极大 接单日期和预交日期超出范围 折扣异常付款方式选择错误 相似的订单录入了两次	取消的销售订单依然在执行
库存信息	现有库存缺失 计划收到量字段缺失	物料编码在成品资料表和原材料资料表中不存在 仓位代码不存在	现有库存<安全库存 计划收到量数据异常大或小	退库信息未及时录入（实际产品已退回入库，但系统中却没有此产品退库的记录）
客户资料	信用等级缺失 名称、客户地址等缺失	涉及销售订单	电话号码不合法 信用等级选择错误 相似的客户资料存储多次	
成品资料表	名称缺失 零售价缺失	涉及销售订单、库存信息	零售价数据异常	
原材料资料表	名称缺失 采购提前期缺失 安全库存缺失 零售价缺失	涉及销售订单、库存信息（查询物料编码以及安全库存）	零售价数据异常采购提前期异常	

（续）

表单	不完整数据	不一致数据	不准确数据	不及时数据
BOM 期量表	所在层次、低层码、父项编码缺失 累计期、提前期、起始备货时间有缺失	父项编码不存在	低层码 >= 物料的层次 所在层次 >= 物料的层次 所在层次 >= 低层码 起始备货时间 ≠ 累计期 - 提前期	
车间	车间信息未完全录入	涉及工作中心		
工作中心	每日工时缺失 是否为关键工作中心缺失 费率缺失	所属车间代码不存在	每日工时极大或极小 费率极大或极小 是否为关键工作中心错误	
工艺路线	准备时间、加工时间、传送时间的缺失	工作中心代码不存在	准备时间、加工时间、传送时间异常	
仓位		关系到库存信息		

三、影响数据质量的因素分析

造成脏数据的原因有很多，下面将对脏数据产生的主要原因进行分析，如图 5 - 2 - 4 所示。

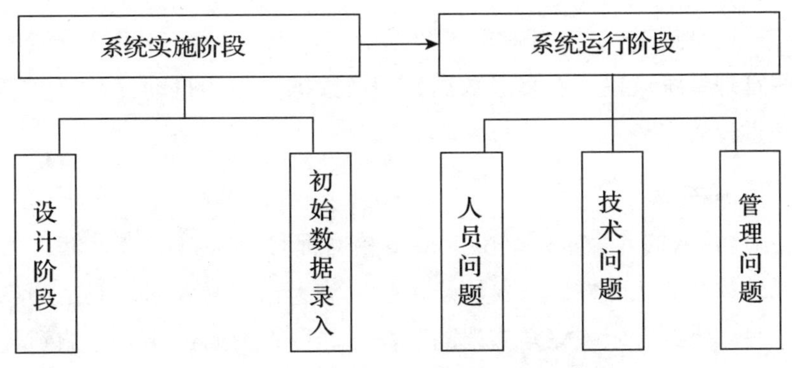

图 5 - 2 - 4　脏数据产生原因分析结构图

1. 实施阶段的数据问题

(1) 系统设计阶段

1）在系统设计阶段，需要企业业务系统的具体处理流程，保证系统的数据处理流程的正确性，否则即使数据的录入是正确的，由于处理机制的错误将会导致重大的系统设计失误。

2）建立完整的约束机制，例如，针对准确性问题，应该保证数据符合特定的格式和要求，要对用户的输入进行约束；针对完整性问题，对于不许为空的数据，应该在数据缺失的情况下进行提醒，从而保证录入数据的完整性。

3）数据模式的设计应该统一，同一数据的定义、命名以及其他属性都应保持完全一致，从而在系统实施阶段就能保证系统在设计上的一致性。

4）对于原始表单的录入，必须在模块内部确定统一的输入格式。

(2) 初始数据录入问题

在系统实施前后，如果不重视对基础数据结构的优化，不充分做好对企业现有业务数据的整顿，只是从企业原有的信息孤岛或手工管理的零散和混乱的数据源中调用数据进行输入，就会出现很多问题。

2. 运行阶段的数据问题

(1) 技术方面

1）建立完整的系统更新和维护制度。系统实施后，并不代表系统将一成不变，也需要根据企业的业务性质以及业务处理流程等实际情况的变化，对系统进行更新和完善。

2）在数据维护上，要有对重要数据的变动情况进行追踪的功能。举例而言，有些管理系统设置了对高级数据管理员数据操作的自动存档，便于事后对重要业务过程的审核。

(2) 人员方面

1）用户输入的人为错误，由于很多数据都是以字符串来存储，无法使用约束来保证数据的正确性，需要用户正确地输入相应的数据，但是用户输入时往往会拼写出错或者录入完全错误的数据，这种人为的错误会影响到数据的准确性、一致性和完整性；

2）用户录入数据的不及时，耽误了数据的处理，影响了系统的运行。

（3）管理方面

1）制度方面的缺陷。例如数据冗余的不一致，系统设计时为了用户使用的方便性或提高相应速度，可能将同一种数据分别在多地进行维护，但是这样容易导致数据之间的一致性缺乏保证。如果一地数据的修改必须同时在管理制度中声明及时通知另外一地的数据及时更正。

2）制定数据的管理制度，分清责任，理顺信息流程，划分责任部门以及责任人，主要根据企业实际的情况合理分工。建立完善的数据更改制度，任何数据的更改需要根据企业的流程办事，数据的更改需要填写更改单，并经相关负责人审核签字后方可更改，并对更改单进行存档备案；

3）建立对电子版文档的存储、格式的统一管理制度；如 BOM 结构文档、物料文档和采购信息文档等分别由不同部门进行管理和更新；因为仅依靠系统内的数据是不行的，应该有一份和系统同步的电子文档，该文档不仅记录数据，还要记录数据的来源，比如通知号、提供人等。

根据上述的分析，我们将脏数据产生的原因重点划分为四类：人员问题、管理问题、系统问题以及数据问题。鱼骨图分析如图 5－2－5 所示。

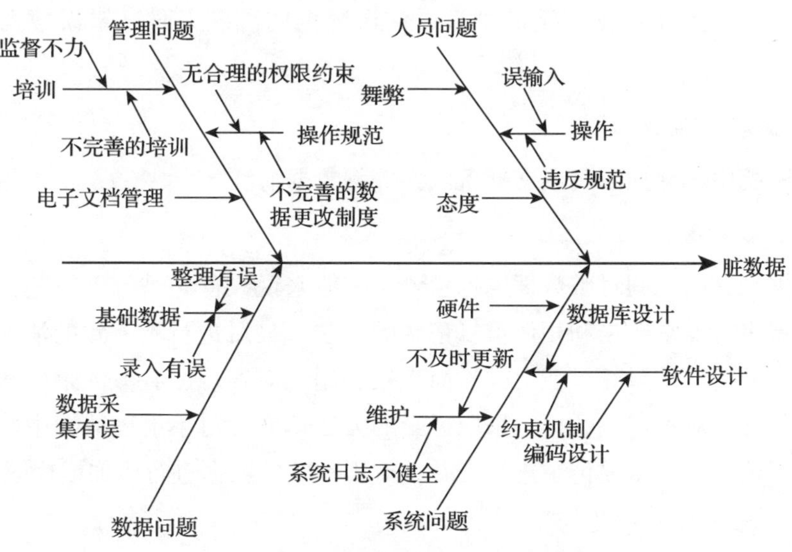

图 5－2－5　脏数据产生原因的分析

四、基于清洗的数据质量改进流程

产生脏数据的原因是多种多样的，这些共同的因素导致了数据的不完整、不一致、不准确、不及时，由于不及时数据尚无法通过清洗方式的来发现，本章重点通过清洗的方式来发现系统中的不完整数据、不一致数据和不准确数据，从而提高 ERP 系统中生产管理模块的数据质量。

生产管理模块基于清洗的数据质量改进的过程分为以下几个步骤：

1. 进行“脏数据”的分析

在进行清洗前，一个详尽的数据分析是不可缺少的。除了手动的检查数据外，还需要结合数据库中源数据的描述来发现一些规则，获取数据属性的描述。

2. 定义检测和清洗规则

针对数据源中存在的脏数据形式，定义不同的清洗规则，有效地提高数据清洗的效率。生产管理模块中数据清洗的关键就是根据发现的脏数据定义数据清洗规则，自动清洗数据或者将无法清洗的记录筛选出等待进一步处理。其中清洗规则主要描述数据清洗的类型、错误数据的判断条件、错误数据的处理类型。

3. 提取“脏数据”

将系统中数据抽取到数据准备区，等待数据清洗。

（1）执行数据清洗

根据定义的规则对脏数据进行检测，一般来说，首先进行不完整数据的清洗，接着进行异常数据和相似重复记录的清洗，最后进行不一致的清洗。这是因为前面的清洗结果有可能会被后面直接利用。对发现的脏数据采取适当的方法进行处理，对不完整数据，采取适当的方法填充；对不准确数据中的异常数据进行修改，相似重复记录进行合并；对不一致的数据进行添加或修改。

（2）评估和验证

对整个数据清洗工作进行评价，尤其是对相关规则和算法的评价，实施进一步的改进，同时检验该过程中数据质量是否得到了提高。

第三节　基于清洗的生产管理模块的数据质量改进研究

根据第二节的分析将脏数据定义为四类：不完整数据、不一致数据、不准确数据和不及时数据，由于不及时数据大多是由于管理问题所造成，尚无法通过清洗的方式来提高数据质量，本章重点解决的是不完整数据、不一致数据和不准确数据的数据质量改进问题。

一、不完整数据的检测和清洗

（一）不完整数据的处理流程

为了检测和清洗不完整数据，首先要检测不完整的数据，其次是对不完整数据的处理。

对不完整数据处理分为以下几步来完成：

1. 判断数据的可用性

如果一条记录中字段值缺失的太多，或者是关键的字段值缺失，就没有必要去处理该记录。因此，对于检测出的不完整数据，要根据每一条记录的不完整程度以及其他因素，来决定这些记录是保留还是删除。

2. 忽略缺失字段的值

对于不重要的字段值缺失，一般采取忽略的方法。如果某一属性中大多数的字段都是缺失的，可以考虑是否保留该属性。

3. 填充缺失字段的值

对于那些要保留的记录，要采取一定的方法来处理该记录中缺失的字段值，一般可采取填充的办法。可以参照原始单据进行填充，如果原始单据中也是空值，由于多数情况下，字段值之间并不是相互独立，可以根据关联规则、预测等方法进行填充缺失的字段值。

图 5－3－1 给出了不完整数据的处理流程图。

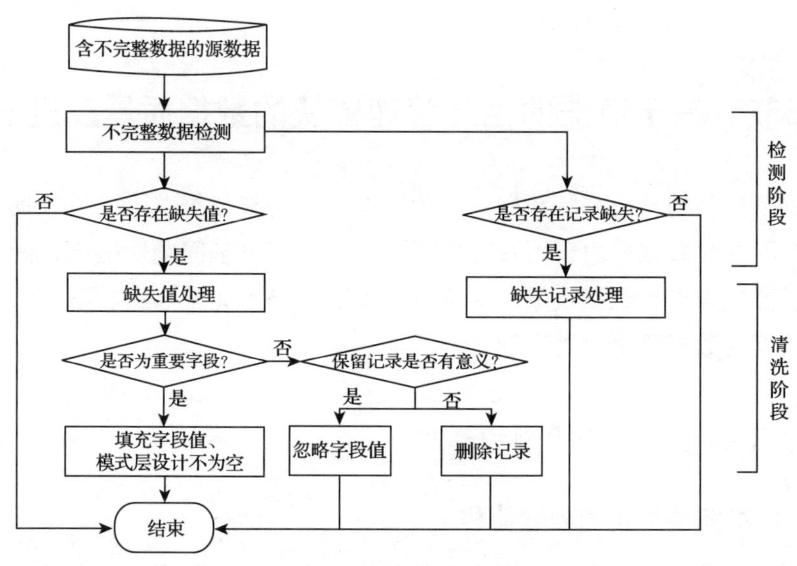

图 5－3－1 不完整数据的处理流程图

（二）缺失值的填充

使用忽略缺失字段值的方法比较简单，但有可能将有该记录有关的有价值的信息一并删除。因此我们一般建议是把那些不完整的数据填充，而不是删除掉。

缺失值填充算法也是数据清洗领域研究的热点之一，缺失值填充即把缺失值用最接近它的值来替代，从而提高数据的质量。

常见的集中处理方法有：

1. 人工填写缺失值

该方法很费时，并且当数据集很大、缺失值很多时，该方法可能行不通。

2. 常量值替代法

常量值替代法就是对所有缺失的字段值用同一个常量（如“Unknown”或 $-\infty$）来填充。由于所有的缺失值都被当成同一个值，容易导致错误的结果。尽管该方法简单，但并不十分可靠。

3. 采用统计的方法

这类方法主要是通过对数据的分析，得出数据集的统计信息，然后利用这些信息填充缺失值。其中最简单也是最常用的方法是平均值填充方法和最大概率填充方法。

均值填充法是把完整数据的算术平均值作为缺失数据的值，它是根据正态分布的原理，“在正态分布下，样本均值是估算出的最佳的可能取值”。均值填充法的缺陷在于会影响缺失数据与其他数据之间的相关性。

最大概率法是选择数据集中出现次数最多的值来填充缺失值。

4. 采用估算值的方法

估算值替代法比较复杂，但它是比较科学的一种方法。首先采用相关算法，如用判定树归纳、回归、神经网络等方法来预测并进行填充。比较适用于连续型数值的填充。

5. 采用分类的方法

分类是在已有数据的基础上构造出一个分类函数或模型，即通常所说的分类器。该函数或模型能够把数据库中的数据记录映射到给定类别中的某一个类别。常见的分类技术如贝叶斯网络、神经网络、粗糙集理论以及决策树等。主要适用于离散型数值的填充。

6. 基于规则的方法

系统中的数据之间存在着一定的勾稽关系，或是依据某种约束关系。可以根据这些勾稽关系和约束关系来填充不完整的数据。填充方法的对比如表5-3-1所示。

表5-3-1 填充方法的对比

填充的方式	适用的情况	填充的方式	适用的情况
人工填写	都适用	采用估算值的方法	连续型数值的填充
常量值替代（缺省值）	都适用	分类的方法	离散型数值的填充
统计的方法	连续型数值的填充	基于规则的方法	离散型、连续型、其他型

（三）数据不完整性改善在生产管理模块中的应用

针对生产管理系统中的不完整数据，其检测主要分为以下几个步骤：①查找需要连续编号的记录是否满足编号的连续性。②重要字段在设计时设置为“不允许空”，那么查找重要字段值为缺省值的记录。③重要字段在设计时设置为“允许空”，那么查找重要字段值为空值的记录，并根据空值的情况判断是否为缺失值，并进行填充。

以生产管理模块为例，其缺失值的填充方法如表 5-3-2 所示。

表 5-3-2 生产管理模块的缺失值填充

表单	表现形式	填充方法
销售订单	订购数量字段缺失 预交日期未录入 销售订单缺失	（1）人工填写缺失字段值
		（2）对于订购数量缺失的情况，可采用 BP 神经网络预测的方法
		（3）预交日期可根据以往的销售记录进行预测，并填充
		（4）订单编号不连续，查找缺失订单，并进行人工补充
客户资料	信用等级缺失 名称、地址等缺失	（1）客户信用等级的缺失，可通过决策树或 BP 分类方法，根据其他的相关属性推断其信用等级
		（2）名称、地址的缺失需要采取人工询问确认，并补充
库存信息	现有库存缺失 计划收到量字段缺失	（1）现有库存缺失，可通过“上期库存+本期入库数量-本期发出货物量”进行推算预测
		（2）计划收到量字段缺失，与生产部门协商，可通过“本期预计完工数量”进行预测
成品资料表	名称缺失 零售价缺失	（1）名称缺失，查找编码资料填充
		（2）零售价缺失，可查找相关成本记录，并采取合理的方法估价
原材料资料表	名称缺失 采购提前期缺失 安全库存缺失 零售价缺失	（1）名称缺失，查找编码资料填充
		（2）采购提前期缺失，可通过“其他相关提前期”进行预测，如可用“交货提前期+加工时间+加工提前期+采购时间”来推算填充
		（3）安全库存缺失，可按照相关文件进行填充或选取所有库存记录中“现有库存”的最小值填充
		（4）零售价缺失，可通过成本记录，并采取合理的方法估价

（续）

表单	表现形式	填充方法
BOM 期量表	所在层次、低层码、父项编码缺失累计期、提前期、起始备货时间有缺失	（1）所在层次缺失，可通过该记录的“父项编码所在层次 +1”得到
		（2）低层码缺失，如果该物料是零件，那么“低层码 = 所在层次”，否则“低层码 = 所在层次 +1”填充
		（3）累计期、提前期、起始备货时间任何一项的缺失，可通过其他两项填充，满足公式“累计期 = 提前期 + 起始备货时间”
工作中心	每日工时缺失 是否为关键工作中心缺失 费率缺失	（1）每日工时的缺失可通过设备情况以及企业的实际工作时间来确定
		（2）是否为关键工作中心的缺失可通过 BP 神经网络分类算法预测，结合平均批量，准备时间、加工时间、负荷等进行确定，是否属于关键工作中心
		（3）费率缺失，可通过成本数据和时间数据进行推断，或查看相关资料
车间	车间信息未完全录入	车间信息未完全录入，查看公司的编码文件进行补全
工艺路线	准备时间、加工时间、传送时间的缺失	可通过公式“准备时间 + 加工时间 + 传送时间 = 总工时”来进行推断

二、不一致数据的检测和清洗

（一）不一致数据的处理流程

对不一致数据的处理过程如下：

1）查找出关系表中处于不同关系表中相同属性的所有情况。

2）如果属于参照完整性关系中的外键情况，检查主键表和外键表是否满足一致性约束，如果不满足，修改模式层的约束以及设置触发器。

3）如果不属于上述情况，可能属于系统设计阶段为了出于系统运行效率的考虑而多设置的属性，设置其中一个被参照关系中数据为遍历表，然后检查是否参照关系中的相同属性的值是否包含在遍历表中，如果没有，需要进一步的修改。

图 5－3－2 给出了不一致数据的处理流程图。

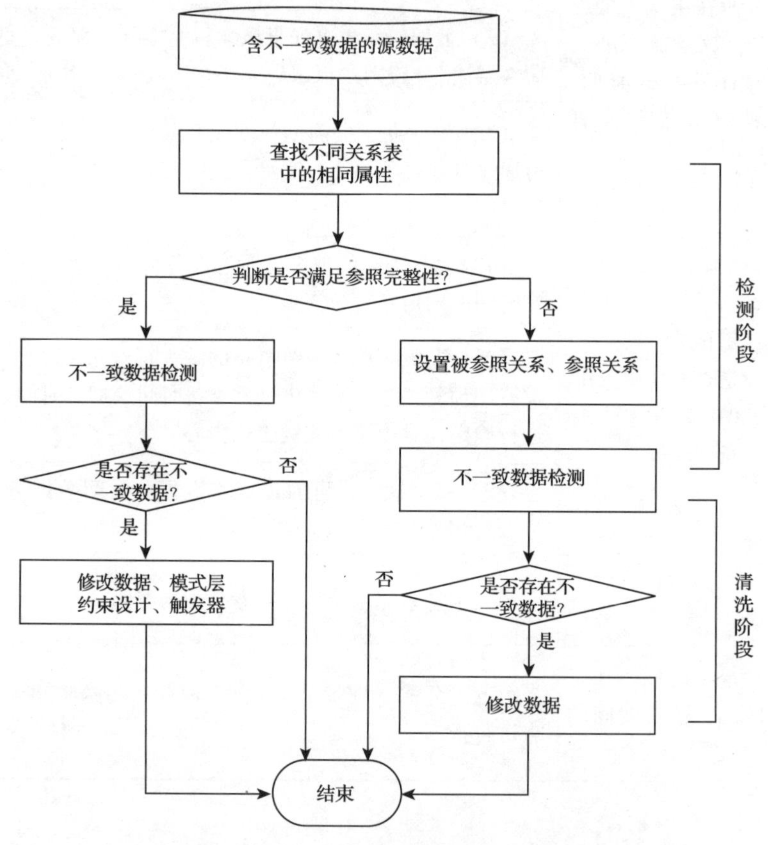

图 5－3－2　不一致数据的处理流程图

（二）数据不一致性改善在生产管理模块中的应用

针对不一致的脏数据，其检测流程分为如下几个步骤：①查找出所有的不同关系表中的相同属性。②满足参照完整性，其中一个表为主键表，另外一个表为外键表，将外键表中的相同属性与主键表中的相同属性的值进行对比，如果外键表中的属性在主键表找不到相应的值，说明该记录不满足一致性的要求。③对于不符合参照完整性约束的，在这种情况下，在不同表单中涉及相同属性，主要是出于存储和查询效率的考虑。但是还是需要设定其中的一个被参照关系表为遍历表，并实施查询，找出不满足一致性的记录。

在生产管理系统所列举的表单中，存在着相同属性在不同表单中出现的情况，那么就需要满足一致性的要求。表 5－3－3 给出了需要满足一致性要求的属性。

表 5－3－3 一致性的属性

主键表	外键表	属性	遍历表（被参照关系）	被查询表（参照关系）	属性
客户资料、成品资料表	销售订单	客户编号、成品编号	原材料资料表 成品资料表	库存信息	安全库存、编号（物料编码）
车间	工作中心	车间代码	成品资料表、原材料资料	BOM 期量表	名称、父项编码、编号
仓位	库存信息	仓位代码	工作中心	工艺路线	工作中心代码、名称

对查找出的不符合一致性要求的脏数据，可以通过以下方式进行清洗：

1）如果属于满足参照完整性约束的情况下，大多采取修改外键表中属性的方式，选择最相似的属性值来代替。

2）有可能是在主键表中相关记录删除后，未对外键表中的相关属性进行调整修改，这时需要根据修改文件进行调整。

3）对于不符合参照完整性约束的情况，可通过遍历表中的属性值来修改被查询表中的属性值，以使其满足一致性的要求。

三、不准确数据的检测和清洗

（一）异常数据的处理流程

1．连续型异常数据的处理

处理步骤如下：

（1）进行数据概化描述

1）度量数据的中心趋势。数据集的“中心”最常用、最有效的数值度量是算术均值。

尽管均值是描述数据集的最有用的单个量，但不总是度量数据中心的最好方法。均值的主要问题是对于极端值（如离群点）很敏感。

为了抵消少数极端值的影响，我们可以使用截断均值。截断均值是去掉高、低极端值得到的均值，但需要注意的是两端截断的比例避免过大，导致损失有价值的信息。

对于倾斜的（非对称的）数据，数据中心的一个较好度量是中位数。设给定的 N 个不同值的数据集按数值序排序。如果 N 是奇数，则中位数是有序集的中间值；如果 N 是偶数，中位数是中间两个值的平均值。

2）度量数据的离散程度。数值数据趋向于分散的程度称为数据的离差或方差。数据离散程度的最常用度量是极差、五数概括（基于四分位数）、中间四分位数极差和标准差。

(2) 根据一定的方法对孤立点进行检测

可用的方法有统计、聚类等。

(3) 处理满足一定规律的数据

根据一定的方法对数据进行序列预测，确定一个取值范围，并与实际的数据值进行对比，判断正误，可用于预测的方法有 BP 神经网络预测和回归分析预测；也可以根据一些字段之间的关系变化来发现异常数据。

图 5－3－3 给出了连续型异常数据的处理流程图。

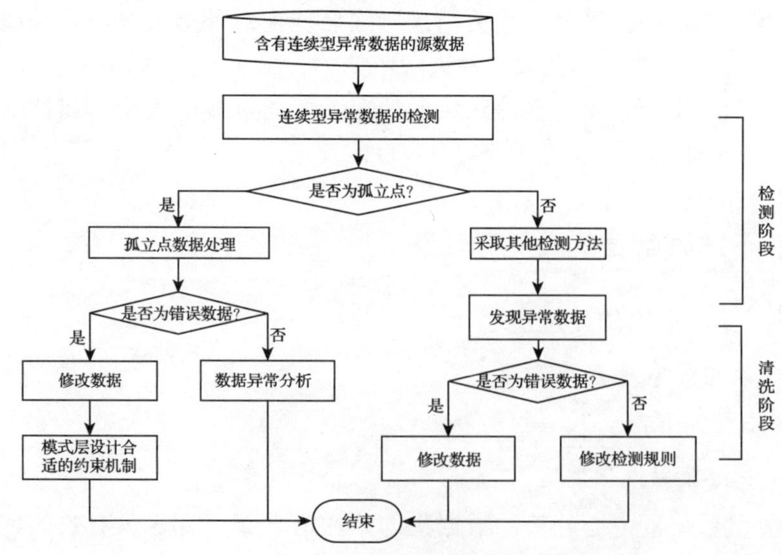

图 5－3－3　连续型异常数据的处理流程

2. 离散型异常数据的处理

离散型异常数据大多是由于实例层的原因而造成的，一般而言，很难通过模式层的约束来检验输入错误。离散型异常数据的处理步骤如下：①发现离散型数据与其他字段之间的内在决策关系。②确定训练样本，根据一些算法对训练样本进行训练，发现决策规则或内在联系模型，常用的算法有 BP 神经网络分类算法，决策树方法等。③将待检验的样本输入该模型中，发现异常的数据值并进行分析。

3. 其他类型数据

在数据库中还涉及一些其他数据，如“日期”“电话号码”等，这些类型数据的异常值可通过常识来进行判断，如“2007/2/30”就属于异常数据值。对于这类数据，需要在模式层设计时进行充分的输入约束，或者建立良好的匹配机制，如地址与邮编之间的匹配表，地址与电话号码区号的匹配等。其他类型数据的异常值检测和清洗如表 5－3－4 所示。

表 5－3－4　其他类型数据的异常值检测和清洗

表单	表现形式	检测和清洗
销售订单	接单日期和预交日期超出范围 接单日期提前于预交日期	（1）接单日期、预交日期超出合法值的范围
		（2）对于接单日期提前于预交日期的数据，对其中的一项进行修改
客户资料	电话号码不合法 地址与邮编不匹配 地址与电话号码不匹配	（1）电话号码长度不符合要求
		（2）对于地址、邮编、电话号码不匹配，可以建立相应的规则库进行匹配

（二）相似重复记录的处理流程

目前比较常用的重复记录清洗是先将数据库中的记录排序，然后比较邻近记录是否匹配来检测相似重复记录。图 5－3－4 给出了相似重复记录的处理流程图。

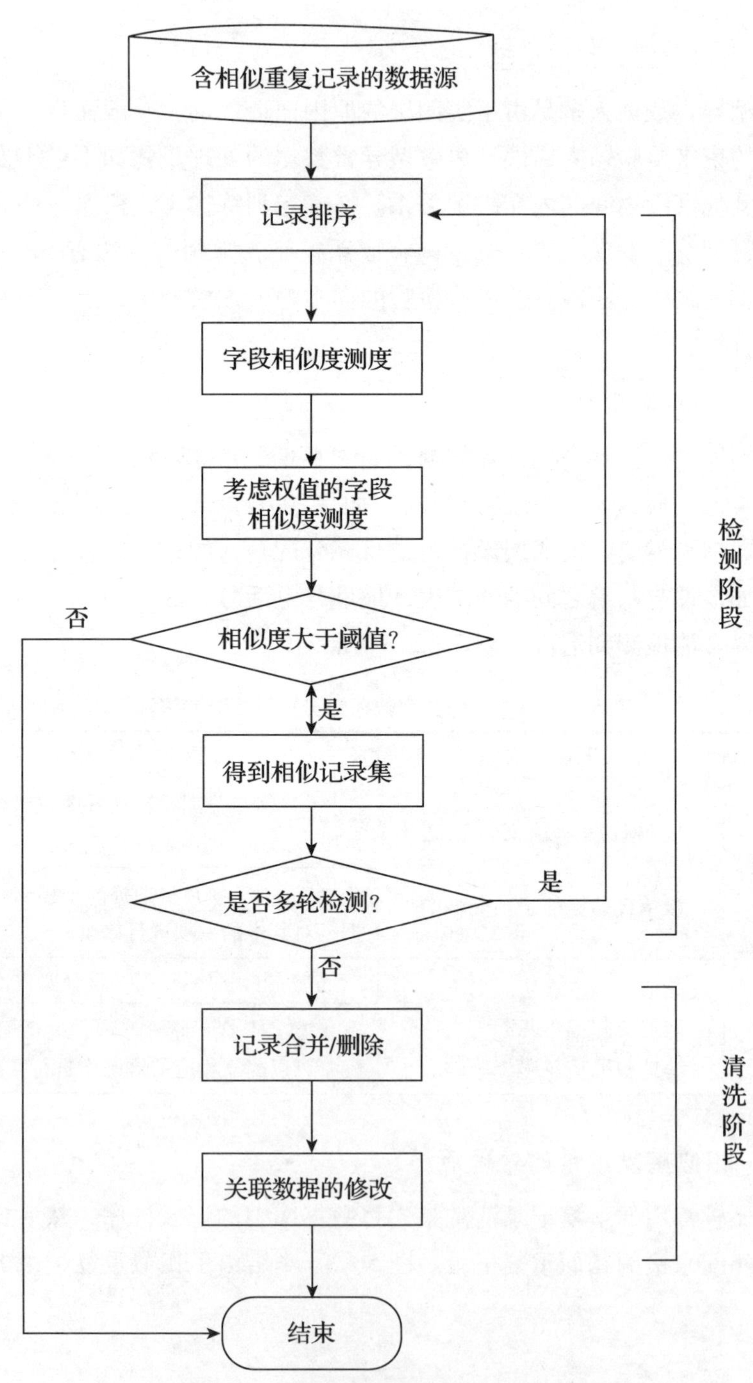

图 5－3－4　相似重复记录的处理流程图

1. 记录排序

(1) 预处理

制定初步的记录匹配策略，建立算法库和规则库。

(2) 初步聚类

主要是对数据库中的记录进行初步排序。

2. 相似记录检测

(1) 字段匹配

选择用于字段匹配的属性，调用算法库中的字段匹配算法，计算出字段的相似度。

(2) 记录匹配

根据属性在检测相似重复记录中的重要程度的差别，赋予每个属性不同的权重，调用算法库中记录匹配算法，结合上一步的字段相似度的结果计算出记录相似度，判断是否为相似重复记录。

(3) 重复记录检测

在数据库应用检测重复记录的算法对整个数据集中的重复记录进行检测。为了能检测出更多的重复记录，一次排序不够，要采用多轮排序，多轮比较，每次排序采用不同的键，然后把检测到的所有重复记录聚类在一起，从而完成相似重复记录的检测。

3. 记录的合并/删除

对相似重复记录进行合并、删除，只保留其中正确的记录。

4. 关联数据的修改

对相似重复记录进行合并或删除，会对数据库中其他数据产生影响，例如客户资料的删除会导致销售订单中某些记录的客户编号在客户资料中找不到对应的编号，从而对数据的一致性产生负面的影响。因此需要将记录进行合并/删除之前，对关联数据表中的数据进行一致的修改，从而保证数据的一致性。

第四节　生产管理模块中的不准确数据的清洗

不准确数据在生产管理模块中最为常见，其清洗相对比较复杂。本节将针对生产管理模块中不准确数据的清洗进行重点介绍，主要包括异常数据、相似重复记录常见清洗算法的介绍，以及在生产管理模块中的应用。

一、连续型异常数据清洗

（一）连续型异常数据清洗算法

1. 统计型方法

统计型方法是发现异常数据的最简单方法，尤其是针对孤立点检测，比较容易实现。但是该方法也有其局限性，只能在单属性上做检测，而且要求数据的概率分布已知，但实际上大多数情况下数据分布都是未知的，这也限制了该方法的适用性。

（1）契比雪夫定理

根据属性值的期望、标准差，考虑一个数值型数据的置信区间来识别异常的记录。

定理1　契比雪夫定理

随机变量 X 有期望 $E(X)$ 和方差 $D(X)$，则对于任意的正数 ε，有

$$P\{|X-E(X)|\geqslant\varepsilon\}\leqslant D(X)/\varepsilon^2$$

$$\text{或}P\{|X-E(X)|<\varepsilon\}\geqslant 1-D(X)/\varepsilon^2 \qquad (5-4-1)$$

它表明当 $D(X)$ 很小的时候，X 落入区间 $[E(X)-\varepsilon, E(X)+\varepsilon]$ 是大概率事件。即 X 的概率分布集中在期望 $E(X)$ 附近。

根据契比雪夫定理，使用字段值的平均值、标准差，考虑每一个字段的置信区间来识别异常的字段和记录。如一个字段 f_i 可以看做是一个随机变量，该变量的取值个数与在该字段有值的记录的数目是相同的。考虑字段的置信区间，如果 f_i 的值大于 $\mu_i+\varepsilon\sigma_i$ 或 f_i 的值小于 $\mu_i-\varepsilon\sigma_i$，则记录 r_j 中的字段 f_i 被认为是一个孤立点，其中 μ_i 是字段 f_i 的均值，σ_i 是标准差，ε 是由用户定义的因子，可分别取3，4，5，6几个值，ε 的值可以基于某些领域知识或数据知识来

由用户定义或应用契比雪夫定理从理论上定义。

（2）盒图

一种流行的可视化表示是盒图（Box Plot）。盒图体现了五数概括，即由中位数、四分位数 Q_1 和 Q_3、最小值和最大值组成，按次序写为 min，Q_1，median，Q_3，max。

盒图按照如下要求绘制：

1）中位数用盒内的线来标记。

2）盒的两个端点在四分位数 Q_1 和 Q_3 处，使得盒的长度为 IQR。

3）盒外的两条线分为以下两种情况：仅当 min 和 max 的值超过四分位数不到 $1.5 \times IQR$ 时，则须扩展到最高和最低观测值；否则，胡须出现在四分位数的 $1.5 \times IQR$ 之内的最极端的观测值处终止。

给出一个简单的例子：商品 A 的销售数据的特征如下：median = 1000，$Q_1 = 850$，$Q_3 = 1150$，min = 300，max = 2000，$IQR = 300$，$Q_1 - 1.5IQR = 850 - 450 = 400$，$Q_3 + 1.5IQR = 1150 + 450 = 1600$。

由于 min 和 max 的值超过四分位数达到 $1.5 \times IQR$ 处，所以，胡须不能扩展到最高和最低观测值，假定在［400，1600］范围内极端的观测值为 400 和 1600，那么胡须向下扩展到 400，向上扩展到 1600，如图 5－4－1 所示。

一个识别可疑的孤立点的常用经验是：挑出落在至少高于第三个四分位数或低于第一个四分位数 $1.5 \times IQR$ 处的值。

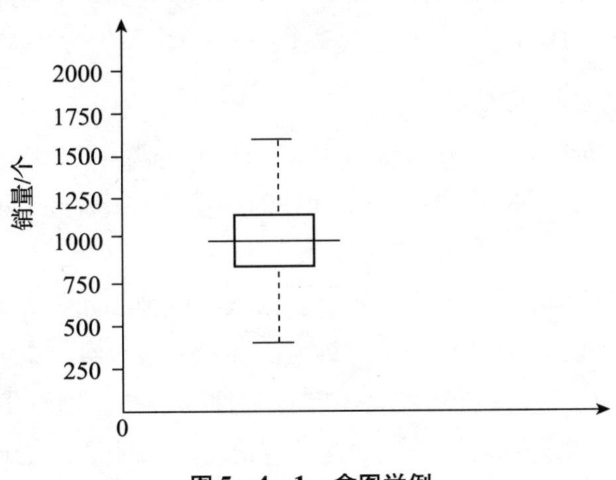

图 5－4－1　盒图举例

2. 聚类型方法

聚类是将数据对象分成类或簇的过程，使同一簇中的对象之间具有很高的相似度，而不同簇中的对象高度相异。聚类算法大体上分为基于划分的方法、基于层次的方法、基于密度的方法、基于网格的方法和基于模型的方法以及模糊聚类。

k 均值方法是最具有代表性的基于划分的聚类方法，SOM 聚类方法也是最常见的基于模型的方法，所以本章中将这两种方法应用到生产管理模块的数据清洗中，并进行对比分析。

（1）k 均值聚类方法

k 均值算法以 k 为输入参数，把 n 个对象的集合合成为 k 个簇，使得簇内相似度高，而簇间的相似度低。簇的相似度是关于簇中对象的均值度量，可以看作簇的质心或重心。

k 均值算法的处理流程如下：首先，随机地选择 k 个对象，每个对象代表一个簇的初始均值或中心。对剩余的每个对象，根据其与各个簇均值的距离，将它指派到最相似的簇。然后计算每个簇的新均值。这个过程不断重复，直到准则函数收敛，通常采用平方误差准则，其定义如下：

$$E = \sum_{i=1}^{k} \sum_{p \in C_i} |p - m_i|^2 \tag{5-4-2}$$

其中 E 是数据集中所有对象的平方误差和，p 是空间中的点，表示给定对象，m_i 是簇 C_i 中的均值。

（2）基于 SOM 的聚类方法

自组织映射网络（Self-Organizing Map，SOM）是由芬兰赫尔辛基大学神经网络专家 Kohonen 于 1981 年提出的，这种网络模拟大脑神经系统自组织特征映射的功能。

SOM 的网络结构如图 5-4-2 所示。输入层的神经元数为 N，竞争层是由 $M=m^2$ 个神经元组成，且构成一个二维平面阵列，输入层与竞争层之间实现全互连接，有时竞争层各神经元之间还实行侧抑制连接。网络中有两种连接权值，一种是神经元对外部输入反应的连接权值，另一种是神经元之间的连接权值，它的大小控制着神经元之间的交互作用的大小。

自组织特征映射算法是一种无教师示教的聚类方法，它能将任意维输入模式在输出层转化成一维或二维离散图形，并保持其拓扑结构不变，即在无教师示教的情况下，通过对输入模式的自组织学习，在竞争层将分类结果表示出来。

设自组织神经网络的输入模式为 $P_k=(p_1^k, p_2^k, \dots, p_N^k)$，$k$ 为训练样本数，$k=(1, 2, \dots, q)$。竞争层神经元矢量为 $A_j=(a_{j1}, a_{j2}, \dots, a_{jm})$，$j=1, 2, \dots, m$；其中 P_k 为连续值，A_j 为数字量。竞争层神经元 j 与输入层神经元之间的连接权矢量为 $W_j=(w_{j1}, w_{j2}, \dots, w_{jN})$，$i=(1, 2, \dots, N)$；$j=(1, 2, \dots, M)$。

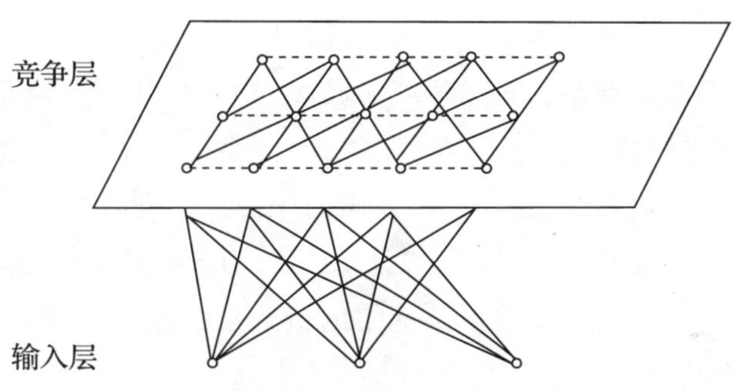

图 5-4-2　自组织特征映射网络结构[54]

Konohen 网络的自组织学习过程可以描述为：对于每一个网络的输入，只调整一部分权值，使权向量更接近或更偏离输入矢量，这一调整过程就是竞争学习。随着不断学习，所有权矢量都在输入矢量空间相互分离，形成了各自代表输入空间的一类模式，这就是 Konohen 网络的特征自动识别的聚类功能。

网络的学习及工作规则为：

1）初始化。将网络的连接权 $\{w_{ij}\}$ 赋予 [0，1] 区间内的随机值。确定学习率 $\eta(t)$ 的初始值 $\eta(0)$ $(0<\eta(0)<1)$；确定邻域 $N_g(t)$ 的初始值 $N_g(0)$。邻域 $N_g(t)$ 是指以步骤 4）确定的获胜神经元 g 为中心，且包含若干神经元的区域范围。这个区域一般是均匀对称的，最典型的是正方形或圆形区域。$N_g(t)$ 的值表示在第 t 次学习过程中邻域中所包含的神经元的个数；确定总的学习次数为 T。

2）任选 q 个学习模式中的一个模式 P_k 提供给网络的输入层，并进行归一化处理。

$$\bar{P}_k = \frac{P_k}{\| P_k \|} = \frac{(p_1^k,\ p_2^k,\ \dots,\ p_n^k)}{[\ (p_1^k)^2 + (p_2^k)^2 + \dots + (p_n^k)^2]^{1/2}} \qquad (5-4-3)$$

3）对连接权矢量 $W_j = (w_{j1},\ w_{j2},\ \dots,\ w_{jN})$ 进行归一化处理，计算 $\bar{W}_j$ 与 $\bar{P}_k$ 之间的欧式距离。

$$\bar{W}_j = \frac{W_j}{\| W_j \|} = \frac{(w_{j1},\ w_{j2},\ \dots,\ w_{jN})}{[(w_{j1})^2 + (w_{j2})^2 + \dots + (w_{jN})^2]^{1/2}} \qquad (5-4-4)$$

$$d_j = [\sum_{i=1}^{N} (\bar{p}_i^k - \bar{w}_{ji})^2]^{1/2},\ j = (1,\ 2,\ \dots,\ M) \qquad (5-4-5)$$

4）找出最小距离 d_g，确定获胜神经元 g。

$$d_g = \min[d_j],\ j = (1,\ 2,\ \dots,\ M) \qquad (5-4-6)$$

5）进行连接权的调整，对竞争层邻域 N_g（t）内所有神经元与输入层神经元之间的连接权进行修正。

$$\overline{w_{ji}(t+1)} = \overline{w_{ji}(t)} + \eta(t) \cdot [\overline{p_i^k} - \overline{w_{ji}(t)}] \qquad (5-4-7)$$

$$j \in N_g(t),\ j = 1,\ 2,\ \dots,\ m,\ 0 < \eta(t) < 1$$

6）选取另一个学习模式提供给网络的输入层，返回步骤 c），直至 q 个学习模式全部提供给网络。

7）更新学习率 $\eta(t)$ 及邻域 $N_g(t)$

$$\eta(t) = \eta(0)\left(1 - \frac{t}{T}\right) \qquad (5-4-8)$$

其中 $\eta(0)$ 为初始学习率，t 为学习次数，T 为总的学习次数。

假设竞争层某神经元 g 在二维阵列中的坐标值为（x_g，y_g），则邻域的范围是以点（$x_g + N_g(t)$，$y_g + N_g(t)$）和（$x_g - N_g(t)$，$y_g - N_g(t)$）为右上角和左下角的正方形。其修正公式为

$$N_g(t) = \text{INT}\ [N_g(0)(1 - \frac{t}{T})] \qquad (5-4-9)$$

式中 INT[x] 为取整符号，$N_g(0)$ 为 $N_g(t)$ 的初始值。

8）令 $t = t+1$，返回步骤 b），直至 $t = T$ 为止。

（3）预测型方法

最常见的预测模型就是回归分析，但回归分析仅适用于线性模型，另外一种常用的预测模型就是 BP 神经网络，不仅可以处理连续型数值，也

可以用来处理离散型数值，而且可以逼近任意的非线性函数，具有更广阔的应用空间。

1）回归预测

回归分析可以用来一个或多个独立或预测变量和一个（连续值的）依赖或响应变量之间的联系建模。在数据检测和清洗中，我们将预测变量的值与实际存储值进行对比分析，判断其是否为正确值。

2）BP 神经网络预测

常见的用于预测的神经网络模型如图 5－4－3 所示，它由输入层、隐含层和输出层构成。由于是用于预测，所以输出层只有一个节点。

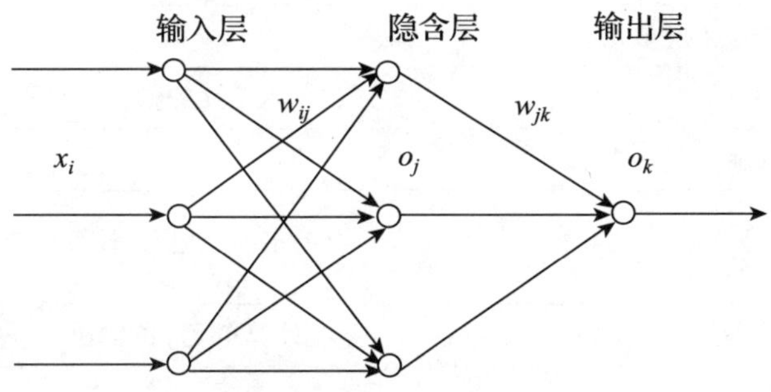

图 5－4－3　BP 神经网络的预测模型

用 BP 神经网络的后向传播迭代地处理训练元组数据集，将每个元组的网络预测与实际已知的目标值进行比较，对于每个训练样本，修改权重使网络预测和实际目标值之间的均方误差最小。算法流程如图 5－4－4 所示。

变量 l 是学习率，通常取 0.0～1.0 之间的常数值。后向传播学习使用梯度下降法搜索权重的集合。这些权重拟合训练数据，使网络预测与元组的已知目标值之间的均方距离最小。学习率帮助避免陷入决策空间的局部极小，并有助于找到全局最小。如果学习率太小，学习将进行得很慢。如果学习率太大，可能出现在不适当的解之间摆动，一个经验法则是将学习率设置为 $1/t$，t 是当前训练集迭代的次数。

如果前一周期所有的 Δw_{ij} 都小于某个指定的阈值，或超过预先设定的周期数，训练终止。

算法：BP 神经网络方法用于预测
输入：
D：由训练元组和它们的相关联的目标值组成的数据集；
I：学习率； network：多层前馈网络
初始化 network 的所有权值和偏倚；
while 终止条件不满足{
for D 中每个训练元组 X{
//向前传播输入
for 每个输入层单元 j{
$O_j = I_j$；　　//输入单元的输出是它的实际输入值
for 隐藏或输出层每个单元 j {
$I_j = \sum_i w_{ij} O_i + \theta_j$；　　//关于前一层 i，计算单元 j 的净输入
$O_j = 1/(1+-I_j)$；}　　//计算单元 j 的输出
//后向传播误差
for 输出层每个单元 j
$Err_j = O_j(1-O_j)(T_j-O_j)$；　　//计算误差
for 由最后一个到第一个隐藏层，对于隐藏层每个单元 j
$Err_j = O_j(1-O_j)\sum_k Err_k w_{jk}$；11 计算关于下一个较高层 k 的误差
for network 中每个权 w_{ij}{
$\Delta w_{ij} = (l) Err_j O_i$；　　//权重增量
$w_{ij} = w_{ij} + \Delta w_{ij}$；}　　//权值更新
for network 中每个偏倚 θ_j{
$\Delta\theta_j = (l)\ Err_j$；　　//偏倚增量
$\theta_j = \theta_j + \Delta\theta_j$；}　　//偏倚更新
}}

图 5-4-4　BP 神经网络用于分类和预测的算法流程

（二）数据不准确性改善在生产管理模块中的应用

在生产管理系统中，连续型数值异常数据的表现形式如表 5-4-1 所示，并指出了相应的检测和清洗方法。

表 5-4-1　连续型数值异常数据的检测和清洗

表单	表现形式	检测和清洗方法
销售订单	订购数量值极大	对于订购数量中的异常数据，通过统计方法、BP 神经网络、K 均值方法发现异常数据
库存信息	现有库存 < 安全库存 计划收到量数据异常大或小	（1）现有库存 < 安全库存，即表示数据出现异常，应对现有库存或安全库存进行修改 （2）计划收到量数据异常，可查找本期的生产计划或采购计划，是否有异常 （3）也可通过统计描述、聚类、相关性分析来发现异常数据
原材料资料表	零售价数据异常 采购提前期异常	（1）零售价数据异常，可查看成本资料进行修改 （2）采购提前期异常，可通过“交货提前期 + 加工时间 + 加工提前期 + 采购时间”来判断 （3）也可通过统计描述、聚类、相关性分析来发现异常数据
工作中心	每日工时极大或极小 费率极大或极小	（1）结合其他工时文件，利用聚类和统计的方法发现异常点 （2）费率的极大或极小，可结合成本数据以及每日工时进行推断，确定范围，发现错误数据
工艺路线	准备时间、加工时间、传送时间异常	可通过公式“准备时间 + 加工时间 + 传送时间 = 总工时”来进行推断

一般而言，连续型数值数据的检测流程分为以下几个步骤：

1）描述数据库中单个字段的基本统计信息，如均值、方差；通过契比雪夫定理，找出超出 $[\bar{X}-3\varepsilon, \bar{X}+3\varepsilon]$ 范围的异常值；或通过公式，计算数据的中位数、第一个四分位数和第三个四位数，并绘制盒图，发现孤立点。

2）通过相关属性的关系图，发现其中的异常数据组合，如通过单价和订购数量的组合发现异常记录。

3）为了更准确地预测数据的范围，发现更多的异常数据，可以通过 BP 神经网络模型对数据进行预测，确定相应的误差范围，超出范围的数据即为异常数据。

4）建立 SOM 神经网络模型，不仅可以针对单个属性值的聚类，也可以对相关的多个属性进行聚类，发现“自成一类”的数据，即为异常数据或异常数据组合。

对于发现的异常数据，可通过以下方法进行清洗：①查找相关原始资料修改数据。②利用相关运算进行修改，如“采购提前期”。③利用比率关系（如单价和销售量）来进行修改。

下面将结合聚类和预测方法对生产管理模块清洗进行简单说明。

1. 聚类方法

我们以数据库中销售订单数据为例，一般而言相同客户一段时期内的购买量基本上是相同的，而不同客户之间可能差异较大，对不同客户的购买量数据进行聚类，以发现一些异常数据。示例数据如表 5－4－2 所示。

通过 K 均值聚类和 SOM 聚类方法在示例数据中的应用，可以发现示例数据中存在的异常数据，并对两种方法进行对比分析。

表 5－4－2　示例数据表

客户	订购数量	客户	订购数量	客户	订购数量	客户	订购数量	客户	订购数量
C0001	1000	C0003	2500	C0003	250（误）	C0003	2400	C0001	120（误）
C0002	100	C0002	50	C0001	120（误）	C0002	70	C0003	2300
C0003	2000	C0001	1500	C0002	90	C0003	2000	C0002	110
C0001	1300	C0002	80	C0001	1300	C0001	1400	C0003	2200

（1）k 均值聚类

表中一共涉及三个供应商，将聚类数目设为 3，然后使用 SPSS 软件包对其进行分析。结果如表 5－4－3 所示。

表 5－4－3　k 均值聚类的结果

客户	订购数量	类别	客户	订购数量	类别	客户	订购数量	类别
C0001	1000	1	C0002	80	2	C0003	2000	3
C0002	100	2	C0003	250	2（误）	C0001	1400	1
C0003	2000	3	C0001	120	2（误）	C0001	120	2（误）
C0001	1300	1	C0002	90	2	C0003	2300	3
C0003	2500	3	C0001	1300	1	C0002	110	2
C0002	50	2	C0003	2400	3	C0003	2200	3
C0001	1500	1	C0002	70	2			

通过 K 均值聚类，我们发现了数据表中存在的错误数据，这是在一种比较理想化的情况下，K 均值聚类方法对噪声数据的敏感性以及种种缺陷也限制了它的广泛应用。

（2）SOM 聚类

建立 SOM 网络的聚类模型，由于只有三个供应商的订购数量记录，所以将输出层的神经元数设为 3。输入数据只有 1 个神经元，即订购数量。通过 Matlab 中程序的运行，SOM 网络聚类的结果如表 5－4－4 所示。

表 5－4－4　SOM 网络聚类运行结果

输入数据	隶属神经元	输入数据	隶属神经元	输入数据	隶属神经元	输入数据	隶属神经元	输入数据	隶属神经元
1000	N2	2500	N3	250	N1（误）	2400	N3	120	N1（误）
100	N1	50	N1	120	N1（误）	70	N1	2300	N3
2000	N3	1500	N2	90	N1	2000	N3	110	N1
1300	N2	80	N1	1300	N2	1400	N2	2200	N3

对比上述分析结果，并参考其他资料，将 K 均值聚类和 SOM 网络聚类方法进行比较，结论如表 5－4－5 所示。

表 5-4-5 两种聚类方法在生产管理模块中应用结果的对比

对比	*K* 均值聚类	SOM 聚类
方法的对比 （1）优点 （2）缺点	（1）优点：简单 （2）缺点：需要提前确定聚类数，指定初始聚类中心，对噪声数据较敏感	（1）优点：不需提前确定聚类数，指定初始聚类中心，对噪声数据不敏感 （2）缺点：需要确定输出神经元的维数，学习率的确定也很关键
结果的对比 （1）聚类结果评价 （2）适用性	（1）本例中聚类结果发现了错误值，但这是一种比较理想的情况 （2）可以处理多维的数据，*K* 均值适合于连续型数值的聚类，但不适合离散型数值	（1）SOM 聚类和 *K* 均值一样，也发现了错误值 （2）可以处理多维数据，不仅适用于连续型数值，也适用于离散型数值

2. 预测方法

我们以数据库中销售订单的订购数量为例进行分析，一般而言，一个客户的购买量一般是连续的，且在一定期间内不会发生太大的变化，那么如果发现变化较大的数值就说明该数据可能存在错误，或者是发生了一些异常情况，需要具体分析。

表5-4-6 给出了客户 C1 在一段时期内的购买量的数据，然后判断表 5-4-7 中的数据是否是正确的。

表 5-4-6 客户 C1 一段时间内的购买量

日期	订购数量	日期	订购数量	日期	订购数量
2000.10.01	600	2000.11.14	650	2001.01.13	740
2000.10.16	650	2000.11.30	700	2001.01.30	700
2000.10.31	680	2000.12.18	750	2001.02.17	670

表 5-4-7 需要判断的数据表

日期	购买量	日期	购买量	日期	购买量
2001.03.03	750	2001.04.02	670	2001.05.01	900（错误）
2001.03.18	450（错误）	2001.04.16	640	2001.05.18	640

（1）回归分析预测

线性回归的目的是建立多个变量之间的线性关系。以多元回归为例，它允许响应变量 y 用描述元组 x 的 n 个预测变量或属性 A_1，A_2，…，A_n 的线性函数建模（即 $X=(x_1, x_2, \ldots, x_n)$）。训练数据集 D 包含形如（X_1，y_1），（X_2，y_2），…，（$X_{|D|}$，$y_{|D|}$），其中 X_i 是 n 维训练元组，具有相关联的响应变量值 y_i。最终多元线性回归的模型如式（5-4-10）所示。

$$y = w_0 + w_1 x_1 + w_2 x_2 + \ldots + w_n x_n \qquad (5-4-10)$$

假设建立的预测模型是 $x_n = w_3 x_{n-1} + w_2 x_{n-2} + w_1 x_{n-3} + w_0$，利用统计软件 SPSS 对上述数据进行回归，得到

$$x_n = 456.320 + 0.425 \times x_{n-3} - 0.828 \times x_{n-2} + 0.760 \times x_{n-1}$$

根据上述回归分析的结果，得出预测结果如表 5-4-8 所示。我们假定预测结果值的限定范围为［-80，+80］区间内都为合理的。

表 5-4-8 判断结果

日期	订购数量	预测量	［-80，+80］	［-50，+50］	［-20，+20］
2001.03.03	750	700.42	（620.42 ~ 780.42）范围内	（650.42 ~ 750.42）范围内	（680.42 ~ 720.42）超出范围
2001.03.18	450（实际值为 750）	769.06	（689.06 ~ 849.06）可查出错误	（719.06 ~ 819.06）可查出错误	（749.06 ~ 789.06）可查出错误
2001.04.02	670	690.07	（610.07 ~ 770.07）范围内	（640.07 ~ 740.07）范围内	（670.07 ~ 710.07）超出范围
2001.04.16	640	663.27	（583.27 ~ 743.27）范围内	（613.27 ~ 713.27）范围内	（643.27 ~ 683.27）超出范围
2001.05.01	900（实际值为 600）	706.71	（626.71 ~ 786.71）可查出错误	（656.71 ~ 756.71）可查出错误	（686.71 ~ 726.71）可查出错误
2001.05.18	640	667.15	（587.15 ~ 747.15）范围内	（617.15 ~ 717.15）范围内	（647.15 ~ 687.15）超出范围

(2) BP 神经网络预测

根据训练表以及验证表的数据，确定订购量中数据的取值范围为［450，900］。根据神经元激励函数的不同，大多数神经网络只接受［0.0，1.0］和［-1.0，+1.0］范围的数值数据。因此，数据必须按比例缩小到这个区间内。连续型数值数据基本上均匀地分布在某一范围内，可以直接映射到区间［0.0，1.0］。若数值数据分布不均匀，可用分段线性方程或对数方程对数据进行转换，然后再按比例缩小到指定区间。

例如，一个在取值范围为［0，1000］的变量可以通过线性比例变换映射为区间［0.0，1.0］。这样，200 就变成了 0.2，而 750 变成了 0.75。对于像这样均匀分布的变量来说，简单的线性变换就足够了。

当数据分布不均匀时，问题就变得稍微复杂起来。一种选择就是采用分段线性变换方法对数据进行比例变换。采用这种方法，神经网络认为输入数据差别较大，因此就能比较容易地区分输入数据的差异。值得一提的是，如果输入值的差别较小，但又比较重要，则必须保证将这种重要性让神经网络知道。

例如，假设 80% 的数据小于 500，并且想要神经网络较好地区分 0～500 范围内的数据，采用分段线性变换方法对数据进行比例变换，这样，0～500 范围内的数据会被放大，而不太重要的 500～1000 输入范围内的数据则被压缩。通过采用 0、500、1000 的输入范围和 0.0、0.8、1.0 这样的映射区间就可以做到。在这种情况下，输入值 500 将被赋予 0.8，而 750 应设置为 0.9，这样，相差 250 的输入值经过转换后神经网络认为其差异为 0.1，而输入时为 100 的数转换为 0.16，输入时为 250 的数转换后则为 0.4，这时，神经网络认为输入数据差别较大，因此就能比较容易地区分输入数据的差异了。

另一种常用的方法是设置阈值。例如，假设收入范围是［0，30000］元人民币。但若检查某个人的收入是否超过了 35000 元。可以简单地设置收入阈值，对于那些 0～30000 元范围的值，由于没有达到阈值，将它比例变换到［0，1］内，超过 35000 元的值则到达阈值 35000 元，这样可取值 1。由于并不关心这个变量的整个取值范围，也就没必要让神经网络去区分这个差别。

根据上述的连续型数值的处理，采取比例转换法将数据映射到区间［0，

1]，处理结果如表 5－4－9 所示。

表 5－4－9　处理后的数据

x_{n-3}	x_{n-2}	x_{n-1}	x_n	验证集			待验证数据
0.333	0.444	0.511	0.444	0.644	0.556	0.489	0.667
0.444	0.511	0.444	0.556	0.556	0.489	0.667	0
0.511	0.444	0.556	0.667	0.489	0.667	0.667	0.489
0.444	0.556	0.667	0.644	0.667	0.667	0.489	0.422
0.556	0.667	0.644	0.556	0.667	0.489	0.422	1
0.667	0.644	0.556	0.489	0.489	0.422	0.333	0.422

本节中选择基于 LM 改进的 BP 神经网络，通过 Matlab 6.5 实现，得到的验证结果如表 5－4－10 所示。输入神经元数为 3 个，隐含层神经元数为 12 个，输出层为 1 个神经元。

表 5－4－10　BP 神经网络预测的结果

待验证数据	BP 网络预测结果	[－80，+80] [－0.1778，+0.1778]	[－50，+50] [－0.1111，+0.1111]	[－20，+20] [－0.0444，+0.0444]
0.667	0.6320	[0.4542，0.8098] 范围内	[0.5209，0.7431] 范围内	[0.5876，0.6764] 范围内
0 （错误值）	0.7555	[0.5777，0.9333] 可查出错误	[0.6444，0.8666] 可查出错误	[0.7111，0.7999] 可查出错误
0.489	0.5923	[0.4145，0.7701] 范围内	[0.4812，0.7034] 范围内	[0.5479，0.6367] 超出范围
0.422	0.4286	[0.2508，0.6064] 范围内	[0.3175，0.5397] 范围内	[0.3842，0.473] 范围内
1 （错误值）	0.6704	[0.4926，0.8482] 可查出错误	[0.5593，0.7815] 可查出错误	[0.626，0.7148] 可查出错误
0.422	0.4540	[0.2762，0.6318] 范围内	[0.3429，0.5651] 范围内	[0.4096，0.4984] 范围内

对比上述分析结果，以及参考其他资料，将回归分析和 BP 神经网络预测进行比较，结论如表 5－4－11 所示。

表 5－4－11　两种预测方法在生产管理模块中应用结果的对比

对比	回归预测	BP 神经网络预测
方法的对比	（1）优点：简单、易理解 （2）缺点：需要确定预测模型，只适合于线性关系的预测	（1）优点：可以逼近任何函数，应用较广泛 （2）缺点：BP 神经网络较复杂，运算量大；需要设定隐含层的神经元个数
结果的对比	（1）［－80，＋80］和［－50，＋50］误差范围内预测量能满足要求，但［－20，＋20］时效果并不佳 （2）适用于线性关系的预测，也可以包含离散型变量	（1）［－80，＋80］、［－50，＋50］和［－20，＋20］误差范围预测量基本都能满足要求，除了［－20，＋20］存在一个例外，明显发现 BP 网络预测的效果要比回归预测的效果好 （2）适用于任意关系的预测，也可以包含离散型变量

二、离散型异常数据清洗

（一）离散型异常数据清洗算法

对于 ERP 系统中生产管理模块的离散型异常数据，一般而言只能通过字段之间的关系来判断离散型异常数据的正确与否。常见的方法就是分类，这也是一种重要的数据检测和清洗方法，可描述如下：输入数据，或称训练集，由一条条的数据库记录组成，每一条记录包含若干个属性，组成一个特征向量。训练集的每条记录都有一个特定的类标签与之对应。该类标签是系统的输入，通常是以往的一些经验数据。

常见的分类方法有决策树归纳分类、贝叶斯分类、基于规则的分类以及还有一些其他分类算法如神经网络、遗传算法、粗糙集、模糊集方法等。在本章中我们将重点介绍决策树方法和神经网络的分类方法。因为决策树是一种比较直观简单的分类方法，也是一种常用的方法；BP 神经网络分类是一种常见的基于模型的分类方法，该方法不仅适用于离散型数据，也适用于连续型数据。

1. 决策树方法

决策树归纳是从类标记的训练元组学习决策树。决策树是一种类似于流程图的树结构，其中，每个内部节点表示在一个属性上的测试，每个分支表示一个测试输出，每个树叶节点存放一个类标号。树的最顶层节点是根节点。决策树算法的基本流程如图 5－4－5 所示。

算法：生成决策树
输入：数据划分 D 是训练元组和对应类标号的集合 Attribute_ list，候选属性的集合 Attribute_ Selection_ Method，确定分裂准则的过程
输出：决策树
(1) 创建一个节点 N；
(2) IF　D 中的元组都是同一类 C THEN
(3)　　返回 N 作为叶节点，以类 C 标记；
(4) IF　Attribute_ list 为空 THEN
(5)　　返回 N 作为叶节点，标记为 D 中的多数类；
(6) 使用 Attribute_ Selection Method(D, Attribute_ list)，找出“最好”的 splitting_ criterion
(7) 用 splitting_ criterion 标记节点 N；
(8) IF　splitting_ attribute 是离散值，并且允许多路划分　THEN
(9)　　Attribute_ list←Attribute_ list-splitting_ attribute；
(10) For　splitting_ criterion 的每个输出 j
(11)　　设 D_j 是 D 中满足输出 j 的数据元组的集合
(12)　IF　D_j 为空 THEN
(13)　　加一个树叶到节点 N，标记为 D 中的多数集；
(14)　　ELSE 加一个由 Attribute_ Selection_ Method(D_j, Attribute_ list)返回的节点到节点 N； END FOR
(15) 返回 N。

图 5－4－5　决策树算法流程图

属性选择度量是一种选择分裂准则，将给定的类标记的训练元组的数据划分 D “最好”地分成个体类的启发式方法。常见的度量指标有信息增益、Gini 指标等，由于 Gini 指标只适用于二叉树类型的分类，适用范围比较狭窄，我们将重点介绍信息增益方法。

信息增益属性选择度量是基于 Claude Shannon 在研究消息的值或“信息内容”的信息论方面的先驱工作。设节点 N 代表或存放划分 D 的元组。选择具有最高信息增益的属性作为节点 N 的分裂属性，该属性使结果划分中的元组分类所需的信息量最小，并反映这些划分中的最小随机性或“不纯性”。

对 D 中的元组分类所需的期望信息由式（5－4－11）给出

$$\text{Info}(D) = -\sum_{i=1}^{m} p_i \log_2(p_i) \tag{5-4-11}$$

式中，p_i 是 D 中任意元组属于类 C_i 的概率。使用以 2 为底的对数函数，因为信息用二进制编码。$\text{Info}(D)$ 是识别 D 中元组的类标号所需要的平均信息量，又称 D 为熵（Entropy）。

假设要按属性 A 来划分 D 中的元组，属性 A 根据训练数据的观测具有 v 个不同的值 $\{a_1, a_2, \dots, a_v\}$。如果 A 是离散值则这些值对应于 A 上测试的 v 个输出。可以用属性 A 将 D 划分为 v 个子集 $\{D_1, D_2, \dots, D_v\}$，其中 D_j 包含 D 中的元组，它们在 A 上具有值 a_j，这些划分将对应于从节点 N 生长出来的分枝。为了实现准确的分类，我们需要计算属性 A 上的度量：

$$\text{Info}_A(D) = \sum_{j=1}^{v} \frac{|D_j|}{|D|} \times \text{Info}(D_j) \tag{5-4-12}$$

$\frac{|D_j|}{|D|}$充当第 j 个划分的权重，$\text{Info}_A(D)$ 是基于按 A 划分对 D 的元组分类所需要的期望信息，还需要的期望信息越小，划分的纯度越高。

信息增益定义为原来的信息需求与新的需求之间的类，即是

$$\text{Gain}(A) = \text{Info}(D) - \text{Info}_A(D) \tag{5-4-13}$$

选择具有最高信息增益的属性作为节点 N 的分裂属性，这等价于按“最佳分类”的属性 A 划分，使得完成元组分类还需要的信息最小（即最小化 $\text{Info}_A(D)$）。

2. BP 神经网络分类算法

前文提到 BP 神经网络用于预测，实际上 BP 神经网络不仅能够处理连续型

数值，也可以用来处理离散型数值，当对 BP 神经网络设置多个输出节点时，就可以对数据进行分类。

（二）生产管理模块中的应用

在生产管理系统中，离散型数值异常数据的表现形式如表 5－5－12 所示，同时该表也指出了相应的检测和清洗流程。通常来说，离散型数值异常数据的检测是不能通过单个表单或单个记录来实现，必须结合其他记录以及其他表单中的属性，发现其中的规则，对违反规则约束的属性进行检测。一般包括以下几个步骤：①发现各离散型属性之间或与其他数据之间的关系，发现其中的判定属性和被判定属性，并通过决策树方法或者 BP 神经网络分类方法发现其中的异常记录。②通过一些约束规则来发现错误的记录，如 BOM 期量表中的“所在层次”必须小于等于“低层码”。

相对来说，离散型数值异常数据的清洗更加复杂，涉及的信息量更大。对于发现的异常数据，可通过以下方法进行清洗：①查找相关原始资料修改数据。②利用决策树、BP 神经网络分类方法对异常数据进行修改。

表 5－4－12　离散型数值异常数据的检测和清洗

<table>
<tr><th>表单</th><th>表现形式</th><th>检测和清洗方法</th></tr>
<tr><td>销售订单</td><td>折扣异常付款方式选择错误</td><td rowspan="2">可以通过销售订单中的“折扣选择”“订购数量”“付款方式”与客户资料中“信用等级”联系起来，确定“订购数量”付款方式“信用等级”为判定属性，“折扣选择”为被判定属性，通过决策树方法或 BP 神经网络分类方法，对样本数据进行训练，然后对检验数据进行判断，发现异常记录</td></tr>
<tr><td>客户资料</td><td>信用等级选择错误</td></tr>
<tr><td>BOM 期量表</td><td>低层码 ≥ 物料的层次
所在层次 ≥ 物料的层次
所在层次 > 低层码</td><td>通过规则约束，如“低层码≤物料的层次、所在层次≤低层码”来发现异常数据</td></tr>
<tr><td>工作中心</td><td>是否为关键工作中心选择错误</td><td>可通过 BP 神经网络分类方法或决策树方法发现其中的异常分类数据</td></tr>
</table>

下面将结合分类方法对生产管理模块中数据的清洗进行简单介绍：

假设选取数据库中的销售折扣数据来进行分析，假定信用等级的取值为{A，B，C}，付款方式的取值为{即付→1，预付→2，使用商业信用→3}，购买量分为两个级别{≥3000→Ⅰ，<3000→Ⅱ}，给予折扣分为五个等级{全价，9.5折，9折，8.5折，8折}，示例数据如表5-4-13所示，验证数据集如表5-4-14所示。

表5-4-13 样本数据（用于离散值检测的训练数据）

信用等级	付款方式	购买量	给予折扣	信用等级	付款方式	购买量	给予折扣
A	1	Ⅰ	8折	B	3	Ⅱ	9.5折
B	2	Ⅰ	9折	B	3	Ⅰ	9.5折
A	2	Ⅰ	8.5折	C	1	Ⅰ	8.5折
A	3	Ⅰ	9折	C	1	Ⅱ	9折
A	1	Ⅱ	8.5折	C	2	Ⅰ	9折
A	2	Ⅱ	9折	C	2	Ⅱ	9.5折
A	3	Ⅱ	9.5折	C	3	Ⅰ	9.5折
B	1	Ⅰ	8.5折	C	3	Ⅱ	全价
B	1	Ⅱ	9折	A	2	Ⅰ	8.5折
B	2	Ⅰ	9折	B	2	Ⅱ	9.5折

表5-4-14 待检验数据

信用等级	付款方式	购买量	给予折扣	信用等级	付款方式	购买量	给予折扣
A	1	Ⅱ	8折	B	2	Ⅱ	8.5折
A	1	Ⅰ	9折	C	3	Ⅱ	9.5折
B	2	Ⅱ	8.5折	C	3	Ⅰ	8折

1. 决策树方法

（1）分别计算三个属性的信息增益

$$\text{Info}(D) = -\sum_{i=1}^{5} p_i \log_2(p_i) = 1.98$$

$$\text{Info}_{\text{信用等级}}(D) = \sum_{j=1}^{v} \frac{|D_j|}{|D|} \times \text{Info}(D_j) = 1.569$$

$$\text{Info}_{\text{付款方式}}(D) = \sum_{j=1}^{v} \frac{|D_j|}{|D|} \times \text{Info}(D_j) = 1.284$$

$$\text{Info}_{\text{购买量}}(D) = \sum_{j=1}^{v} \frac{|D_j|}{|D|} \times \text{Info}(D_j) = 1.50$$

根据计算结果选择“付款方式”作为根节点，然后继续计算。

（2）“即付”分枝的计算结果

$$\text{Info}_{\text{信用等级}}(D) = \frac{2}{6} \times (-\frac{1}{6}\log_2 \frac{1}{6} \times 2) \times 3 = 0.862$$

$$\text{Info}_{\text{购买量}}(D) = \frac{3}{6} \times (-\frac{1}{6}\log_2 \frac{1}{6} - \frac{2}{6}\log_2 \frac{2}{6}) \times 2 = 0.959$$

选择“信用等级”作为下一级分枝节点。

“预付”分枝的计算结果

$$\text{Info}_{\text{信用等级}}(D) = \frac{3}{8} \times (-\frac{1}{3}\log_2 \frac{1}{3} - \frac{2}{3}\log_2 \frac{2}{3}) \times 2 + \frac{2}{8} \times (-\frac{1}{2}\log_2 \frac{1}{2} \times 2)$$
$$= 0.938$$

$$\text{Info}_{\text{购买量}}(D) = \frac{3}{8} \times (-\frac{1}{3}\log_2 \frac{1}{3} - \frac{2}{3}\log_2 \frac{2}{3}) + \frac{5}{8} \times (-\frac{3}{5}\log_2 \frac{3}{5} - \frac{2}{5}\log_2 \frac{2}{5})$$
$$= 0.945$$

选择“信用等级”作为下一级分枝节点。

“使用商业信用”分枝的计算结果：

$$\text{Info}_{\text{信用等级}}(D) = \frac{2}{6} \times (-\frac{1}{2}\log_2 \frac{1}{2} \times 2) \times 2 + \frac{2}{6} \times (-\log_2 1) = 0.667$$

$$\text{Info}_{\text{购买量}}(D) = \frac{3}{6} \times (-\frac{1}{3}\log_2 \frac{1}{3} - \frac{2}{3}\log_2 \frac{2}{3}) \times 2 = 0.918$$

选择“信用等级”作为下一级分枝节点。

综合上述结果，绘制决策树如图 5－4－6 所示。

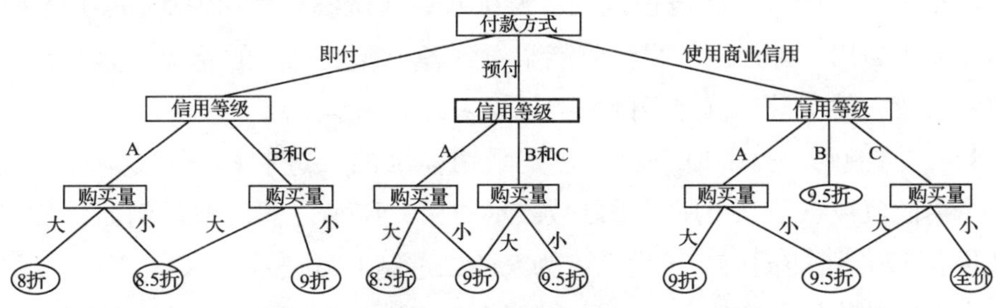

图 5－4－6　构造的决策树

根据上述决策树，对待检验数据进行判断，结果如表5-4-15所示。

表5-4-15 判断结果

信用等级	付款方式	购买量	给予折扣	信用等级	付款方式	购买量	给予折扣
A	1	II	8折（错误，应为8.5折）	B	2	II	8.5折（错误，应为9.5折）
A	1	I	9折（错误，应为8折）	C	3	II	9.5折（错误，应为全价）
B	2	II	8.5折（错误，应为9.5折）	C	3	I	8折（错误，应为9.5折）

2. BP神经网络分类方法

(1) 离散数据的表示

离散变量只取集合内的固定值。如一个小的类别的集合、对多重选择问题的一组响应、一组固定间隔的整数值等。对神经网络来说，离散值的表示方式要有助于神经网络区分这些离散值之间的差异，并能计算差异的大小。

为此有各种数据编码方案，下面介绍最常用的一些编码方法：

1) 1/N码。当变量取一组离散值时，必须对它做某种转换，使得每一个离散值都能产生唯一的一组神经网络输入值。离散变量最常用的表示方法是1/N码。该码的长度等于离散变量中的不同类别的数目。在码向量中除了代表码值的唯一的一个元素值1外，每一元素的值均为0。例如，假设有一个含有四个元素的集合{热水器、电冰箱、电视机、微波炉}，可以将热水器表示为1000，将电冰箱表示为0100，将电视机表示为0010，将微波炉表示为0001。1/N码的优点是简单易用，神经网络很快就能学习到各个变量之间的差异。然而，对于取值数目较大的变量，就神经网络的规模来说，成本太高。

2）二进制码。另一种表示方法是采用标准的二进制码。在这种方法中，每一个离散值被赋予一个用二进制数表示的从1到N之间的值。例如，某一变量如果有32个可能的值，可用长度为5的二进制向量表示它。

只要离散值是任意的，并且没有任何的次序，二进制码就是一种较好的表示方法。然而，当离散值转换为二进制码时，其位值差别很大。例如，在一个离散类中第七个元素的二进制码是 000111，而第八个元素的二进制码为 001000。Hamming 距离是两个二进制数之间相似性的一种度量，用两个编码中不相同码元的位数表示。那么，在这种情况下，7 和 8 的 Hamming 距离为 4。如果想要神经网络认为 7 和 8 这两种输入模式是相似的，就要选择温度计码。

3）温度计码。当离散值以某种方式（如增加或减少）相互关联时可采用温度计码。例如，假设有一离散变量取这样的一组离散值｛差，一般，良，优秀｝，在这种情况下，希望“差”和“优秀”之间的 Hamming 距离较大，良和优秀之间的距离较小。这时只能采用温度计码。“差”可以被表示为 1000，“优秀”被表示为 1111（与“差”的 Hamming 距离为 3），“良”为 1110，“一般”为 1100。

当离散值以某种方式（如增加或减少）相互关联时可采用温度计码；因此，本例中 BP 神经网络的分类模型中，信用等级的编码占用三个输入，分别为｛$A \Rightarrow 111$，$B \Rightarrow 110$，$C \Rightarrow 100$｝，付款方式的编码占用三个输入，分别为｛即付⇒111，预付⇒110，使用商业信用⇒100｝，购买量的编码占用两个输入，分别为｛$>3000 \Rightarrow 11$，$<3000 \Rightarrow 10$｝，给予折扣属于输出，需占用 5 个输出，输出编码为｛8 折⇒10000，8.5 折⇒01000，9 折⇒00100，9.5 折⇒00010，全价⇒00001｝，建立该分类的 BP 神经网络模型，输入神经元有 8 个，输出神经元有 5 个，假设隐含层有 15 个节点，根据下列数据进行训练。对实验数据进行转化后的数据集如表 5－4－16 和表 5－4－17 所示。

表 5－4－16　转化后的实验数据集

信用等级	付款方式	购买量	给予折扣	信用等级	付款方式	购买量	给予折扣
111	111	11	10000	110	100	10	00010
110	110	11	00100	110	100	11	00010
111	110	11	01000	100	111	11	01000
111	100	11	00100	100	111	10	00100
111	111	10	01000	100	110	11	00100
111	110	10	00100	100	110	10	00010
111	100	10	00010	100	100	11	00010
110	111	11	01000	100	100	10	00001
110	111	10	00100	111	110	11	01000
110	110	11	00100	110	110	10	00010

表 5-4-17 转化后的待检验数据

信用等级	付款方式	购买量	给予折扣	信用等级	付款方式	购买量	给予折扣
111	111	10	10000	110	110	10	01000
111	111	11	00100	100	100	10	00010
110	110	10	01000	100	100	11	10000

（2）建立 BP 神经网络分类模型

仿真结果如表 5-4-18 所示。

表 5-4-18 验证样本仿真结果

信用等级	付款方式	购买量	给予折扣	仿真结果	信用等级	付款方式	购买量	给予折扣	仿真结果
111	111	10	10000	01000（正确）	110	110	10	01000	00010（正确）
111	111	11	00100	10000（正确）	100	100	10	00010	00001（正确）
110	110	10	01000	00010（正确）	100	100	11	10000	00010（正确）

根据上述结果，两种分类方法对比如表 5-4-19 所示。

表 5-4-19 两种分类方法的对比

对比	决策树分类	BP 神经网络分类
方法的对比	（1）优点：判断过程简单 （2）缺点：对噪声数据很敏感，需要运用剪枝算法来识别并剪去这些分枝；要求所有数据必须是离散型数据	（1）优点：具有较强的抗干扰能力，不仅能处理离散型数据，也能接受连续型数据 （2）缺点：需要对数据进行简单的转化和处理，设置隐含层神经元个数
结果的对比	（1）决策树能够进行简单的判断，但这是理想的情况下，训练样本中不包含错误的数据 （2）决策树只适用离散型数据	（1）BP 神经网络分类能达到和决策树一样的判断效果 （2）不仅可以接受离散型数据，还可以接受连续型数据，具有更广泛的适用性

三、相似重复记录清洗

（一）字段匹配算法

字段相似度是根据两个字段的内容而计算出的一个表示两字段相似程度的数值 S，其中 $0 \leqslant S \leqslant 1$。$S$ 越大表示两个字段的相似程度越高，当 $S=1$ 时表示两个字段为完全重复字段，$S=0$ 表示两个字段无任何相似性。根据字段的类型不同，计算方法也不相同。

1. 布尔型、离散型字段

对于布尔型字段、离散型数值数据相似度，如果两字段相等，则相似度取 1，如果不同，则相似度取 0。

2. 连续型数值字段

对于连续型数值字段，可以采用计算数字的相对差异。如式（5－4－14）所示。

$$S(N_1, N_2) = 1 - \frac{|N_1 - N_2|}{\max(N_1, N_2)} \quad (5-4-14)$$

3. 日期型字段

对于日期型字段，可以采用计算两个日期之间的间隔天数来确定它们之间的差异。假设一年为 360 天，每月为 30 天，两个日期的间隔天数如式（5－4－15）所示。

$$间隔天数 = |年数之差 \times 360 + 月数之差 \times 30 + 天数之差| \quad (5-4-15)$$

例如 2008/4/5 与 2008/5/7 间隔天数为 32 天。

根据间隔天数的值，来确定相似度。判断公式如式（5－4－16）所示。

$$S(D_1, D_2) = \begin{cases} 0 & 间隔天数 \geqslant 30 \\ 1 - \dfrac{间隔天数}{30} & 间隔天数 < 30 \end{cases} \quad (5-4-16)$$

4. 字符串型字段

近似字符串匹配的研究方法很多，包括基本字符串匹配算法、递归匹配算法、Smith-Waterman 算法、基于动态规划的编辑距离法、N-Grams 距离法和快速过滤法等。下面重点介绍比较常见的基于编辑距离的字符串匹配算法。字符串编辑距离是建立在一系列编辑操作的基础之上，编辑操作一般指字符串的单个字符的插入、删除和替换。但编辑距离也有一定的缺陷，不能反映单词位置交换、长单词的插入和删除错误。

两个字符串 X 和 Y 之间的编辑距离 $d(X, Y)$ 定义为：把一个字符串转换成另一个字符串时在单个字符上所需要的最小编辑操作（比如，插入、删除、代替）的代价数。字符串间的编辑距离可以通过动态规划的方法来计算。基于编辑距离的字符串匹配算法描述如图 5－4－7 所示。

算法：基于编辑距离的字符串匹配算法
输入：字符串 X，Y
输出：字符串 X，Y 的相似度 S
（1）分别取得字符串 X、Y 的长度 m，n；
（2）初始化二维矩阵 M：令 M(i，0)＝i，M［0，j］＝j；
（3）For　i＝1　to m do
（4）For　j＝1　to n do
（5）IF　X（i）＝Y（j）　THEN　M［i，j］＝M［i－1，j－1］；
（6）IF　X(i)　≠Y(i)　THEN　M[i，j]＝1＋min(M(i－1，j－1)，M(i－1，j)，M(i，j－1))
（7）S＝1－M（m，n）/Max（m，n）
（8）END.

图 5－4－7　基于编辑距离的字符串匹配算法流程

$d(X, Y)$计算的是字符串间的绝对距离，相似度的公式如式(5－4－17) 所示。

$$\text{similar}(X, Y) = 1 - d(X, Y)/\text{Maxdis}(X, Y) \qquad (5-4-17)$$

式中 $\text{Maxdis}(X, Y)$ 表示的是字符串 X 和 Y 的最大长度。

（二）记录匹配算法

判断两条记录是否为重复记录可以采用记录相似度的方法，即通过计算字段的相似度及其权值计算记录的相似度。如果两条记录相似度超过了某个阈值（由用户预先定义的值），则认为两条记录是匹配的，否则认为它们是代表不同实体的记录。

字段的权值表明一个字段在决定两条记录相似度中的重要程度。由于记录中不同字段对反映记录特征的贡献不同，因此应为其赋予不同的权值。字段的权值可由用户根据经验分配。如果某个字段对整条记录的贡献大，重要程度高，且容易出错，则分配给它较大的权值，同时保证所有字段权值的和应该等于1。另外，在相似重复记录清洗过程中，可以对权值进行调整，以便尽可能发现更多的重复记录。

设关系表有字段 F_1，F_2，…，F_n，其权值分别为 w_1，w_2，…，w_n。给定关系表中的两条记录 X 和 Y，令 $S[1]$，$S[2]$,...，$S[n]$ 为计算所得的字段相似度，则 X 和 Y 的记录相似度如式（5－5－18）所示。

$$SR[X,Y] = (\sum_{i=1}^{n} S[i] \times w[i]) / \sum_{i=1}^{n} w[i] \qquad (5-4-18)$$

但由于通常情况下，字段中有可能会出现空值，当分别采用各种字段匹配算法进行匹配时，会出现较大的差距，因此需要消除字段缺失造成的负面影响。在此我们引入有效权值的概念。对上述的字段匹配公式进行修改，修改后公式如式（5－4－19）所示。

$$SR[X,Y] = (\sum_{i=1}^{n} Valid[i] \times S[i] \times w[i]) / \sum_{i=1}^{n} Valid[i] \times w[i] \quad (5-4-19)$$

只有当两条记录在第 i 个属性上对应的值都不为空时，才进行字段比较，此时 $Valid[i]$ 等于 1，对应的权值为有效权值，否则 $Valid[i]$ 等于 0。设置相似度阈值 δ，如果 $SR[X, Y] > \delta$，则 X 和 Y 为相似重复记录。

（三）相似重复记录检测算法改进

目前采用比较普遍的方法是基本邻近排序算法（SNM），它有下面两个重大缺陷：①对排序关键字的依赖性太大。②滑动窗口的大小 w 的选择很难控制。w 较大时进行比较的次数多，而有些比较是没有必要的；w 较小时可能漏配。

针对 SNM 算法存在的缺陷，Hermandez 等人提出了多趟邻近排序算法（MPN），该算法的基本思想是独立地执行多趟 SNM 算法，每趟创建不同的排序关键字和使用相对较小的滑动窗口。然后采用基于规则的知识库来生成一个等价原理，作为合并记录的判定标准，将每趟扫描识别出的重复记录合并为一组，在合并时假定记录的重复具有传递性，即计算其传递闭包。所谓传递闭包，是指若记录 R1 与 R2 互为重复记录，R2 和 R3 互为重复记录，则 R1 和 R3 互为重复记录。通过将每趟扫描识别出的重复记录计算传递闭包，可以得到较完全的重复记录集合，能部分解决漏配问题。

但是改进后的该算法仍然存在着以下缺陷：①识别窗口大小固定，窗口的大小选取对结果影响很大。②采用传递闭包，容易引起误识别的问题。例如，R1 和 R2 互为重复记录，R2 和 R3 互为重复记录，则判断 R1 和 R3 互为重复记录，同时如果 R3 和 R4 为重复记录，根据传递闭包，则判断 R1 和 R4 也互为重复记录，这样就形成多层传递关系。而多层传递关系是很不可靠的，容易形成错误的结论。

由于 MPN 算法存在的上述缺陷，我们将提出 MPN 的改进算法，主要从以下方面进行改进：将识别窗口 w 的大小设为一个可调节的值，为了简化，我们设为两重调节，一个值为 min，另一个值为 max。ϕ 为阈值，窗口初始值 w = min，将窗口内的记录进行匹配。当匹配到该窗口的最后一条记录时，即 R1 和 R_{min}的相似度大于 ϕ，则窗口 w 将扩大，R1 继续与下一条记录匹配。当相似度小于 ϕ 或窗口 w > max，该次匹配终止；然后移动到记录 R2 进行相同的操作。改进后的算法流程如图 5－4－8 所示。

算法：根据可调窗口进行记录匹配
输入：数据集 RS，w 的最小值 min，w 的最大值 max
输出：相似重复记录集矩阵 M [i] [j]，其中 i∈[1，N]，j∈[1，N]
(1) 创造关键字，给 KEY 赋值；
(2) 用 KEY 对 RS 进行排序，得到集合 S，获取记录集中记录的个数 N；
(3) 初始化矩阵 M[i][j]，使得 M[i][i] =1，其他都为 0.
(4) For(i =1；i≤N - min；i + +)
(5) For(j =i +1；j < i + min；j + +)
(6) {R[i] 和 R[j] 执行记录匹配函数；
(7) IF SR[i，j] ≥δ，其中 δ 为所设定的记录匹配阈值；
(8) Then M[i][j] =1and M[j][i] =1
(9) IF SR[i，i + min -1] ≥φ，其中 φ 为设置可调窗口的阈值；
(10) {k = min +1；
(11) While {k≤max}
(12) {R [i] 和 R[i + k -1] 执行记录匹配函数；
(13) IF SR [i，i + k -1] ≥δ；
(14) Then M[i][i + k -1] =1 and M[i + k -1] [i] =1；
(15) IF SR[i，i + k -1] ≥φ；
(16) Then k + +；
(17) else k = max +1；
(18)}}}
(19) END

图 5－4－8　根据可调窗口进行记录匹配的算法流程

度量相似重复记录算法效率的主要标准是该算法能否把数据源中的所有重复记录都检测出来，常用的标准有查全率，查准率，分别定义如下：

1. 查全率

查全率是指被正确识别相似重复记录数与实际的相似重复记录数的百分率，如式（5－4－20）所示。

$$查全率=\frac{正确识别出的相似重复记录}{实际的相似重复记录}\times 100\% \qquad (5-4-20)$$

2. 查准率

查准率是指被正确识别出的相似重复记录数与识别出的相似重复记录数的百分比，如式（5－4－21）所示。

$$查准率=\frac{正确识别出的相似重复记录}{识别出的相似重复记录}\times 100\% \qquad (5-4-21)$$

通过简单的应用，可以发现改进后的算法在不降低算法效率的前提下，有效地减少记录的匹配次数，改进算法与原有算法的对比如表 5－4－20 所示。

表 5－4－20　改进算法与原有算法的比较

对比	比较次数	查全率	查准率
改进算法	少	较高	高
MPN 算法	多	高	高

（四）生产管理模块中的应用

在生产管理模块中重点存在以下两种相似重复记录：客户资料和销售订单表。下面将分别介绍对两种相似重复记录的检测过程。

1. 客户资料

（1）属性选择和权值分配

由于“信用等级”属性在各个记录中重复性较大，所以在进行属性选择不予考虑；“客户编号”是系统自动赋给每个客户资料的唯一代码，并不反映客户内在的信息，所以也不予考虑。这样，最终选取的属性有五个，根据它们的重要性，赋予的权值如表 5－4－21 所示。

表 5－4－21　客户资料表单属性权值分配表

名称	地址	客户电话	传真	邮编
0.4	0.2	0.2	0.1	0.1

（2）字段匹配和记录匹配

选取关键字段进行排序，例如在本例中我们将选择“名称”和“客户电话”进行两次排序，对排序后的结果数据集进行字段匹配，最终计算记录匹配值，如果两个记录的记录匹配值大于阈值即为相似重复记录，并予以记录下来。由于上述数据都属于字符型数据，采用编辑距离函数来进行字段匹配。注意的是在进行编辑距离的比较前需要将其中的数字以及空格删除，这是处于匹配效率以及提高匹配效果的目的。

2. 销售订单

（1）属性选择和权值分配

由于“付款方式”属性在各个记录中重复性较大，在进行重复记录检测时不予考虑；“折扣”属性，也不予考虑。“订单编号”是系统自动赋给订单的一个唯一的值，所以也删除，不予考虑。最终保留下了六个属性，它们的权值分配如表 5－4－22 所示。

表 5－4－22　销售订单表单属性权值分配表

客户编号	成品编号	订购数量	单价	接单日期	预交日期
0.2	0.2	0.1	0.1	0.2	0.2

（2）字段匹配和记录匹配

选取关键字段进行排序，我们将选择“客户编号”和“成品编号”进行两次排序，对排序后的结果数据集进行字段匹配，最终计算记录匹配值，如果两个记录的记录匹配值大于阈值即为相似重复记录，并予以记录下来。

上述数据不仅涉及了字符型数据，还有连续数值型数据，日期型数据；字符型数据采用编辑距离函数来求相似度，连续数值型数据通过式（5－4－14）来计算，日期型数据根据式（5－4－15）和式（5－4－16）计算。

在完成相似重复记录的匹配之后，还存在着合并问题，即完成数据清洗的最后一步，常见的几种合并策略有：

1）随机抽样策略：从一类的多个记录中随机选出一个。

2）最新策略：从近似的记录中选取最新的记录。

3）语义策略：选取最长的记录。

4）综合策略：综合所有相似记录，再生成一条新记录。

最后需要引起注意的是：在进行客户资料检测之后，对于删除的相似重复记录，还需要搜索其在销售订单中的所有记录，同时进行修改，从而保证数据的一致性。

第五节　脏数据检测和清洗工具的开发

本节结合前面三节对生产管理模块数据质量的改进分析，设计开发了用于研究的实验性脏数据检测和清洗工具，用于检测发现数据中存在的常见问题，并进行修改，从而提高数据的质量。

一、工具介绍

（一）工具的框架结构

该数据检测和清洗工具的框架结构如图 5－5－1 所示。

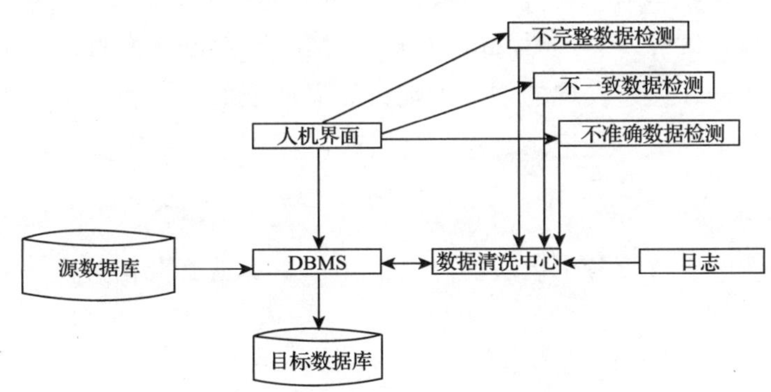

图 5－5－1　脏数据检测和清洗框架结构图

1. 源数据库与目标数据库

源数据库存放着待检测和清洗的数据，目标数据库存放着清洗干净的数据，用于导入到数据库中。

2. DBMS

本工具中应用 SQL Server 2000 系统，也作为数据的准备区使用。清洗完的数据也暂时放在这里，待所有清洗工作完成之后，再由它将数据导出。

3. 人机界面

使用 Delphi 7.0 设计的人机交互的前台界面，通过这里来完成数据清洗工作。

4. 不完整数据检测

不完整数据检测主要包括两个重要组成部分，主键字段的连续性检测，以及重要字段的缺失值检测。通过设计相应的代码，将数据库中连续性主键违背连续性的缺失记录挑选出来，以及将重要字段的空值或缺省值记录整理出来，交由工作人员根据不同的情况进行不同的处理。

5. 不一致数据检测

不一致数据检测是指对数据库中不同表单的相同属性进行一致性检查，将检测出的不一致整理出来，交由工作人员进行添加或删除操作。

6. 不准确数据检测

不准确数据检测的重点是发现数据中存在的错误、相似的重复记录等。对于连续型异常数据通过统计的方法进行简单的概化描述，鉴于神经网络、K 均值聚类、回归分析等方法都有现成的清洗算法，本章并未对此进行开发；对于离散型异常数据，通过发现的相关规则，对离散型数据进行简单判断，发现其中的错误。对于相似重复记录，本平台对改进算法进行了实现，并加以应用。

7. 数据清洗中心

数据清洗中心负责各个模块的协调工作，主要是负责相关模块对 DBMS 上数据的操作。

8. 日志

对工具的日志进行管理，并与追溯，评估和修改。

（二）工具的优缺点

该平台是利用 Delphi7.0 和 SQL Server 2000 相结合设计的。Delphi 语言相对简单，使用者可以根据需要对平台进行修改。这样将数据检测和清洗的工作重点放到对数据本身的理解上去，以便在短期内找到合适的数据清洗方案。平台的人机交互过程中，利用的是 Windows 系统的消息驱动原理，从而可以随时对清洗过程进行实时监控；开发中利用数据库管理系统提供的功能，可以极大地减少程序的编制量。

平台的缺点主要表现在所检测和清洗的数据是数据准备区中的数据，而不是对事务处理系统中数据的实时清洗，当然即使是实现对事务处理系统中数据的实时清洗，也会极大地影响系统的运行效率。而且将数据的导入和导出功能交由 SQL Server 2000 去实现，没有直接集成到工具中来。由于时间的关系，该工具作的还很不完善，主要是对本章的数据检测和清洗原理提供了一个简单的测试平台。

二、工具的主要界面

销售订单中订单编号连续性的清洗界面如图 5－5－2 所示。

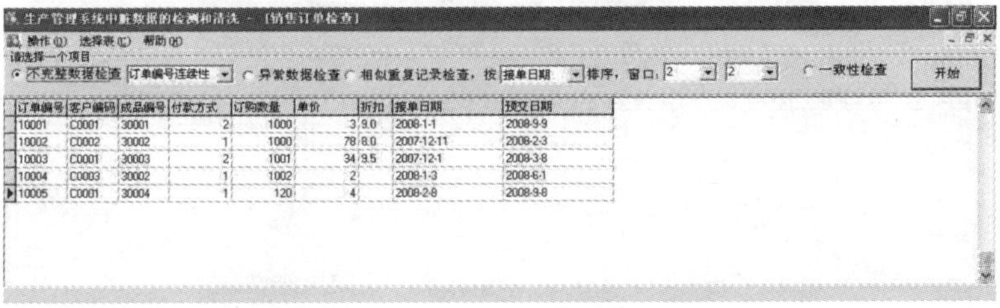

图 5－5－2　订单编号连续性检查的界面

进行检查销售订单中订单编号连续性的结果如图 5－5－3 所示，运行结果发现一处订单编号不连续的情况。

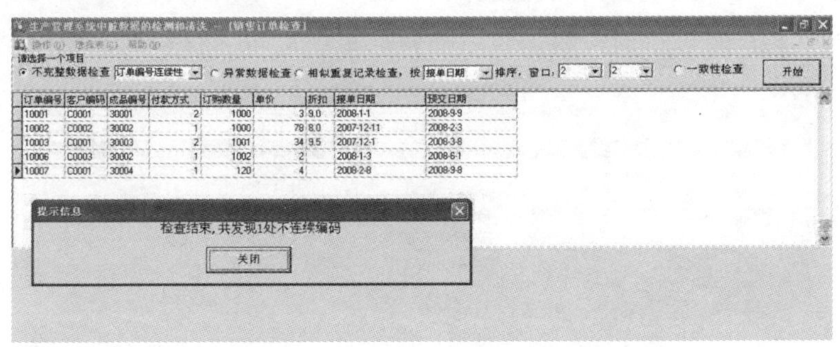

图 5－5－3　订单编号连续性的检查结果

库存信息与原材料资料表和成品资料表的一致性检查如图 5－5－4 所示。其中上面的数据表显示的是库存信息中的所有记录，下面的数据表显示的是物料编码未在原材料资料表和成品资料表中包含的记录。

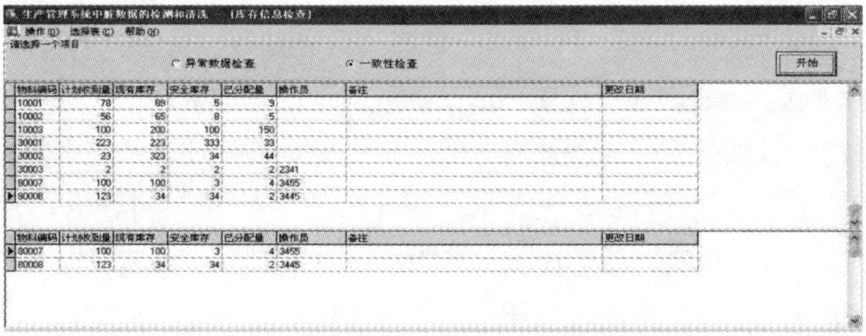

生产管理系统中脏数据的检测和清洗 － [库存信息检查]

操作(O) 选择表(C) 帮助(H)

请选择一个项目 ○ 异常数据检查 ◉ 一致性检查 开始

物料编码	计划收到量	现有库存	安全库存	已分配量	操作员	备注	更改日期
10001	78	89	5	9			
10002	56	65	8	5			
10003	100	200	100	150			
30001	223	223	333	33			
30002	23	323	34	44			
30003	2	2	2	2	2341		
80007	100	100	3	4	3455		
80008	123	34	34	2	3445		

物料编码	计划收到量	现有库存	安全库存	已分配量	操作员	备注	更改日期
80007	100	100	3	4	3455		
80008	123	34	34	2	3445		

图 5－5－4　一致性检查界面

库存信息中异常数据检查界面如图 5－5－5 所示。其中上面的数据表显示的是库存信息中的所有记录，下面的数据表显示的是现有库存 < 安全库存的记录。

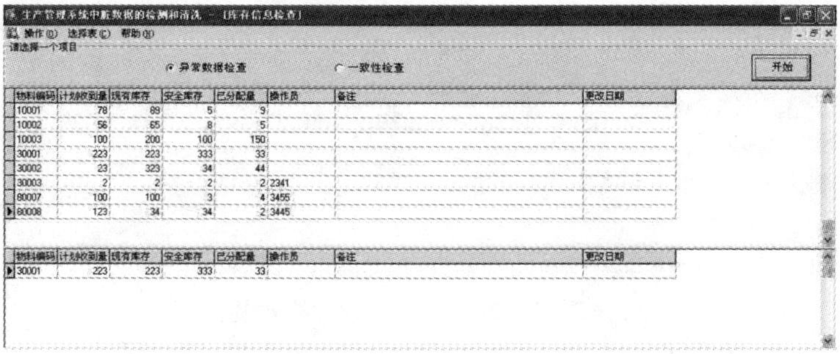

生产管理系统中脏数据的检测和清洗 － [库存信息检查]

操作(O) 选择表(C) 帮助(H)

请选择一个项目 ◉ 异常数据检查 ○ 一致性检查 开始

物料编码	计划收到量	现有库存	安全库存	已分配量	操作员	备注	更改日期
10001	78	89	5	9			
10002	56	65	8	5			
10003	100	200	100	150			
30001	223	223	333	33			
30002	23	323	34	44			
30003	2	2	2	2	2341		
80007	100	100	3	4	3455		
80008	123	34	34	2	3445		

物料编码	计划收到量	现有库存	安全库存	已分配量	操作员	备注	更改日期
30001	223	223	333	33			

图 5－5－5　库存信息中异常数据的检查界面

销售订单的相似重复记录检测界面如图 5－5－6 所示，其中窗口选择项中左边的列框是设定最小窗口数，右边的列框是设定最大窗口数。检查结果如图 5－5－7 所示。

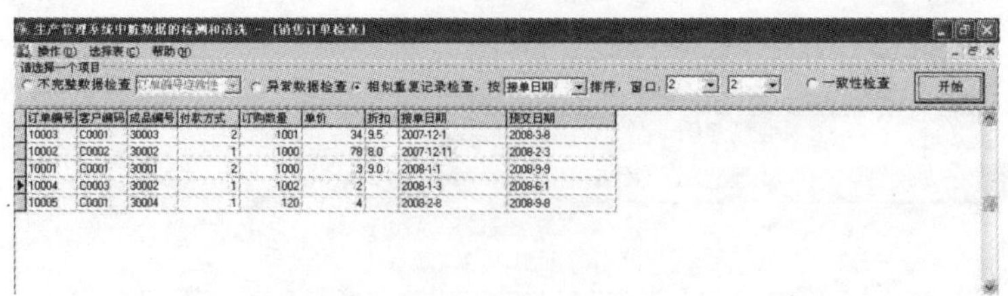

订单编号	客户编码	成品编号	付款方式	订购数量	单价	折扣	接单日期	预交日期
10003	C0001	30003	2	1001	34	9.5	2007-12-1	2008-3-8
10002	C0002	30002	1	1000	78	8.0	2007-12-11	2008-2-3
10001	C0001	30001	2	1000	3	9.0	2008-1-1	2008-9-9
10004	C0003	30002	1	1002	2		2008-1-3	2008-6-1
10005	C0001	30004	1	120	4		2008-2-8	2008-9-8

图 5－5－6　相似重复记录检查

相似度矩阵：10000，01100，01110，00111，00011

图 5－5－7　相似重复记录检测结果（相似矩阵）

参考文献

[1] Minton S. Worldwide IT spending historical databook [R]. 1Q10, Pivot Table (Doc No. 223231), IDC Research Document, 2010.

[2] Gonzalez R, Gasco J, Llopis J. Information Systems outsourcing: An empirical study of success factors [J]. Human Systems Management, 2010, 29 (3): 139-151.

[3] Rivard S, Aubert B A. Information Technology Outsourcing [M]. New York: Routledge, 2015.

[4] Blaskovich J, Mintchik N. Information Technology Outsourcing: A Taxonomy of Prior Studies and Directions for Future Research [J]. Journal of Information Systems, 2011, 25 (1): 1-36

[5] Lacity MC, Willcocks L. An empirical investigation of information system sourcing practice, lesson from the experience [J]. MIS Quarterly 1998, 22 (3): 363-408.

[6] Reyes G, Jose G, Juan L, Information systems outsourcing: A literature analysis [J]. Information & Management, 2006, 43 (7): 821-834.

[7] Gorla N, Somers T M. The impact of IT outsourcing on information systems success [J]. Information & Management, 2014, 51 (3): 320-335.

[8] Smuts H, Merwe A, Kotzé P, Loock M. Critical success factors for information systems outsourcing management: a software development lifecycle view [C] // In Proceedings of the 2010 Annual Research Conference of the South African Institute of Computer Scientists and Information Technologists, 2010: 304-313.

[9] 黄伟，陈宏民，Faizul Huq. 信息技术外包：主要研究方向和未来发展趋势 [J]. 清华大学学报：自然科学版，2006，46 (1)：923-929.

[10] Boachalb, B Suzanne, R, Validating measure of information technology outsourcing risk factors [J]. Omega, 2005, 33: 175-187.

[11] Zhu D, Mosleh A, Carol S. A framework to integrate software behavior into dynamic probabilistic risk assessment [J]. Reliability Engineering & System Safety, 2007, 92 (2): 1733-1755.

[12] Monica B, Outsourcing — The benefits and the risks [J]. Human Resource Management Review, 2006, 16 (2): 269-279.

[13] Alan W. Business continuity and outsourcing-moves to take out the risk [J]. Network Security, 2006, 5: 15-17.

[14] Wendy, L. A knowledge-based risk assessment framework for evaluating web-enabled application outsourcing projects [J]. International Journal of Project Management, 2003, 21 (3): 207-217.

[15] Wang J, Yang D. Using a hybrid multi-criteria decision aid method for information systems outsourcing [J]. Computers & Operations Research, 2007, 34 (12): 3691-3700.

[16] Tim R H, Michael A H. Toward a model of strategic outsourcing [J]. Journal of Operations Management, 2007, 25 (2): 464-481.

[17] A Aubert, R Michel. A transaction cost model of IT outsourcing [J]. Information & Management, 2004, 41: 921-932.

[18] 金波．信息技术外包的风险控制研究 [D]．同济大学，2006.

[19] 郑娟，冯勤超．基于层次分析法的 IT 服务离岸包供应商选择模型研究 [J]．现代经济信息，2015 (12): 79 – 81.

[20] 周柏翔，王永庆，朱拥军．模糊综合评价法在 IT 外包供应商选择中的应用 [J]．中国管理信息化，2006，(5): 3 – 5.

[21] Basu R, Upadhyay P, Das M C, Dan P K. An approach to identify issues affecting ERP implementation in Indian SMEs [J] Journal of Industrial Engineering and Management, 2012, 5 (1): 133-154.

[22] Tsai W H, Chou Y W, Leu J D, Chen D C, Tsaure T S. Investigation of the mediating effects of IT governance-value delivery on service quality and ERP performance [J]. Enterprise Information Systems, 2013: 1-22

[23] Morris M G, Venkatesh V. Job characteristics and job satisfaction: understanding the role of enterprise resource planning system implementation [J]. MIS Quarterly, 2010, 34 (1): 143 – 161.

[24] Zach O, Munkvold B E, Olsen D H. ERP system implementation in SMEs: exploring the influences of the SME context [J]. Enterprise Information Systems, 2014, 8 (2): 309 – 335.

[25] Neuyen H V. Critical Success Factors for ERP Adoption Process [D]. Lahti University of Applied Sciences, 2011.

[26] 陈晴光．制造企业 ERP 实施的阶段风险 [J]．企业管理，2008，(8)：96-97.

[27] Parr A, Shanks G. A model of ERP project implementation [J]. Journal of Information Technology, 2000, 15 (4): 289-304.

[28] Esteves J, Pastor, J. An ERP lifecycle-based research agenda [J]. In J. Eder, R, Maiden, and M, Missikoff (eds.), Proceedings of the First International Workshop on Enterprise Management Resource and Planning Systems. Atlanta: CAIS. 1999: 359-371.

[29] DeLone W H, McLean ER. Information system success: The quest for the dependent variables [J]. Information Systems Research, 1992, 1: 60-95.

[30] DeLone W H, McLean E R. The DeLone and mcLean model of information success: A ten-year update [J]. Journal of Management Information Systems, 2003, 19 (4): 9-30.

[31] Ballantine, J, M Bonner, et al. The 3D model of information system success: The search for dependent variable continues [J]. Information Resources Management, 1996, 9 (4): 5-14.

[32] Rai k, Lang, ST, Welker R. Assessing the validity of IS success models: An empirical test and theoretical analysis [J]. Information Systems Research, 2002, 13 (1): 50-69.

[33] Tan C W, Pan S L. ERP success: The search for a comprehensive frame work [C] //Proceedings of the Eighth Americas Conference on Information Systems. 2002, 925-933.

[34] Markus, M X, Tanis C. The enterprise systems experience—from adoption to success [J]. In R W, Zmud (ed), Framing the Domains of IT Management: Projecting the Future … Through the Past Cincinnati, OH: Pinnaflex 2000: 173-207.

[35] Bailey J E, Pearson S W. Development of a tool for measuring and analyzing computer user satisfaction [J]. Management Science. 1983, 29 (5): 530-545.

[36] Melone N P. A Theoretical assessment of the user satisfaction construct in information systems research [J]. Management Seience, 1989, 36 (1): 76-91.

[37] Davis F D. Bagozzi R P. Warshaw, P R. Extrinsic and intrinsic motivation to use computers in the workplace [J]. Journal of Applied Social Psychology, 1992 , 22 (14): 1111- 1332.

[38] Davis G J. A typology management information systems users and its implications for user of management information systems information satisfaction research [J]. Communications of the ACM, 1985, 85 (5): 152-164.

[39] O'Brien J A. Management Information Systems: Technology in the e-business enterprise [M]. 5th ed. New York: Mcgraw-Hill Education, 2002.

[40] 张简勉志. ERP 系统之用户满意度问卷建构 [D]. 高雄: 中山大学企业管理学系研究所, 硕士论文, 2001.

[41] 王琦 . IT 外包项目中的知识转移实证研究 [D] . 中南大学, 2012.

[42] 王里克, 舒华英 . 实物期权与传统投资决策理论的对比评价 [J] . 科技和产业, 2006, 6 (10): 45-49.

[43] Themin Suwardy, Janek Ratnatunga. IT projects: evaluation, outcomes and impediments [J]. Benchmarking: An International Journal, 2003, 10 (4): 325-342.

[44] Myers S C. Determinants of corporate borrowing [J]. Journal of financial economics, 1977, 5 (1): 411-487.

[45] Trigeorgis, Lenos. Evaluating leases with complex operating options [J].

European Journal of Operational Research, 1996, 91 (2) : 315-329.

[46] Schroder M. A Reduction Method Appicable To Compound Option Formulas [J]. Management Science, 1989, 35 (7): 823- 827.

[47] Cox J C, Ross S A , Rubinstein M. Option Pricing: A Simplified Approach [J]. Journal of Financial Economics, 1979, 7 (2): 229-263.

[48] Trigeorgis L. A Log-Transformed Binomial Numerical Analysis Method for Valuing Complex Multi-Option Investments [J]. Journal of Financial and Quantitative Analysis. 1991, 26 (3): 309-326.

[49] Breen R. The Accelerated Binomial Option Pricing Model [J]. Journal of Financial and Quantitative Analysis, 1991, 26 (2): 153-164.

[50] Buraschi A, Dumas B. The forward valuations of compound options [J]. Journal of Derivatives, 2001, 9 (1): 8-17.

[51] Dixit A K, Pindyck R S. Investment under Uncertainty [M]. Princeton: Princeton University Press, 1994.

[52] Dutta P. Optimal management of an R&D budget [J]. Journal of Economic Dynamics and Control, 1997, 21 (3): 575-602.

[53] Alvarez L H R, Stenbacka R. Adoption of uncertain muli-stage technology projects: a real options approach [J]. Journal of Mathematical Economics, 2001, 35 (1): 71-97.

[54] Lin W T. Computing a Multivariate Normal Integral for Valuing Compound Real Options [J]. Review of Quantitative Finance and Accounting, 2002, 18 (2): 185-209.

[55] Dos Santos, B L. Justifying investment in New information Technologies [J]. Journal of Management information Systems, 1991, 7 (4): 71-90.

[56] Kambil A, Henderson J , Mohsenzadeh, H. Strategic Management of Information Technology Management: Perspectives on Organizational Growth and Competitive Advantage. Information Technology Management [C]. Harrisburg: Idea Publishing Group, 1993: 161-178.

[57] Kester W C. Today's Options for Tomorrow's Growth [J]. Harvard Business Review, 1984, 62 (2): 153-161.

[58] Clemons, Eric K, Thatcher, Matt E. Evaluating alternative information regimes in the private health insurance industry: Managing the [J]. Journal of Management Information Systems, 1997, 14 (2): 9-31.

[59] Benaroch M, Kauffman R J. A Case for Using Option Pricing Analysis to Evaluated [J]. Information Systems Reserarch, 1999. 16 (2): 70-86.

[60] Manjunath T N, Hegadi R S, Ravikumar G K. Analysis of data quality aspects in data warehouse systems [J]. International Journal of Computer Science and Information Technologies, 2010, 2 (1): 477-485.

[61] Huang K T, Lee Y W, Wang R Y. Quality information and knowledge management [M]. New Jersey: Prentice Hall, 1998.

[62] Kahn B K, Strong D M. Product and Service Performance Model for Information Quality: An Update [C] //In Proceedings of the Conference on Information Quality, 1998: 102-115.

[63] Faloutsos C, Lin K I. Fast Map: A Fast Algorithm for Indexing Data Mining and Visualization of Tranditional and Multimedia Datasets [C] //In Proceedings of ACM SIGMOD International Conference, 1995: 163-179.

[64] Aebi D, Perrochon L. Towards improving data quality [C] //In Proceedings Of the International Conference on Information Systems and Management of Data, 1993: 273-281.

[65] 韩京宇，徐立臻，董逸生．数据质量研究综述 [J]. 计算机科学，2008，35 (2): 1-5.

[66] Ballou D P, Pazer H L. Designing information systems to optimize the accuracy-timeliness tradeoff [J]. Information Systems Research, 1995, 6 (1): 51-72.

[67] Wand Y. Anchoring data quality dimensions in ontological foundations [J]. Communications of the ACM, 1996, 39 (11): 86-95.

[68] Tayi G K, Ballou D P. Examining data quality [J]. Communications of the ACM, 1998, 41 (2): 54-57.

[69] Redman T C. The impact of poor data quality on the typical enterprise [J]. Communications of the ACM, 2001, 36 (7): 79-82.

[70] Parssian A, Sarkar S, Jacob V S. Assessing data quality for information products [C] // In Proceedings of International Conference on Information Quality, 1999: 428-433.

[71] Parssian A, Sarkar S, Jacob V S. Assessing information quality for the composite relational operation joins [C] //In Proceedings of Seventh International Conference on Information Quality, 2002: 80-94.

[72] Missier P, Embury S M, Greenwood M, et al. Quality Views: Capturing and Exploiting the User Perspective on Data Quality [C] //In Proceedings of 32th International Conference on Very Large Data Bases, 2006: 977-988.

[73] Yang W L, Diane M S, Beverly K K, Wang Y R. AIMQ: a methodology for information quality assessment [J]. Information & Management, 2002, 44 (11): 133-146.

[74] Shankaranarayan G, Wang R Y. Modeling the Manufacture of Information Product with IP-MAP [C] //In Proceedings of 5th International Conference on Information Quality, 2000: 547-552.

[75] 鲍玉斌. 数据仓库系统中若干关键技术的研究 [D]. 沈阳: 东北大学, 2003.

[76] 张云涛, 龚玲. 数据挖掘原理与技术 [M]. 北京: 电子工业出版社, 2004.

[77] Hernandez M A. Stolfo J S. Real-world Data is dirty: Data Cleaning and The merge/purge problem [J]. Journal of Data Mining and Knowledge Discovery, 1998 (2): 9-37.

[78] Fallside D C. XML Schema Part: XML Schema 标准的总体介绍 [EB/OL]. [2001-5-10]. http: //www. w3. org/TR/xmlschema-0.

[79] Low W L, Lee M L, Ling T W. A knowledge-based approach for duplicate elimination in data cleaning [J]. Information Systems, 2001, 26 (8): 585-606.

[80] Guyon I, Matic N, et al. Discovering Information Patterns and Data Cleaning [J]. In Advances in Knowledge Discovery in Data Mining, 1996 (10): 181-203.

[81] Simoudis E, Livezey B, et al. Using Recon for Data Cleaning [C] //In Proceedings of International Conference on Knowledge Discovery and Data Mining, 1995: 282-287.

[82] Wand Y, Wang W R. Anchoring data quality dimensions in ontological foundations [J]. Communication of ACM, 1996, 39 (11): 86-95.

[83] Galhardas H, Florescu D, Shasha D. Declarative data cleaning: language, model, and algorithms [C] //In Proceedings of the 27th International Conference on Very Large Data Bases, 2001: 377-380.

[84] Raman V, Hellerstein J M. Potter' s Wheel: an interactive data cleaning system [C] //In Proceedings of 27th International Conference on Very Large Data Bases, 2001: 381-390.

[85] Winkler W E. Methods for evaluating and creating data quality [J]. Infromation System, 2004 (10): 531-550.

[86] Bilenko M, Mooney R J. Adaptive duplicate detection using learnable string similarity measures [C] // In Proceedings of the Ninth ACM SIGMOD International Conference on Knowledge Discovery and Data Mininig, 2003: 39-48.

[87] Jonathan I M, et al. Data Cleansing: Beyond Integrity Analysis [C] //In Proceedings of the Conference on Information Quality, 2000: 42-47.

[88] Lueebber D, Grimmer U. Systematic development of data mining based data quality tools [C] //In Proceedings of 29th International Conference on Very Large Data Bases, 2003: 548-559.

[89] Galhardas H, Florescu D, Shasha D. An Extensible Framework for Data Cleaning [C] //In Proceedings of the International Conference on Data Engineering, 2000, 21 (3): 12-19.

[90] Dasu T, Johnson T, Muthukrishnan S, et al. Mining database structure or How to build a data quality browser [C] //In Proceedings of ACM SIGMOD International Conference, 2002: 240-251.

[91] 孟坚. 基于规则的交互式数据清洗技术 [D]. 南京：东南大学, 2005.

[92] Trouve A. A Non-linear K-Means A*lg*orithm and its application to unsupervised

clustering [J]. IEEE Signal Process*ing*, 2002, 45 (10): 985-991.

[93] Chaudhuri S, Ganjam K, Ganti V, et al. Robust and efficient fuzzy match for online data cleaning [C] //In Proceedings of the 2003 ACM SIGMOD International Conference on Management of Data, 2003: 313-324.

[94] 邱越峰, 田增平, 等. 一种高效的检测相似重复记录的方法 [J]. 计算机学报, 2001, 24 (1): 69-77.

[95] Lee M L, Hsu W, Kothari V. Cleaning the spurious links in data [J]. IEEE Intelligent Systems, 2004 (9): 28-33.